十岳讲飞

符海朝

王曾瑜 著

河南文艺出版社
·郑州·

图书在版编目（CIP）数据

岳飞十讲/符海朝,王曾瑜著. —郑州:河南文艺
出版社,2019.12

ISBN 978-7-5559-0914-9

Ⅰ.①岳…　　Ⅱ.①符…②王…　　Ⅲ.①岳飞
(1103—1142)-人物研究　Ⅳ.①K825.2

中国版本图书馆 CIP 数据核字(2019)第 273987 号

出版发行　河南文艺出版社
本社地址　郑州市郑东新区祥盛街 27 号 C 座 5 楼
邮政编码　450018
承印单位　河南瑞之光印刷股份有限公司
经销单位　新华书店
纸张规格　735 毫米×1040 毫米　1/16
印　　张　17.25
字　　数　259 000
版　　次　2019 年 12 月第 1 版
印　　次　2019 年 12 月第 1 次印刷
定　　价　36.00 元

印厂地址　河南省武陟县产业集聚区东区(詹店镇)泰安路
邮政编码　454950　　电话　0391-2527860

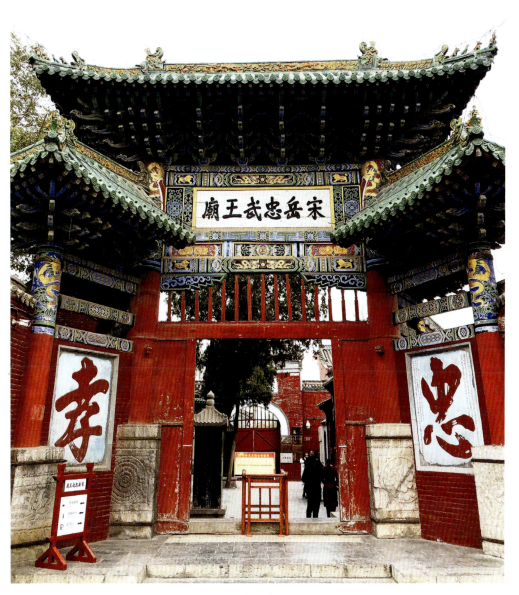

汤阴岳飞庙正门

岳鄂王飛

会稽楼后小

康栖定族葵

心事纷兴兢万

里长城准目

坏亡矢整竟

奚凭操戈敌

恨回而异析鼎

终缘负真素

千载云洺传

两貌云素合

兹壤威棱

張循王俊

南宋刘松年之《中兴四将图》局部

汤阴岳飞庙的岳飞塑像

序　言

王曾瑜

　　岳飞是家喻户晓的中国古代民族英雄,是宋朝最光彩夺目的将星,最得军心和民心的统帅。他短暂的一生,一直忠实地履践着"尽忠报国"的誓言。史泠歌先生强调说:

　　"弘扬中华爱国主义,为祖国生存和发展所必需,永远不会过时。岳飞不贪财,不好色,不迷恋权位,严以待子四条,正是其爱国正气的重要组成部分,更是今天祖国进步和发展之所急需。"

　　岳飞的惨遭诬害,也诚如广西《玉林日报》陈俐先生来信所言:

　　"我5月重读《尽忠报国　岳飞新传》的时候,看到最后的部分,好几天都没睡好没吃好,心里堵得慌。他的死真是永远不可愈合的民族伤疤,不管过了多少年,碰到还会流血,还会让人痛的。"

　　产生岳飞悲剧的根本性原因,无非是绵长而积久的封建专制政治。

　　本书的策划刘宏先生提出,应当为这个历史伟人写一本深入浅出的书,普及他的真实事迹,并设计了书名。我表示赞同,并认为符海朝先生是写这本书的合适人选。符海朝先生有史家的良知和正义感,有很强的爱国心,兼治辽宋金元史,是新一代的岳飞研究专家。

　　符海朝先生很快就完成了初稿。我看了他的文稿,感觉符合原初的设计。为了达到普及的效果,文笔流畅,深入浅出,浅而不俗,可读性颇强。全书介绍岳飞的真实事迹,将人们受演义和戏曲影响而容易发生的误知一一辨明;而为了增加本书的趣味性,则有个别叙事依史料作了合情合理的联想和虚构。但对本书的有些说法,我个人认为值得商榷。

此书在通俗性之叙述中,也包含了符海朝先生自己的深入研究心得。例如说"北宋时期的黄河仅从内黄县东部经过,即使决口,也不会淹到西边地势较高的汤阴;况且农历的二月,黄河也不会发生大水灾",即是在我旧作外的新证。书中强调了岳飞"联结河朔"的战略思想,是受李纲的影响,也是发前人所未发。

近年提倡和宣传中华好的家训。这对中华民族的精神文明建设,无疑是有益的。我家并无什么家训传下。考虑到小孙女已经十二岁,较为懂事了,对她提出自己的家训,就很有必要。我的家训很简单,只有十四个字:尽忠报国,祖国至上,爱国、民主、科学。全是抄来的,第一句就是伟大的爱国民族英雄岳飞的背上刺字。真正爱祖国,就必须讲究民主,讲究科学,别无他途。

中华民族是伟大的,却又是多灾多难的。唯其多灾多难,就愈加需要一切爱国者,以精卫填海的精神,为之精诚奋斗,不能因为个人力量极其微弱,而不为也!四百年前的顾炎武说得好:"天下兴亡,匹夫有责!"

愿岳飞的正气和英风,永远激励亿万华夏子孙,为祖国和民族尽忠效力!

伟大而多灾多难的祖国万岁!

古老的,历尽劫难,却永葆顽强生机的中华民族万岁!

目　录

引言 ……………………………………………………………… 1

第一讲　自古英雄出少年
　　　　——家世及早期军旅生涯
　　第一节　汤阴：慷慨悲歌之地 ……………… 7
　　第二节　英雄原出草莽间 ……………………… 13

第二讲　撼山易，撼岳家军难
　　　　——岳家军是怎样炼成的
　　第一节　年少起河朔 …………………………… 25
　　第二节　岳飞的将官与幕僚们 ……………… 30
　　第三节　岳家军兵种及常用兵器 ………… 47
　　第四节　岳家军中的王牌 …………………… 51

第三讲　山林啸聚何劳取
　　　　——平定内乱
　　第一节　不能相信的乡党 …………………… 55
　　第二节　冻死不拆屋，饿死不掳掠 ……… 58

第四讲 长驱渡河洛 直捣向燕幽
——四次北伐

第一节 将星升起 ……………………… 71

第二节 联结河朔 ……………………… 81

第三节 男儿立志扶王室 ……………… 88

第四节 靖康耻,犹未雪 ……………… 92

第五讲 何人高处云路迷
——岳飞与张所、王彦、宗泽及李纲的关系

第一节 慧眼识英才 …………………… 119

第二节 岳飞的人生导师 ……………… 124

第三节 岳飞与李纲的关系 …………… 127

第六讲 战与和的博弈
——岳飞与秦桧、张俊

第一节 秦桧的无间道 ………………… 131

第二节 钱眼里的张郡王 ……………… 144

第七讲 果是功成身合死
——岳飞与宋高宗的真实关系

第一节 乱世金龙 ……………………… 155

第二节 越州献俘 ·················· 160

第三节 临安朝见 ·················· 162

第四节 并军风波 ·················· 165

第五节 建议立储 ·················· 176

第六节 反对议和 ·················· 180

第八讲 苌弘何事化碧血
　　　　——岳飞冤案

第一节 三援淮西 ·················· 187

第二节 重演杯酒释兵权 ·················· 191

第三节 保护战友 ·················· 196

第四节 含冤遇害 ·················· 199

第九讲 汤阴岳氏耀中华
　　　　——解读岳飞家风

第一节 岳飞精神的根源 ·················· 225

第二节 岳飞家风的内容 ·················· 227

第三节 好家风代代传 ·················· 237

第十讲　岳飞形象传播的思考

第一节　神化与愚忠 ……………………… 241

第二节　爱国与公正 ……………………… 253

第三节　岳飞精神在当代 ………………… 256

岳飞年表 ……………………………… 261

后记 …………………………………… 266

引　言

公元960年正月,后周大将赵匡胤在开封东北的陈桥驿(今河南省封丘县境内)发动兵变,建立宋朝,定都东京(今河南省开封市)。历史上称为北宋。

北宋建立前,在现今我国东北地区,已经有契丹族建立的契丹国(又称辽国)。辽国国力高峰期时,疆域西到阿尔泰山西边,东控朝鲜半岛,南到今河北省保定市附近的白沟。

此外,在今云南、西藏和新疆一带,则有唐代就已经存在的南诏、吐蕃和回鹘等地方性政权。北宋建国后,在今宁夏一带,又出现了党项族建立的夏,历史上称为西夏。

北宋立国后,鉴于唐末、五代武人专横的局面,从太祖赵匡胤开始,就确立了"崇文抑武"的治国方针,时刻防范武将势力的膨胀。此外,在政治、军事、经济、文化、思想、宗教等领域,也逐步实行了一系列的改革,使北宋成为我国历史上政治基本稳定、经济较为发达、文化繁荣的朝代。

但是,从真宗朝开始,北宋政治上、军事上的弊端就逐渐显露,并且日益严重。宋神宗即位后,一度任用王安石进行变法,变法也取得了较大的成就。但是,由于既得利益集团的短视和保守,再加上变法派本身出现的一些问题,导致变法失败。

宋徽宗即位后,社会矛盾已经非常尖锐。且从做皇帝所需要的最重要素质而

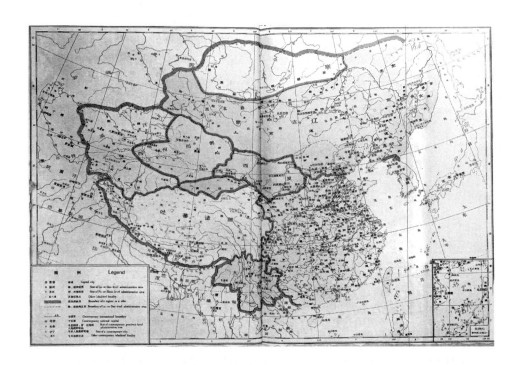

北宋时期并存的王朝版图

言,宋徽宗委实不适合做皇帝。但是,以他为首的北宋君臣,却轻率地制定了"联金灭辽"的错误国策,妄图从辽国手中收回周世宗、宋太祖、宋太宗时期都未能收回的燕雲十六州①。

金国在"联宋灭辽"的过程中,日益发现北宋王朝腐败无能的纸老虎本质。于是在灭掉辽国之后,军队略作休整,就发动了对北宋的战争,不到两年的时间,就占领了东京。徽宗、钦宗等均成为俘虏,北宋政权就此结束。

北宋灭亡后,宋徽宗的第九个儿子赵构重建宋政权,后来定都临安(今浙江省

---

① 燕雲十六州主要位于河北省的北部、山西省的东北部以及京、津二市境内,正好位于燕山山脉和北太行地区,是历史上汉民族和北方游牧民族活动的天然分界线,也是汉民族抵御北方游牧民族军队南下的天然屏障。后晋石敬瑭为了做皇帝,竟然把这一地区割让给了辽国。后周和北宋初期,周世宗和宋太祖、宋太宗三位皇帝,一直力图收回此地区,均未能成功。

杭州市），历史上称为南宋。

南宋建立初期的十几年时间里，金国与南宋之间战争不断。由于金军的疯狂屠杀和掠夺，对原北宋统治区成熟的经济、文化等造成了巨大的破坏。因此，不甘心被奴役的广大汉族人民，奋起反抗。岳飞则是他们中的杰出代表。他一手锻造的岳家军，成了南宋抗金的主力军。但是，以宋高宗和秦桧为代表的投降派，为了维护专制皇权的利益，为了维持苟且偷安的偏安局面，杀害了岳飞。随后，南宋与金国签订了极其屈辱的协议。双方开始了近百年的南北对峙局面。

自古英雄出少年
——家世及早期军旅生涯

　　汤阴县所在地区的地理环境和历史文化环境，在岳飞人格特质的塑造过程中，起着润物无声的、潜移默化的作用。社会底层的生活，使岳飞自幼就饱尝人世的艰难，但也锻炼了他适应艰苦生活的能力，使他有了一副异常健壮的身躯。早期的军旅生涯，一方面使他对金军的残暴行为有深刻的感受，朴素的保卫家乡的忠君爱国意识油然而生；另一方面，也使他的军事素养不断得到提高。

第一节　汤阴:慷慨悲歌之地

一、岳飞成长的地理、文化环境

北宋徽宗赵佶崇宁二年(公元 1103 年)农历二月十五,岳飞诞生于河北西路相州(今河南省安阳市)汤阴县永和乡孝悌里①一个普通的自耕农②家庭。

关于岳飞的出生,在他的孙子岳珂编写的《鄂国金佗稡编续编》一书中,就开始添加一些神化的成分——自然还是延续中国古代帝王将相出生不同于凡人的传统。比如说黄河在内黄县决口,淹了汤阴。母亲姚氏和出生不久的岳飞,坐在一个大瓮里,顺水一直漂到内黄县,才被人救起,得以活命。时至今日,有些人还坚持内黄县是岳飞故乡的说法。实际上,北宋时期的黄河仅从内黄县东部经过。即使决口,也不会淹到西边地势较高的汤阴;况且农历的二月,黄河也不会发生大水灾。

---

① 　今汤阴县程岗村。
② 　占有土地和其他生产资料,依靠自己和家庭成员进行农业经营的个体农民。

　　关于岳飞的出生，后世更演绎出许多故事。比如明代文学家冯梦龙的《喻世明言》中记载，张飞被害后，在唐朝转世为张巡①，改名不改姓；到宋朝再转世为岳飞，改姓不改名。显然，这都是笑谈。

　　汤阴县西部为太行山的余脉，东部属于华北大平原，东南部和南部分别为滑州（今河南省滑县）和浚州（今河南省浚县），渡过黄河，就可以到达东京。汤阴县的东面为内黄县，西边为林县（今河南省林州市），巍峨的太行山耸立于县的西边。相州则是北宋仁宗、英宗、神宗时期的柱石之臣韩琦的家乡。韩琦的忠君爱国言行，在当时就闻名于世。由相州向东北越过黄河②，就可以到达北宋的北京大名府（今河北省大名县境内）。滑州和浚州为隋末瓦岗军的主要活动地区，大名府和内黄县也属于北宋晚期宋江军队的主要活动区域。

　　从文化圈而言，包括汤阴县在内的今河南省黄河以北地区，属于燕赵文化圈。从春秋战国以来，该文化圈的人格特质为慷慨悲歌。这种人格特质，在岳飞自从军到被害的十几年戎马生涯中，表现得最为典型。

　　春秋时期，汤阴县属于诸侯国卫国，且是《诗经》中"卫风"的主要地区。汤阴县境内，北宋以前发生过的最为有名的历史事件有两个，一个是汤阴城北的羑里城，周文王曾经被拘于此，并在民间流传的基础上，演绎出《易经》。《易经》中复杂的变异思想，对后世岳飞军事思想中出奇制胜因素的影响不小，尽管岳飞主观上可能没有意识到这一点。另一个是西晋"八王之乱"时嵇康的儿子嵇绍，以生命保卫晋惠帝③，以至于鲜血染红了皇帝的御袍。后人为了表彰他的忠义行为，在汤阴县修筑

---

　　①　张巡（709—757）：邓州南阳（今河南南阳）人。开元二十四年（736）登进士第。安史之乱爆发，即率兵讨贼，始守雍丘，后与许远合力守睢阳（今河南商丘市睢阳区），战功卓著，迁御史中丞。至德二年（757），安禄山部将尹子琦十万大军围困睢阳，在城内粮尽、援兵不至的情况下，张巡率全城军民坚守达数月。城陷被执，不屈就义。

　　②　北宋时期黄河下游的走向与今日不同。

　　③　即使正史中也将晋惠帝塑造成典型的白痴形象。但嵇绍捐躯后，有人要将御袍上的血迹洗去，惠帝不让洗，说这是嵇侍中（嵇绍生前的官职）的血，我要永远保存，作为纪念。仅此一点，足见惠帝绝非白痴。

了稽公庙。

上述事件积淀成的历史文化基因,与家庭因素结合起来,共同塑造了岳飞的人格特质。

岳飞的性格特点,著名宋史研究专家邓广铭先生归纳为单纯、质直、坚定、强项①。岳飞不喜欢说话,更不喜欢看人脸色说话,但是一旦说话,每句话都是直奔主题。

就岳飞的相貌而言,从现存故宫博物院所藏南宋画家刘松年的《中兴四将图》②看来,他是中等个子,中年以后是圆胖脸盘,眼睛、鼻子、嘴巴都比较小,眉毛比较浓,耳朵大而长,典型的北方人长相,面相非常和善。

二、家世

(一) 父母

岳飞的曾祖父叫岳成,曾祖母杨氏;祖父叫岳立,祖母许氏;父亲叫岳和,母亲姚氏。他还有个叔父叫岳睦。

岳飞乳名五郎。据说岳飞诞生的时候,恰好有大鸟落于其出生小屋的屋顶上,并高声鸣叫。这在岳飞父母看来,自然是吉祥的象征,所以后来为子取名飞。宋代男子一般虚岁二十而冠,以示达到了成年的年龄,此时则要在名外取表字,且名和字要互相照应。故岳飞表字鹏举。

---

① 邓广铭先生是山东北部人,我曾经就此词语请教一些山东籍的学者,他们说今日山东话中一般不说这个词,依我的理解,应该略含贬义。 在此意义上,类似强硬、倔强一词。

② 该画中刘光世居首,次为韩世忠,再次为张俊,最后为岳飞。 但是据专家鉴定,该画并不是刘松年的原画,而是宋元之际的摹本。

姚氏生五郎时,已经三十六七岁,所以岳飞应该有四个哥哥,但是都夭亡了。姚氏后来又生了一个儿子,取名岳翻。岳飞至少还有一个姐姐——他的外甥女婿高泽民后来在岳家军中担任主管文书事宜的官员。

岳和夫妻中年得子,自然欣喜万分。但是,作为社会底层的家庭,他们对岳飞兄弟两个既有关爱,又有严格的管教。作为农家子,岳飞自幼就参加各种劳动,如放牛放羊、拾柴割草等。

北宋到太宗朝的后期,开始大兴科举,但是要想走学而优则仕的道路,其间所需要的费用,却是岳飞这样的家庭所不敢想象的。但是,宋代的农村,有进行简单的启蒙教育的"冬学",从农历十月到十二月,农闲时期,十几家或几十家底层农户,凑钱请贫穷的书生来授课,课本有《百家姓》《千字文》《杂字》之类的启蒙读物。农家子弟通过这种简单的扫盲教育,可以在和官府及民间的交往中,少受或免受欺骗。岳飞即接受过此类教育且学习非常刻苦。虽然岳飞父母不可能有多少文化,但是岳飞天资特别聪颖,记忆力特别好,悟性特别高。

(二)妻子

徽宗重和元年(公元1118年),抱孙心切的岳和夫妻,为十六岁的岳飞举办了婚礼,娶了附近村庄的刘姓女子。岳飞和她先后生育了岳雲、岳雷[①]两个孩子。成家之后,家庭的负担自然加重。

宋金战争爆发后,岳飞怀抱忠君报国之志奔赴战场,让妻子刘氏在家照顾母亲和孩子。但是刘氏后来由于多方面的原因,辜负了岳飞的厚望,不辞而别[②];南渡之后,岳飞又娶贤惠的李娃为妻,夫妻感情非常融洽,李娃也成为岳飞的贤内助。岳

---

① 岳飞五子分别取名为岳雲、岳雷、岳霖、岳震、岳霭,显见是当时为人取名的专业人员根据五行学说所用的补天水的方案,所以岳雲的名字不能简化为云。

② 靖康国难后,刘氏也逃难到了江南,嫁给韩世忠军中一低级军官为妻。韩世忠知道后,将此事派人告诉了岳飞。岳飞虽然从感情上仍然痛恨刘氏先前的行为,但还是送去五百贯钱,以接济她的生活,可见岳飞之义。

飞和李娃先后生育了岳霖、岳震、岳霭（后改名岳霆）三个孩子。李娃非常孝顺婆婆，婆婆得病后，由于岳飞军务繁忙，照顾婆婆的事情，几乎都由她来承担。

（三）儿子和孙子

岳雲作为岳飞的长子，十二岁即被编入张宪的军中。岳飞对岳雲的武艺操练要求极其严格，使岳雲年纪轻轻就成为智勇双全且在岳家军中享有盛誉的战将，并立下赫赫战功。他遇害时年仅二十余岁。

岳雷十六岁时曾经在狱中陪伴过父亲岳飞八天，他应该最了解岳飞在狱中的一些事情。但由于岳飞遇害后，全家都被流放且时刻处于被监视的环境之中，生存环境异常险恶，所以岳雷未敢写下关于岳飞的活动记录，他本人也于流放期间含恨去世。岳雷的去世与岳飞冤案以及他在狱中所受的刺激大有关系。

岳飞冤案若要平反，后代必须在极其艰险的环境中主动去搜集、整理和岳飞有关的文字材料。岳雷去世之后，这个任务只能由岳霖来承担了。可惜岳飞遇害时，岳霖只有十二岁，尚是懵懂少年，还不明白世事的复杂。岳飞冤案平反之后，等他开始这方面的行动时，搜集、整理材料的历史环境已经非常不利——王贵、牛皋等岳家军的重要部将都已经告别人世，其他知情人也大都作古。何况，为了避祸，他们在世时大都销毁了和岳飞有关的文字记录。尽管如此，岳霖还是费尽周折，搜集到了一些重要的文字材料，并请国子博士①顾杞，整理出一个岳飞的传记草稿。但岳霖的这项工作尚未完成，便于六十三岁去世。去世之前，他叮嘱儿子岳珂，一定要把祖父的历史材料搜集、整理好，否则自己死不瞑目。

岳坷（公元 1183 年—1243 年），岳霖幼子，字肃之，号亦斋，晚号倦翁，进士出身，南宋文学家。宋宁宗时，以奉议郎权发遣嘉兴军府兼管内劝农事，有不错的政绩。自此家居嘉兴，住宅在金佗坊。嘉泰末为承务郎监镇江府户部大军仓，历光禄丞、司农寺主簿、军器监丞、司农寺丞等官职。嘉定十年（公元 1217 年），出知嘉兴。

---

① 学官名，负责教导国子监的学生。

十二年,为承议郎、江南东路转运判官。十四年,除军器监、淮东总领。宝庆三年
(公元 1227 年),为户部侍郎、淮东总领兼制置使。

岳珂没有辜负父亲的嘱托,费多年之心血,先后编撰了《鄂国金佗稡编》和《鄂
国金佗稡编续编》,成为现存最重要、最详尽的记录岳飞事迹的史籍。因为岳飞在
宋宁宗时期被追封鄂王,故名鄂国;金佗是嘉兴府城内的坊名,岳珂曾在此居住多
年,稡与萃相通,为收集之意。

岳飞和岳雲地下有知,也可以含笑九泉了。

岳珂文笔老练,甚有才气,《鄂国金佗稡编续编》一书,达到了他预期的效果,也
基本上经得起历史的检验。但是该书也存在一些严重的缺陷,毕竟还是要依靠"赵
家人"给岳飞平反。岳珂等岳飞后人,还要仰仗"赵家人"谋取功名利禄。所以岳珂
刻意掩盖宋高宗和岳飞的矛盾,为宋高宗杀害岳飞的罪行掩责;对其祖父岳飞的功
劳,不免有溢美之处,开后世塑造岳飞"愚忠"形象的先河。相关历史记载,也有不
少错讹和疏漏。

第二节　英雄原出草莽间

一、练就好武艺

商代以来，相州一带，一直处于战争较为频繁的环境之中，导致这里民风彪悍，民间素有习武的传统。岳飞幼年时期就对武术表现出特殊的爱好。虽然出身于农家，吃着非常平常的食物，他却有着出众的身体素质。当时衡量一个人武艺高低的标准，首先是看他能挽多重的弓弩及射箭的准确性。岳飞不满二十岁时，已经能够挽弓三百斤，用腰部开弩八石①。按照宋朝军队的制度，能够挽一石五斗，就可以当皇帝的侍卫。北宋武士挽弓的最高纪录，也只有二石。

岳飞少年时期，曾经跟随当地有名的射手周同学习射箭。周同见岳飞身体素质出众，悟性又高，品行又好，于是悉心教授，将自己所掌握的所有射箭诀窍，全部传给岳飞。岳飞很快就能够左右开弓，百发百中。周同十分器重岳飞，将两张心爱

---

① 宋时一斤约合今 1.2 市斤，一石约合今 100 市斤。

的弓赠他。

岳飞还学会了骑马,且能在马上舞枪弄棒并舞出各种花样动作,经常博得小伙伴们的喝彩。

成家之后,为生活所迫,岳飞来到相州,当了韩府(指韩琦后代)的佃户。有一天,岳飞去韩府的庄墅借粮,恰逢盗匪张超率领几百名盗匪包围了这座庄墅,准备实施抢劫。见此情景,岳飞飞身上墙,掂弓射箭,一箭射穿张超咽喉。群匪见状,四散逃命。

这也是岳飞第一次在实战中检验了自己的武艺,于危难时刻一显身手。但是,他的命运并没有为此而好转。他思念在老家的父母和妻儿,于是又回到汤阴。

二、初次从军

宋徽宗实际上也并不是一个在治国方面一无所长的皇帝。他继位之后,也曾实施过一些颇可称道的治国措施。但是,以他的综合素质和赵宋当时的国力及运势而言,要想收回燕雲十六州,创造辉煌的帝业,只能是美梦一场。面对新兴的由女真族建立的金国行将灭亡辽国的局势,赵宋君臣竟然策划出了"联金灭辽"的大局。宋金两国分别从南北方出兵进攻辽国,灭掉辽国之后,燕雲十六州地盘归北宋;但是幽州城攻下后,幽州城所有的人口和能够搬走的财产全部归金国。

听说要和辽国打仗,血气方刚的岳飞十分来劲。村里的老辈人有时给晚辈们讲前代的事,其中讲到后汉高祖刘知远天福十二年(公元947年),辽国军队攻占相州后,十余万人口的相州城被杀得只剩下七百多人;真宗景德元年(公元1004年),辽国攻打宋国,一直打到澶州(今河南省濮阳市)城下,萧太后实在是厉害,要不是靠着寇老西(寇准),东京城就被辽国攻下了。每次听了这些半真半假的历史,年幼的岳飞就有一股长大后上战场的冲动。

岳飞就是在此背景下，抱着改变家庭和自己命运的目的，怀着幼年时的梦想，盼望凭着自己一身的好武艺，投身军旅，报效国家。对岳飞而言，这条路他走对了。至于以后的冤案，那不是他能够决定和选择的。

年逾古稀的外祖父姚大翁，知道岳飞要投身军旅的消息后，请来汤阴的名枪手陈广，教授岳飞枪法，期望岳飞的枪法在原有的基础上有大的提高。由于有良好的身体素质做基础，练了一段时间后，岳飞枪法娴熟，在汤阴县已经没有对手。

岳飞投身军旅后，遇到的第一个赏识自己的官员，是负责相州等六个州府军务的刘韐。他在一次例行的检阅行动中，偶然发现岳飞身上具有出众的军人素质，于是同他进行了简短的交谈，让岳飞展示了自己的武艺，并当即任命岳飞为小队长，岳飞自然很高兴。

但是，与国运衰朽、行将亡国的辽国军队交手后，北宋几十万禁军竟然被打得一败涂地。

辽军在宋辽边界击败了宋军后，鉴于金国在北边的凌厉攻势，并没有继续向宋国境内发起大规模的进攻。所以，岳飞这些新招募的没有正规编制的兵士，转而用于镇压内部的盗贼。相州附近有一股活动比较猖獗的盗匪，头领是陶俊和贾进，为害一方，北宋政府也曾经派少量军队前去剿除，不料不但没有消灭盗匪，反而使他们形成坐大之势。于是岳飞主动提出带领二百名兵士去铲除这股盗贼，为家乡人民营造好的生活环境。刘韐很支持岳飞，答应了他的请求。岳飞先派三十名兵士假扮成商人，听任盗匪将他们连人带物抢入匪营。岳飞则于第二天派一百兵士于预设之地设下埋伏，然后亲自带领几十名骑兵前去挑战，刚一接触，即佯装失败逃跑。陶俊和贾进不知是计，拼命追赶，被诱入埋伏圈。伏兵迅速出击，先期被抢进匪营的"商人"，也里应外合。陶俊和贾进被俘，余党全部溃散。

新任相州知州王靖于是上报上司，保举岳飞为从九品的承信郎。不料噩耗传来，父亲岳和因病突然去世，岳飞必须回家奔丧且守孝三年（实际上不满二十七个整月）。朝廷则因为财政匮乏，不属于正式编制的刚招募的军队，被就地解散。王靖的保举状，转眼间成为一张废纸。

自宋徽宗宣和四年(公元 1122 年)冬天到宣和六年(公元 1124 年)冬,岳飞一直在家守孝。守孝期满后,为了养家糊口,岳飞去离家不远的集镇当游徼①,但是收入非常低。一身好武艺,本应货于帝王家,孰料竟过着这种穷困无聊的生活。年轻的岳飞不免借酒浇愁,有一次竟然酒后滋事。母亲姚氏知道后,严厉训斥岳飞。岳飞自幼就非常孝顺,于是发誓从此不再饮酒。

三、再次从军

不愿做游徼的岳飞,心里还是深埋着能够再次投身军旅、施展自己才华的梦想。徽宗宣和六年(公元 1124 年),相州一带发生大水灾,流民遍地。北宋从太祖赵匡胤开始,就确立了遇到大的灾荒就将灾民中适合当兵的人招募进军队,以维护社会稳定的制度。但是,这种兵要在脸部等处刺字,以防止逃跑。估计岳飞耻于在脸上刺字,于是投充"效用士"②,然后被分配到驻防河东路平定军③(治平定,今山西省平定县)的禁军,充当骑兵,不久,升为"偏校"。岳飞自幼就听过不少关于关羽和张飞的故事,升为"偏校"之后,萌生了一个梦想:做一个文武全才的大将,能够像关张一样,报效国家。为此,训练之余,他努力学习文化知识。

金国在"联宋灭辽"的过程中,彻底看清了赵宋君臣腐败无能的本质,于是,在灭辽那年的冬天,旋即发起了灭宋的战争。而太原保卫战,则是决定北宋生死存亡的关键一战。

平定军毗邻太原。为了配合太原守军作战,驻防平定的军事长官命令岳飞率领百余名骑兵,前往太原府所属的寿阳县、榆次县一带,进行武装侦察。行军路上,

---

① 职能类似今日的巡警。

② 一种高级军士,待遇优于一般军士,一般不在脸上刺字,只在手背刺字。

③ 军为宋代在军事要地设置的行政单位。

岳飞率领的军队与一支金军猝然相遇。大多士兵此前没有参加过战斗,马上慌作一团。岳飞告诫他们不要怕,自己则单骑深入,接连杀死几名冲在最前面的金军,余下的金军慌忙逃走。岳飞则于夜幕降临之后,换上被杀死的金军的衣装,潜入金军营寨,遇到说女真话的士兵盘问,则用平常学到的几句女真话应对,大胆地走遍营寨,圆满完成了侦察任务。上级为此将岳飞升为进义副尉①。此次侦察,充分证明岳飞是一名胆大心细的极其优秀的侦察兵。

太原陷落之后,金军转而进攻平定军,岳飞和驻防平定军的军民一起顽强抗击金军。金军在付出相当大的伤亡后,才占领平定军。岳飞则于平定军陷落后,带领妻儿回到故乡。

归乡途中,岳飞与妻儿饱尝颠沛流离之苦。但是,更难受的是"心碎"——金军的滥杀,使沿路随处可见无人掩埋的尸体。他们一路忍饥挨饿,饿得实在不能再走的时候,想买点吃的东西,但商铺极少,只好掏钱到沿路村庄的百姓家,凑合着买点东西充饥。人民的苦难,使岳飞这样的铁血男儿,也不住地落泪。一行人几经周折,终于到了相州地面。可相州却于当年被金军攻破。为了保全生灵,知州赵不试在抵抗无力、求援无音、金军许诺投降之后不会屠城的背景下,开门投降,投降之前全家人投井自杀。汤阴县城当年曾被金将完颜宗弼(女真名兀术,意为"头")攻破,三千名宋军士兵被俘。

相州的几大家族,要么仓皇南逃,要么在金军到来之后俯首投降。

四、三次从军

见到劫后余生的母亲姚氏之后,全家人抱在一起,岳母和儿媳、孙子们放声大

---

① 不入品的小武官。

哭,岳飞也禁不住掉下了眼泪。他双膝跪倒,带着妻儿,又向母亲行了个大礼。见到母亲平安活着,岳飞心中总算有了一丝安慰。第二天,他又去看望了其他的亲友;得空又去祖坟和老师周同的坟墓前祭拜了一番。

但是,回到家乡的岳飞,心中依然满怀悲愤,寝食难安。山河破碎,苟且偷安都不可能,更何况岳飞绝非贪生怕死、苟且偷安之懦夫!他强烈地意识到,抵抗才有出路,才能保住家园,才会有安宁的生活,才会有大宋的复兴,才会实现自己的梦想。

但是,年迈的母亲,成为他最大的牵挂。深明大义的姚氏知道儿子的心事,请人在岳飞背上刺下"尽忠报国"①四个大字,作为对岳飞的勉励和鞭策。岳飞于是告别老母和妻儿,奔赴血雨腥风的战场。从此,再也没有归家。汤阴,只能永远留在他的思乡梦中。

此前的两度从军,岳飞都是出于谋生的目的。本次从军,却完全出于一个草根伟大的爱国情怀。

相州城里,武翼大夫②刘浩正在招兵买马。靖康元年(1126年)冬天,岳飞不顾刺骨的寒风,前去投奔刘浩。刘浩与岳飞对谈后,了解了他的经历,特别赞赏他的抱负,所以非常器重他,命令他去收编一支头领叫吉倩的盗匪队伍。岳飞率领四名骑兵前往。由于吉倩等人也是为生活所迫才走上盗匪之路的,所以当岳飞向他们晓以民族大义,且保证收编之后政府不会杀害他们的情况下,吉倩等人就归顺了朝廷,岳飞比较顺利地收编了这支三百八十人的武装。岳飞得以正式成为从九品的承信郎。

宋钦宗的九弟康王赵构,此前受命前往金营求和。他在知道金军主力已经渡过黄河南下的背景下,却继续北上——明显是在逃避,最终于十一月二十日抵达磁州(治滏阳,今河北省磁县)。到达磁州后,又与主张坚决抵抗的磁州知州宗泽发生

---

① 由于历史的原因,许多人常常以为岳飞背上刺的是"精忠报国"。 其实,这四个字由宋高宗赐给岳家军军旗上的"精忠"二字演化而来。 在爱国的含义上,其所含意思应该没有大的差别。

② 武阶名,共分五十二阶,此为第二十二阶,正七品。

矛盾。相州知州汪伯彦知道后，认为康王奇货可居，派刘浩率领两千兵士，将赵构接到相州。从此，赵构对汪伯彦信任有加。赵构在相州接到宋钦宗的蜡书①，让他组织兵马前去东京勤王。于是，赵构于十二月初一在相州开设大元帅府，自任兵马大元帅，汪伯彦和宗泽为副元帅，刘浩为前军统制，岳飞为其属下。

按照宋钦宗蜡书的诏令，赵构本应该马上率领大元帅府的兵马，火速前往东京，解东京之围。但是，急于保命的赵构绝对不愿意去冒这个险。他首先派兵四处侦察金军的动向，以便选择最安全的地方出行。

刘浩于是命令岳飞率领三百名骑兵前往大名府（治元城、大名，今河北省大名县东部）所属魏县（今河北省魏县东）的李固渡前去侦察。在一个叫侍御林的地方，岳飞率领的军队打败一支金军并杀死敌方一名枭将。因此，岳飞得以迁三官，成为正九品的成忠郎。

但是，赵构和汪伯彦密谋，先派刘浩率兵南下浚州（今河南省浚县西北）和滑州（治白马，今河南省滑县），扬言去解东京之围。赵构和汪伯彦则率领元帅府的主要人马，偷偷溜出相州城的北门，前往北京大名府②。

在刘浩的军队南下之前，刘浩又让岳飞率领一百多名骑兵前去滑州南部接近东京的地方侦察敌情。任务完成返程之时，岳飞军与一支金军在黄河的冰面上相遇。岳飞率先砍下一名金将的头颅，其余的金兵也很快被击退。因为此次战功，岳飞又得以迁三官，成为从八品的秉义郎。两次胜利后，岳飞在大元帅府声名鹊起，开始享有"敢死"的勇名。

赵构到达大名府后，河北路的几支军队都向此地集中。但是，围绕着是否救援东京和如何救援东京的问题，宗泽和汪伯彦发生了激烈的争论。最后赵构和汪伯彦私下决定，赵构和汪伯彦率领一支军队东向山东，宗泽则率军南下东京，前去救援。刘浩隶属宗泽，岳飞也得以成为宗泽的部将。由于赞成宗泽的主张，岳飞自然

---

① 又称蜡信，古代的一种保密书信。将书信封在蜡丸里，以防泄密，兼有防潮、防水的作用。

② 北宋时期，为拱卫京师，陆续设置了西京洛阳府（今河南省洛阳市）、南京应天府（今河南省商丘市）、北京大名府（今河北省大名县）。

很高兴。

宗泽的军队于靖康元年(公元1126年)十二月下旬进军开德府(治濮阳,今河南省濮阳市),接连同金军打了十三仗,连战告捷;岳飞则在靖康二年(公元1127年)的一场战斗中,杀死两名金军执旗兵,又率军俘获敌军的一批军械,为此升为正八品的修武郎。

靖康二年(公元1127年)二月,刘浩的前军奉命转战曹州(治济阴,今山东省菏泽市南)。岳飞披头散发,挥舞四刃铁剑,率先冲入敌人阵地。战斗结束后,又升为从七品的武翼郎。

刘浩的两千军马后进驻广济军定陶县(今山东省定陶县)。鉴于岳飞的勇猛善战,元帅府又命令他的军队改隶赵构的亲信黄潜善,而黄潜善则只知道保存实力。在此期间,岳飞的军队属于间勃领导,岳飞曾经跟随间勃前去西京洛阳一带保护赵宋的皇家陵寝,与金军大战于汜水关,射死一名金将,大破其众。

岳飞他们尽管未能到达宋陵所在的地区,但是从逃难的百姓口中得知,金军已经占领了宋陵。金军自然知道皇陵及陪葬大臣的坟墓中有大量的宝贝,于是一拥而上,没放过任何一座有价值的坟墓,将能抢走的金银珠宝等抢得一干二净,甚至把宋哲宗的尸体从墓中拖出来,扔在一边。

岳飞从小就听到村里人骂人常说的一句话"挖你祖坟"。挖祖坟,在极其重视祖宗崇拜的汉人看来,那是对人最大的侮辱,更别说皇陵。金军的这一疯狂行为,进一步加深了岳飞对金军的仇恨。

当年四月,金军在将东京城洗劫一空后,俘虏徽宗和钦宗等回撤东北,另立张邦昌为傀儡皇帝,国号楚。金军撤走后,张邦昌旋即将玉玺送到济州,奉迎康王赵构为帝。四月二十一日,赵构离开济州,前往南京应天府(治宋城,今河南省商丘市)。出发之前,元帅府又将军队重新编组,张俊任中军统制,刘浩任中军副统制,岳飞成为中军中的一员偏裨武将,开始和张俊共事。

五月初一,赵构在应天府即位,将靖康二年改为建炎元年,开始了历史上的南宋。应天府是太祖赵匡胤的发迹之地,赵构于此地即帝位,足见其要赶快确立自己正统地位的迫切性。

　　成长于相州汤阴县的岳飞与国难中发迹于相州的赵构,都不会料到两人的人生会在今后有重大的关联。

撼山易,撼岳家军难

——岳家军是怎样炼成的

建炎三年（公元 1129 年），岳飞有了一支自己独立领导的武装，当时的兵力有一万两千人；到绍兴五年（公元 1135 年），总兵力达到十万人，以后大致一直维持着这个数字。经过岳飞长期的锻造，岳家军成为几支抗金主力军中实力最强的部队，也是最具进攻性的部队，更是一支让金军闻风丧胆的军队。

第一节　年少起河朔

"岳家军"是南宋初期的民间称呼。陆游曾有"剧盗曾从宗父命,遗民犹望岳家军"诗句。其正式番号则前后有神武右副军、神武副军、神武后军、行营后护军等名称。

岳飞独立领军之前,曾经先后当过七个人的属下,分别是刘浩、张俊、宗泽、张所、王彦、闾勍和杜充。这七人中,有文臣,也有武将。

杜充,字公美,相州人,哲宗绍圣年间(公元 1094 年—公元 1097 年)进士,与岳飞有乡党之谊。喜欢功名利禄,虽然是文人,但残忍好杀,短于谋略。建炎二年(公元 1128 年),宗泽去世后,杜充代为东京留守兼开封尹①,后投降金国。元人所修《宋史》,将其列入《叛臣传》。

建炎三年(公元 1129 年),杜充决意率军南逃。岳飞知道后,求见杜充。毕竟有乡党之谊,杜充还是答应了岳飞的求见。杜充坐在椅子上,愁眉不展,一个劲地叹气,然后问岳飞有什么事。岳飞恳切地说道:"中原大地,尺寸不可弃,一旦放弃,则非我所有;异日想收回来,没有几十万的兵力不行!"

杜充不待岳飞说完,就打断了岳飞的话,不屑一顾地说道:"就凭咱这点兵力,

---

①　相当于今日首都所在城市的市长。

想守住东京,你就做梦吧!赶快回去,做一下撤退的准备。再晚一点,撤退都来不及了!"

岳飞见状,只好退出,不得不跟随杜充的军队退守到了建康府(今江苏省南京市)附近。

没想到杜充这样的人逃到江南之后,竟不断得到高宗的提拔,升右相、江淮宣抚使。后来的名将张俊、刘光世、韩世忠的部队都归他统辖,总共有近十万大军。

建康府更有虎踞龙盘之势。如果能够妥善布置,将士用命的话,还是可以收复此战略要地的。

无奈杜充到了江南之后,整日独自坐在营帐里,将士一概不见,也不做防御的准备。刘光世和韩世忠见状,都不愿意归他管辖。岳飞又一次面见杜充,大着胆子说道:"金国大军,已经过了淮河,他们下一步就是渡过长江,进一步攻打宋军。危急之势,莫甚于此。相公您终日宴饮取乐,不理兵事。万一敌人趁机来攻,将领们会拼命作战吗?建康一旦失守,您还能高枕无忧吗?"

说到此,年轻的岳飞干脆失声痛哭,请求杜充赶快与将领们见面,商讨作战计划。杜充见状,漫不经心地说道:

"好,明天江边见。"

第二天,岳飞在江边等了半天,还是不见杜充的影子。

该年十一月,马家渡一战,尽管岳飞等将官率军拼死作战,但由于御前前军统制王燮卖阵,最终失败。

第二天,杜充竟然率领三千将士,渡过长江,向金军投降。

岳飞当时为江淮宣抚司右军统制,战败后率军退守钟山。经过一番认真的思考,岳飞决定不再跟随杜充,而独自成军,于是率军移师宜兴(今江苏省宜兴市)。宜兴也成为岳家军最早的大本营。

岳家军的最初成军基础,是原先东京留守司的部分军队。建炎三年,也是岳家军独立成军之年,当时岳家军的兵力有一万两千人。经过不断的发展,岳家军逐渐壮大,到绍兴五年(公元 1135 年),岳家军兵力达到十万人,一直到岳飞被剥夺岳家军的领导权为止,兵力基本上维持在这个数目。大本营后移到华中的重镇鄂州(今湖北省武汉市)。与当时其他几支大军相比,岳家军不但兵力最多,而且综合素质最好,成为南宋抗金的主力军。

虽然独立成军了,但是,极端恶劣的环境中,能否作为一支独立的军队存活下去,然后发展壮大,收复失地,忠君报国,岳飞心里面确实没底。但是他从古代许多名将成功的事例中知道,要打造一支雄师,必须有铁的纪律。

岳飞同样知道,一支军队的领头人,必须有雄心壮志,要像张所和宗泽那样,万不可做杜充那样的懦夫和败类。曾经做过黄州知州的张大年,驻防宜兴期间,因岳飞曾经在其家住宿过一段时间,他也经常就当时的局势和岳飞交换意见,自然很佩服岳飞。建炎四年(公元1130年)六月十五日,二人于院内的葡萄架下,边喝茶边畅谈国事。张大年问起岳飞以后的打算,岳飞考虑一番之后,看了看堂屋正面的小墙,笑问张大年可否在上边抒发自己的感慨。张大年爽快地答应了,并让人拿来笔和墨。岳飞又看了看墙,然后挽起袖子,一气写下如下文字:

近中原[板]荡,金贼长驱,如入无人之境;将帅无能,不及长城之壮。余发愤河朔,起自相台,总发从军,小大历二百余战。虽未及远涉夷荒,讨荡巢穴,亦且快国仇之万一。今又提一垒孤军,振起宜[兴]、建康之城,一举而复,贼拥入江,仓皇宵遁,所恨不能匹马不回耳!

今且休兵养卒,蓄锐待敌。如或朝廷见念,赐予器甲,使之完备,颁降功赏,使人蒙恩;即当深入虏庭,缚贼主喋血马前,尽屠夷种,迎二圣复还京师,取故地再上版籍。他时过此,勒功金石,岂不快哉!此心一发,天地知之,知我者知之。

建炎四年六月望日,河朔岳飞书。①

----

① 《云麓漫钞》卷一,又《鄂国金佗稡编》卷一九,《五岳祠盟记》。

翻译过来就是：

> 中原板荡，金贼长驱，如入无人之境，大宋将帅无能，导致国亡家败，生灵涂炭；余发愤于河朔（黄河以北地区），起自相台（宋代相州的别称），刚成年就投身军旅，经历了二百多场大大小小的战斗，虽未能率军远涉夷荒之地，踏平贼穴，但也算快意恩仇。今又率领一支孤军，先是收复宜兴，然后又夺回建康府，金贼仓皇连夜逃跑，消息传出，人心振奋，所恨的是不能让敌人匹马不回。

> 现在暂时驻扎宜兴，休兵养卒，蓄锐待敌；余如果能够得到朝廷重用，多多给予士兵和粮草，及时颁布立功后的奖赏，使将士们都能够感受到皇恩浩荡；余将率军深入金军的老巢，捉拿金主，迎二圣复还京师，雪靖康国耻，拯万民于水火；到那时，再勒功于金石之上，岂不快哉！岳飞此心，天知地知，知我者知之。

此即为流传后世的《五岳祠盟记》。岳飞写的时候，聚集来的将士、幕僚和民众越来越多，整个院子都挤满了人。有的人只好在院子外边听前边人的议论，等岳飞写完，前边的人走了之后再看。此段题文传出后，岳飞的大名，越传越远。

岳飞很快用行动证明了自己的雄心壮志不是大言不惭的空话，而是实实在在的行动。岳家军独立成军后打的第一场大胜仗就是收复建康府。

建康府是金军当时在江南仅存的战略立足点，对于金军继续南下，彻底消灭南宋，具有非常重要的意义。驻守建康府的金军，一边在城周围修筑大的营寨，一边在原有的基础上，又修筑了两道护城河。鉴于女真人怕热的特点，又在山上挖了好多山洞，以作避暑之用。很明显，金军准备长期驻扎建康府，让建康府成为金军南下的桥头堡。

宋高宗君臣自然也意识到问题的严重性——金军驻扎建康府，等于在自己头上悬了一把利剑。于是高宗任命张俊统率当地能够调遣的所有部队，负责收复建康。但是，畏敌如虎的张俊，宁愿被人骂作胆小鬼，也不敢向前进军，只是领兵观望。

　　收复建康府的重任最终落在了岳飞肩上。岳家军先是在位于建康城南三十宋里的清水亭首战告捷,杀敌一百七十五人,俘虏四十五人,缴获马、甲、弓、箭、刀、旗、金、鼓等三千七百多件。

　　在敌众我寡的情势下,要全部消灭实力强大的完颜宗弼(兀术)的大军,完全不可能。岳飞采用务实的策略,自南而北,驱逐敌人过江。五月初,岳飞率军前往清水亭之西十二里的牛头山扎营。他派遣一百名将士,身穿此前缴获的金军的黑衣,夜里混入金营,偷袭敌军。金兵分辨不清敌我,自相攻击,乱杀一通。

　　从四月到五月,岳家军同金军战斗几十次,都取得胜利。战事的失利,使完颜宗弼不得不忍痛放弃建康。岳飞发现金兵有撤退的迹象后,率三百骑士和二千步兵冲下牛头山,再次击败敌人。五月十一日,完颜宗弼率军从靖安镇撤退到长江对岸的真州六合县宣化镇。岳家军追至靖安镇,消灭最后一批未能逃跑的金军,将士们跳上还在摇晃的敌船,痛击残敌。仓皇撤退的金军丢弃在岸上的数以万计的铠甲、兵器、旗鼓、辎重、牛驴等,自然都成了岳家军的战利品。

　　建康战役历时半月,也是岳家军的首次辉煌胜利。

第二节　岳飞的将官与幕僚们

一、岳家军的主要将官

岳家军能够成为一支能征善战的部队,除了岳飞的主帅作用外,还和它拥有一大批素质较高的将官和幕僚有关。

岳飞对普通的士兵都非常尊敬,更别提对高级的将官了。每次作战之前,都召集统制们一边吃饭一边讨论作战方案。首先讨论敌人能够战胜岳家军的条件,最少列出六七条,然后才周密地谋划,仔细地考虑,一直讨论到竭尽各种可能的时候,才停止讨论。这也是岳家军成为常胜之师的重要原因。

据王曾瑜先生所做的统计,现有史料中能够确定为岳飞部将的近一百二十人①,实际数字肯定要大得多。本书参考王先生的有关研究,只将部分有突出事例的部将和幕僚列出。

---

① 王曾瑜:《尽忠报国　岳飞新传》,中国书籍出版社 2016 年版,第 313—391 页。

1.王贵(? —公元 1153 年),相州汤阴县人。

王贵可能是岳飞的发小,很早就跟着岳飞投身军旅,屡立战功,和张宪同为岳飞最重要的助手。第四次北伐的颍昌之战中,面对血腥的战争和双方难解难分的战争局面,王贵一度产生怯战情绪,被岳雲严厉制止。战后岳飞按照军纪对王贵予以责罚。

在岳飞冤案中,王贵遭到秦桧的胁迫,被迫接受前军副统制王俊的诬告状,并将状纸送到镇江枢密行府。宋廷据此设置冤狱,杀害岳飞等人。在此冤案中,王贵本人也受牵连,说他与张宪共同接受了岳飞策动谋反的书信,已于当时焚烧。

岳飞遇害后,王贵自知处境危险,心理上也觉得有愧,于是借口身体不适而辞职。后虽有官职,但都是闲官。

绍兴二十三年八月,王贵因病去世。后宋廷追赠他为宁国军节度使。

2.张宪(? —1142 年),估计应该是相州一带人,自建炎末至绍兴初,已是岳飞的主要助手。

在岳飞守孝、眼睛患病及愤而辞职期间,张宪一度负责岳家军的所有事情。

岳家军的统制傅庆一度对岳飞严格的军纪不满。他原先是刘光世的部将,于是便向刘光世的部将王德表示,想重回“刘家军”。张宪将此事报告岳飞后,岳飞及时处理此事。在处理的过程中,傅庆不但没有意识到错误,反而破口大骂岳飞。岳飞一怒之下,将傅庆斩首。

岳飞冤案平反后,宋孝宗乾道元年(公元 1165 年),张宪追复原官。宋宁宗嘉泰四年(公元 1204 年),宋廷追赠张宪为宁远军承宣使。

3.徐庆,相州汤阴县人。

徐庆在岳家军众将官中的地位应该仅次于王贵和张宪。绍兴四年(公元 1134 年)四月,岳家军第一次北伐前夕,宋高宗在给岳飞的手诏中写道:“朕尝闻卿奏,称王贵、张宪、徐庆数立战功。”他认为应该先在大战之前奖赏他们,以鼓舞士气。于是,特赐徐庆等捻金线战袍和金束带各一。

徐庆最终官至防御使。

4.董先(公元 1006 年—1156 年),字觉民,河南府渑池县人。

金军占领河南府后,董先组织当地民众进行反抗并成为抗金义军的重要将领;绍兴三年(公元 1133 年)十二月,董先的部队隶属岳飞。

绍兴四年(公元 1134 年),董先与牛皋到"行在"临安府,朝见宋高宗。朝廷赏赐他俩白银各一千两。董先爱钱,连高宗都知道他的这点短处,因此不同意让董先担任地方官。

在岳飞冤案中,秦桧胁迫董先至大理寺做伪证,董先不愿意昧着良心诬陷岳飞。岳飞遇害后,董先先被贬官,后一度离军赋闲。

2016 年在武汉市武昌区发现了董先的墓志铭,墓志铭中丝毫未提及董先在岳家军中的事宜。可见一直到董先去世的绍兴二十六年(公元 1156 年),岳飞遇害一事仍然是南宋政治的高压线。

5.赵宏,相州汤阴县人,人称赵胡子。

主管侍卫步军司公事的阎勃曾经向岳飞借用十名能征惯战的使臣,以留守河南府,赵宏即十使臣之一。

6.牛皋(公元 1087—1147 年),字伯远,汝州鲁山县(今河南省鲁山县)人。

牛皋初为弓手,金军南侵,他组织当地民众抵抗。

绍兴三年(公元 1133 年)十二月,牛皋的部队隶属岳飞。绍兴十七年(公元 1147 年)三月,因牛皋对宋金和议表示不满,秦桧密令鄂州驻扎御前诸军都统制田师中将牛皋毒死。牛皋临终时说道:"只恨南北议和,不能马革裹尸,战死疆场!"当年五月,宋廷追赠牛皋安远军节度使。

在小说《说岳全传》和刘兰芳播讲的评书《岳飞传》中,牛皋以其鲜明的个性,给受众留下了深刻的印象。

7.傅庆(? —公元 1130 年),卫州(今河南省卫辉市)人,窑户出身。

傅庆曾是大将刘光世的部属,建炎三年(公元 1129 年)马家渡之战后,改隶岳飞。傅庆骁勇善战,但居功自傲,有时连岳飞也不放在眼里,后被岳飞处死。

8.姚政,相州汤阴县人。

建炎四年(公元1130年)五月,岳飞收复建康府后,得到刘经部将王万的报告,说与岳飞合军屯驻宜兴县的刘经,图谋杀害岳飞的母亲和妻儿,吞并岳飞的部队。岳飞当即命姚政率军连夜急驰宜兴县,设计杀死刘经。

岳飞冤案中,姚政与庞荣、傅选附会王俊的诬告。后姚政由遥郡观察使升正任团练使。

9.王万,相州汤阴县人。

亏得王万的及时汇报,岳飞得以杀死刘经,保住了刚刚独立成军的岳家军。王万后来也成为岳家军中的一员猛将。

10.庞荣

庞荣原为统制扈成的部属。建炎三年(公元1129年)冬,建康府失守后,岳飞、刘经和扈成三统制率军南撤,途中约定共往广德军。扈成违背约定,率所部独自前往镇江府金坛县,被盗匪戚方所杀。统领庞荣率残部投奔屯驻宜兴县的郭吉。建炎四年(公元1130年)春,岳飞率军进驻宜兴县,庞荣又脱离郭吉,归附岳飞,后任右军统制。

岳飞冤案中,庞荣以附会秦桧而升官。

11.李道,字行之,相州汤阴县人。

建炎时,李道与其兄李旺在相州附近李旺聚众抗金,后投奔宗泽。

绍兴三年(公元1133年),开始隶属岳飞领导的岳家军。绍兴五年(公元1135年),因收复襄汉的战功,宋高宗赐予李道金束带一条。

李道的女儿李凤娘后为宋光宗的皇后。

12.韩顺夫

绍兴二年(公元1132年),任岳家军第五将正将,岳家军讨伐曹成,攻破莫邪关后,韩顺夫不顾军纪,解鞍卸甲,饮酒作乐,被杨再兴率军乘机反攻,韩顺夫被杀死。

13.郭进

郭进原为张宪的亲兵。个子高大,力量也大,饭量特大,常常埋怨伙夫给他舀的饭不够吃,于是让人特别给自己做了个特大号的饭勺,伙夫也不见怪,所以得了个大马勺的外号。

绍兴二年（公元1132年），郭进在莫邪关之战中首先登上城墙，挥枪杀死敌军的旗头，曹成军顿时大乱，岳家军乘势夺关。战斗结束后，岳飞当即解金束带及银器赏赐郭进，并补为秉义郎。

14.杨再兴（？—公元1140年），相州人，估计是今安阳县西部人。

绍兴二年（公元1132年），杨再兴时为曹成的部将。在莫邪关之战中，杀死岳飞第五将正将韩顺夫和岳飞胞弟岳翻。曹成战败后，杨再兴也被俘，岳飞不计较杀弟之仇，将杨再兴收留军中。杨再兴后成为岳家军中一员悍将。

小商桥战斗中，杨再兴等将士全部英勇战死。在刘兰芳老师播讲的评书《岳飞传》和连环画《岳飞传》中，杨再兴给大家留下了深刻的印象。

15.王兰

绍兴十年（公元1140年），岳家军第四次北伐时，随张宪攻克淮宁府，后又随杨再兴与金兵血战小商桥，英勇战死，被追赠七官。

16.高林

绍兴十年（公元1140年），随杨再兴进兵临颍县小商桥，英勇战死，追赠七官。

17.罗彦

随杨再兴进兵临颍县小商桥，英勇战死，追赠五官。

18.姚侑

随杨再兴进兵临颍县小商桥，英勇战死，追赠六官。

19.李德

随杨再兴进兵临颍县小商桥，英勇战死，追赠六官。

20.任士安

绍兴五年（公元1135年），任士安参加镇压杨么军后，隶属岳飞。之后高宗有旨，令岳飞自鄂州移军屯驻荆南府，岳飞问诸将领的意见，其他人都表示同意，只有任士安说道："如果驻扎江陵，则失去长江最应该防守之处。"岳飞听后，于是申奏朝廷让岳家军仍然驻扎鄂州，可见任士安对长江防线的了解程度。后任士安调离岳家军,改任江南西路安抚制置大使司都统制。

21.李山

绍兴三年(公元1133年),李山由其他部队改隶岳飞。

绍兴十年(公元1140年)的第四次北伐中,李山率军参加临颍之战。岳飞率军班师后,李山奉命与史贵增援守卫淮宁府的赵秉渊,击退金军后,弃城南归。

绍兴十二年(公元1142年),岳飞被杀害后,宋廷命田师中取代王贵,任鄂州驻扎御前诸军都统制,李山等不服,于是不断被贬官,最后离军赋闲。

22.傅选

建炎元年(公元1127年),傅选为太行山忠义民兵的首领,后率领部下参加了王彦领导的八字军。

绍兴三年(公元1133年),傅选与岳飞部将徐庆率军在筠州平定李宗亮、张式发动的兵变后,率所部驻扎江州,宋廷将傅选一军改隶岳飞。

岳飞冤案中,傅选附会王俊,诬告张宪。

绍兴十二年(公元1142年),田师中取代王贵,任鄂州驻扎御前诸军都统制,傅选等不服,傅选且上奏自己在岳飞谋反一案中的功劳。朝廷于是升傅选一官,改任殿前司副统制。

23.李建

李建原为任士安部队的统领,后随任士安隶属岳飞。四川制置大使席益请求将李建等的军队移屯四川,朝廷不予批准。

后来鄂州为岳飞建忠烈庙,庙中设有李建的画像,可见李建应该有其独特之处。

24.郝晸

绍兴五年(公元1135年),郝晸随岳飞镇压杨幺军后,开始隶属岳飞。当时太学生侯邦为郝晸门客,向岳飞献策,郝晸怀疑侯邦告诉岳飞自己军中的隐私(估计是克扣军饷一类事情),企图杀死侯邦,被岳飞及时制止。一次岳飞至郝晸军中做客,郝晸以"酸馅"招待。岳飞说他平生未曾吃过此种食品,命将剩余者打包带回家,留作晚食。众人见状,无不感到惊愕和惭愧。

25.刘康年

绍兴四年(公元1134年),岳飞派刘康年去杭州,为收复襄汉之役立功的将士请功行赏。刘康年瞒着岳飞,私填印纸,然后伪造岳飞画押,请求封岳飞母亲姚氏为国夫人,次子岳雷授予文资;请求为岳飞好友庐山东林寺僧人慧海赐号佛心禅师。刘康年这样做,自然是为了取悦岳飞。看来他对岳飞的做事风格了解得还太少。岳飞知道此事后,命令鞭打刘康年五百下,自己则上奏章待罪,请求朝廷收回成命。刘康年最终受到严厉处分。

由此事可见岳飞治军之严与无私。

26.岳亨

建炎三年(公元1129年),岳亨开始成为岳飞的部将,跟随岳飞屡次打败盗匪王善的军队。

27.毕进,兖州(今山东省兖州市)人,南宋中期名将毕再遇的父亲。

建炎二年(公元1128年),毕进跟随岳飞于西京河南府护卫北宋皇陵。后转战江、淮间,官至武义大夫。

28.张玘(？—公元1162年),字伯玉,河南府渑池县人。

先为抗金义军首领董先的部下,后随董先改隶岳飞。

绍兴三十一年(公元1161年),在南宋军队救援海州(今江苏省连云港市附近)的战斗中,中流矢阵亡,朝廷追赠容州观察使和清远军承宣使。后于临安府立庙纪念,庙号忠勇。

29.苏坚

先为抗金义军首领董先的部下,后随董先改隶岳飞。

30.王经

绍兴元年(公元1131年),王经跟随岳飞讨伐李成。次年,岳飞率军讨伐曹成,王经参加莫邪关之战,与张宪合军打败杨再兴的军队。

31.韩通

绍兴四年(公元1134年)五月,成为岳飞的部属。

32.崔邦弼

绍兴四年(公元1134年),崔邦弼及其属下三千人,正式隶属岳家军。

绍兴六年(公元1136年),宋高宗赐予崔邦弼金束带一条。

33.颜孝恭

绍兴四年(公元1134年),颜孝恭的部队归岳飞节制,参加收复襄汉的战役。战役结束后,因为颜孝恭的战功,岳飞请求朝廷将颜孝恭所部正式隶属岳家军统辖。

34.张应

绍兴十一年(公元1141年),岳飞被解除兵柄后,张应仍在背嵬军中服役。

35.韩清

绍兴十年(公元1140年),岳家军第四次北伐,韩清作为中军将官,参加了克复西京河南府等战役。

36.高青

绍兴四年(公元1134年),岳家军克复襄阳府等六郡后,高青任唐州知州。次年,伪齐军攻唐州,知州高青被俘,后又将他释放。回到南宋后,被降两官。

37.舒继明

舒继明为信阳军罗山县人,绍兴四年(公元1134年),岳家军克复襄阳府等六郡后,舒继明为信阳知军。次年,伪齐军队攻打信阳军,舒继明率麾下十三人力战,弹尽粮绝后被俘并被杀害。朝廷后追赠他修武郎,家属一人补官。

38.李迪

绍兴五年(公元1135年),舒继明被俘遇害后,岳飞命随州兵马都监李迪继任信阳知军。

39.王昇

绍兴四年(公元1134年),岳家军克复襄阳府等六郡后,王昇任襄阳府兵马监押。

40.姚禾

绍兴四年(公元1134年),岳家军克复襄阳府等六郡后,姚禾任襄阳府司法参军。

41.邵俣

绍兴四年(公元1134年),岳家军克复襄阳府等六郡后,邵俣暂时代理签书武胜军节度判官厅公事。

42.祁超

祁超也属于追随康王赵构发迹的将领,绍兴五年(公元1135年),祁超等军参加镇压杨么军后,开始隶属岳飞。

43.丘赟

绍兴五年、六年间,丘赟一军近二千人,开始隶属岳飞。

绍兴十年(公元1140年),丘赟与刘辅之、韩元、周赡、左迪、马赟、杜横、李友等在岳家军第四次北伐时战死。岳飞上报后,宋廷追赠丘赟、刘辅之、韩元各二官,周赡、左迪、马赟、杜横各六官,李友当时是出使金国的使臣,亦被追赠。

44.高道

绍兴五年(公元1135年),高道所部五百人参加镇压杨么军后,开始隶属岳飞。

45.寇成

绍兴六年(公元1136年),寇成任统制,于虔州等地反击伪齐军队,杀降兵五百人,后受岳飞弹劾。

绍兴十年(公元1140年),寇成参加临颍之战。

46.陈照

陈照原为任士安部队的统领,后随任士安隶属岳飞。

47.马準

马準原先也是任士安部队的统领,后随任士安隶属岳飞。

48.武赳

绍兴三年(公元1133年)九月,岳飞任江南西路、舒、蕲州制置使,武赳开始成为岳飞的部属。

绍兴十年(公元1140年),岳家军第四次北伐,武赳率军进占虢州,任知州。

49.张旦

曾任襄阳知府、蕲州知州等职。

50.王俊

绍兴五年(公元1135年),王俊参加镇压杨幺军后,开始隶属岳飞。后任前军副统制,为前军统制张宪的副手。

51.马羽

曾任辰州知州,厚待因反对和议被秦桧贬逐流放的文士王庭珪,尊以师礼,并让儿子拜其为老师。王庭珪说道:"我罪人一个,您这样做,恐怕会受连累。"马羽说道:"如果因为您我受处罚,那是多么光荣的事情。"

52.赵不尤

赵不尤是宋朝宗室,宋太宗六世孙,有武艺。宋钦宗靖康年间,在相州与岳飞相识,后成为岳飞部将。岳飞遇害后,秦桧强迫赵不尤离开岳家军,任横州知州。

53.赵雲

原为河东路抗金义军的首领,金军俘获其父亲赵福和母亲张氏,并以平阳府路副总管的官位,进行招降。赵雲誓不降敌,于是金军将其父亲赵福杀害,母亲张氏则被囚于垣曲县。

绍兴四年(公元1134年),赵雲突破金与伪齐在黄河沿岸设置的封锁线,率军投奔岳飞,成为岳飞的部属。后岳飞命赵雲率军渡河,攻破垣曲县,营救其母张氏出狱。

54.梁兴

梁兴出身农家,原为太原府附近抗金义军的著名首领,人称"梁小哥",其父梁建和母亲乔氏均被金军杀害。

绍兴五年(公元1135年),梁兴领导的义军一度攻破神山县,并在交战中杀死金军悍将耶律马五和万夫长耿光禄。金国调集大军围攻,梁兴率百余骑兵渡过黄河,投奔岳飞,成为岳飞的部属。

55.王敏求

岳飞被宋廷解除兵柄,任枢密副使后,通过岳飞的举荐,王敏求一度升官;但岳飞遇害后,马上即被贬官且被限制人身自由。

56.李宝,兴仁府乘氏县人。

南宋初,金军占领京东路后,李宝组织义军抗金,大约于绍兴九年(公元1139年)南下归宋。宋廷欲将李宝编入韩世忠军中,李宝不愿前往,恰巧岳飞来到"行在"临安府朝见高宗,李宝得以投奔岳飞。李宝思念故土,又准备组织人回家乡抗金,岳飞知道后,支持李宝的行动。李宝率领的抗金义军一度势力高涨,给金军造成很大威胁。岳飞班师后,李宝率领的义军也被迫南下,抵达楚州后,被韩世忠收留。但是,李宝很佩服岳飞,对岳飞感情太深,于是截发恸哭,要求重新隶属岳飞。韩世忠写信征询岳飞的意见,岳飞为了妥善处理和韩世忠的关系,在回信中写道:"同为国家杀敌,何分彼此。"李宝遂留于韩世忠军中。

57.蒋世雄

岳飞被解除兵柄后,蒋世雄调任福州专管巡捉贩卖私盐事宜。他趁调任之际,向岳飞报告王俊诬告之事,后被宋廷判刑,流放梧州。

58.何宗元

岳飞遇害后,何宗元弃官,隐居深山。

59.杨浩

岳飞遇害后,因为妄议朝政,被革职除名,且被限制人身自由。

60.邢舜举

岳飞遇害后,被流放。

二、岳家军的主要幕僚

岳家军中的幕僚主要指在岳飞所担任的军政机构中的文官。他们一般负责协助岳飞制订作战计划、与朝廷之间的联络、处理机要文件等事宜。

在崇文抑武的赵宋,许多文人对待中低级武将是蔑视,对待高级武将则是嫉妒。但是,南宋初期,风雨飘摇中的南宋政权,不得不仰仗张俊、韩世忠和岳飞等的军队,才能在金军的刀剑之下,觅得一块"乐土"。于是,韩世忠等武将,又反其道而行之,嘲弄文人。韩世忠一见到文人,马上就用轻蔑的语气喊一声"子曰",喊得多了,连高宗都知道了,于是就劝他要尊重文人。韩世忠马上表态答应。后来韩世忠来临安朝见,高宗又就此称呼询问韩世忠,韩世忠笑着说道:"我现在不喊他们子曰了,改喊萌儿。""萌儿"是呆的意思。高宗听后,只能哈哈一笑了事。

与韩世忠截然不同的是,岳飞虽然没有接受过几年正规的教育,却能够礼贤下士。因此,岳飞幕府中常常是名士满堂。一来是时势的需要,二来也和岳飞的主观努力和人格魅力有关。在宋代崇文抑武的社会环境中,许多士大夫不乐意给武人做幕府。如今,士人们争先恐后奔赴岳家军,成为一种风尚,他们知道,在几支抗金大军中,只有岳飞领导的岳家军,才是最具进攻性的部队,才是最有希望一雪国耻的军队,也是最有希望实现他们人生抱负的军队。

崇尚气节的名士王庭珪,获悉周姓解元要奔赴岳家军的消息后,写下《送周解元赴岳侯军二绝句》,抒发心中的感慨:

> 将军欲办斩楼兰,子欲从之路匪艰。十万奇才并剑客,会看谈笑定天山。
> 书生投笔未封侯,拔剑聊为万里游。燕颔果能飞食肉,要令豹尾出兜鍪。

当然，岳飞幕府中免不了鱼龙混杂，有好有坏。士人袁溉评论岳飞幕府缺乏手段灵活之人，也即见风使舵之人，这样下去会毁了岳飞。事实上，岳飞的大部分幕僚确实是有骨气、有棱角的人。他们追随岳飞，不是为了升官发财，而是为了像岳飞那样"尽忠报国"。

岳飞常常虚心向他们求教，让他们大胆说出自己对问题的看法，有时候和他们谈论到深夜。

当然，随着和这些幕僚接触的增多，军务之余，岳飞也跟着他们学习填词和书法。这也是岳飞成为文武全才的主要原因。

岳飞那首名垂青史的词《满江红》，不排除有士大夫为其做过修改。而岳飞的书法，练的是苏（东坡）体，指导他写书法的幕僚肯定有。主要幕僚有：

1.薛弼

薛弼（公元1088—1150年），字直老，温州永嘉县（今浙江温州市）人，宋徽宗政和二年（公元1112年）进士。

绍兴五年，岳飞镇压杨幺军时，薛弼出谋划策，运送钱粮，甚得岳飞赏识，开始成为岳飞的主要幕僚且同时担任岳家军辖区一些重要地区的行政长官。

岳家军由于岳飞生病、辞职等原因出现困难的时候，薛弼都起到了重要的稳定全军的作用。

岳飞冤案时，张俊搜罗到薛弼和岳飞往来的书信，妄图将薛弼也扯入案中，但因薛弼与秦桧、万俟卨有旧交情，得以免受牵连。但薛弼内心显然是同情故帅的。

2.朱芾

朱芾，青州益都县人。

绍兴十年（公元1140年），朱芾担任岳飞宣抚司参谋官，参与岳家军第四次北伐的军事谋划，所设计的方案井井有条。

绍兴十一年（公元1141年）四月，朱芾随岳飞赴"行在"临安府。岳飞被削夺兵柄前夕，宋廷宣布朱芾充敷文阁待制、镇江知府，旨在不让朱芾与岳飞朝夕相处，出谋划策。

受岳飞冤案牵连,朱芾被贬官且被监视居住。

3.李若虚

绍兴五年(公元 1135 年)五月,李若虚开始担任岳飞制置司参议官。岳飞母死丁忧及目疾发作期间,薛弼和李若虚一度主管宣抚司事务。岳飞因淮西并军、北伐计划被取消愤而辞职,岳飞与高宗的关系一度陷入僵局。李若虚和王贵前往庐山东林寺,用心做岳飞的工作,僵局才得以打破。

绍兴十年(公元 1140 年),金军毁约南侵。李若虚奉朝廷之命,前往制止岳飞北伐,但被岳飞的人格魅力所折服,自愿承担矫诏之罪,大力支持岳家军北伐。

岳飞遇害后,李若虚被贬官且死于贬所。宋孝宗为岳飞平反后,朝廷为李若虚平反且追复原官。

4.黄纵

绍兴五年(公元 1135 年)二月,岳飞邀请黄纵主管岳家军的机要事务,黄纵参加了设计镇压杨幺的战斗方案,并亲自出面招降杨钦。小说《说岳全传》及评书《岳飞传》中王佐断臂的原型可能就是黄纵。

绍兴七年(公元 1137 年),岳飞因淮西并军、北伐计划被取消愤而辞职,黄纵深感事无可为,辞职归乡。

岳飞遇害后,黄纵非常伤痛并一直怀念岳飞。其子黄元振依据黄纵的回忆,记录了岳飞的部分事迹。

5.朱梦说

朱梦说,字肖隐,严州桐庐县人,博学多识。

宋徽宗政和五年至七年,朱梦说曾上书言事,痛陈时弊,为此被处以监视居住的处罚。靖康年间,作为太学生,在开封城中积极参加抗金斗争。

南宋初,朱梦说得中进士,岳飞听说他的大名及经历后,请其担任幕僚。朱梦说一次随岳飞入朝,看到宋廷腐败无能、不思收复失地的现状后,上书御史中丞辛炳,责备他作为谏官,有失职之嫌。辛炳无可奈何,将朱梦说的书信上奏宋高宗。宋高宗看后,大为恼怒,强令岳飞辞退朱梦说。

6.高颖

高颖为河南府河南县人,宋徽宗宣和六年(公元1124年)进士。

绍兴十年(公元1140年)九月,因岳飞奏请,高颖开始担任湖北、京西宣抚司参议官,积极赞助岳飞联结河朔义军,大举北伐,收复失地的计划。

岳飞遇害后,高颖被贬官且死于贬所。宋孝宗为岳飞平反后,朝廷为高颖平反且追复原官。

7.胡闳休

开封人。宋徽宗宣和初,入太学,与陈东等为挚友,著兵书二卷。宋钦宗靖康时,积极参加抗金斗争。

大约在绍兴四年、五年间,岳飞请胡闳休任主管机宜文字,又兼任正将,是武官。宋时幕僚是文武兼备。

岳飞遇害后,胡闳休愤而辞职,以有病为由,闭门谢客。

8.陈子卿

绍兴四年(公元1134年)十二月,通过岳飞保奏,陈子卿担任制置司参议官。

9.于鹏

于鹏也是岳飞幕僚中的主要人物,岳飞被削夺兵柄后,于鹏等仍随从岳飞。在岳飞冤案中,于鹏被诬代岳飞写信给张宪,策动谋反,被流放到万安军(治万宁,今海南省万宁市)监视居住,属于被流放的官员中处罚最重的。

10.孙革

绍兴四年(公元1134年),岳家军收复襄汉地区后,岳飞奏请朝廷批准,孙革由武将系列改为文官,改换文资,担任签书襄阳府节度判官厅公事。

孙革的罪名与于鹏一样,后被流放到浔州(治桂平,今广西桂平市)监视居住。

11.严致尧

严致尧(公元1107—1162年),字正之,吉州太和县(今江西泰和县)人,有科举考试落第的经历。

绍兴三年(公元1133年),严致尧投奔岳飞,成为岳飞的幕僚。岳飞遇害后,严致尧被迫退隐,以办私塾教书为业,自号龙洲居士。

12.夏珙

绍兴八年(公元 1138 年),通过岳飞保奏,夏珙升荆湖北路转运副使,主管税收事宜。因岳飞冤案之牵连,夏珙被革职并被监视居住。

13.王良存

王良存在岳家军中负责钱粮供应,因岳飞冤案之牵连,被革职并被监视居住。秦桧死后,王良存才得以自由居住。

14.张节夫

张节夫,字子亨,相州安阳县人。曾经担任荆湖东路安抚司随军钱粮官。

绍兴九年(公元 1139 年)正月,张节夫替岳飞写上奏朝廷的表文,文中表述了收复两河、唾手燕云的宏大愿望,文章传诵一时。

因岳飞冤案之牵连,张节夫被革职并被监视居住。

15.智浃

智浃字巨源,汾州人,出身官宦之家,好直言,为岳飞幕僚。

岳飞入狱后,智浃不顾危险,上书朝廷,为岳飞鸣冤叫屈。秦桧诬陷智浃接受了岳雲的贿赂,带书信给张宪,参与谋反事宜。智浃后被流放到袁州监视居住,受尽凌辱后去世。

16.王大节

王大节是四川人,为岳飞幕僚。绍兴三年、四年间,岳飞派他前往伪齐,执行收集情报、策反等任务。此期间,王大节收集并传递了不少很有价值的情报。

17.沈作喆

沈作喆字明远,号寓山,湖州德清县(今浙江省德清县)人,宋高宗绍兴五年进士。

其叔父沈该为秦桧党羽,他本可利用此途径飞黄腾达,但是他坚决不走此邪路。

岳飞被罢官后,沈作喆在替岳飞起草的谢表中写道:"功状蔑闻,敢遂良田之请;谤书狎至,犹存息壤之盟。"为此触怒秦桧。

18.李启

作为幕僚,李启非常会理财,使岳家军得以在政府所拨军款之外,不断有额外的财政收入。这对财政紧张的岳家军而言非常重要,为岳家军的壮大提供了财政支持。但他本人却一直穿着布衣草鞋,生活非常俭朴。

19.傅时中

傅时中,洪州进贤县(今江西省进贤县)人,岳飞遇害后,他为义愤所激,辞官归故里。

20.岳雲

岳雲是少年武官虎将,按照宋制,任书写机宜文字,相当于现在的机要秘书,其职责是抄录机密奏议之类。但实际上,岳飞身为主帅,主要负责指挥,而岳雲在最艰险的战场上,总是充当敢死队长,作军兵的表率,带头冲锋陷阵,也足见岳飞的忠荩和严以待子。

21.姚岳

姚岳字崧卿,京兆府人,高宗绍兴二年进士。

岳飞因本人姓岳,母亲姓姚,见到前往南宋行朝的姚岳后,大喜,辟为幕僚。岳飞遇害后,姚岳马上否认曾为岳飞幕僚。

绍兴二十五年(公元1155年),姚岳向秦桧建议,说岳州(今湖南省岳阳市)是岳家军活动的重要地区,又有一个岳字,容易让民众想起岳飞及岳家军,于是改岳州为纯州。

在岳飞冤狱的过程中以及冤狱的后续过程中,相对而言,岳飞部将中主动出卖岳飞的只有王俊一人,被动参与出卖的有几个。而岳飞的幕僚中,冤狱发生后,仍然积极追随岳飞的不少,为此遭受惩罚甚至严厉惩罚的也不少。

"仗义每逢屠狗辈,从来文人不丈夫。"这句话,如果用在岳飞冤案问题上,委实大错。

第三节　岳家军兵种及常用兵器

一、进攻性兵器

1.弓、弩

岳家军主要的作战对象是金朝的重甲骑兵。对重甲骑兵最有杀伤力的兵器包括能够远程射击的强弓劲弩和一些近战短兵器。

宋代弓和弩的种类很多,其中宋神宗熙宁元年(公元1068年)开始装备宋军的神臂弓,最为著名。南宋初年,韩世忠的军队又发明了克敌弓,射程达到一百多步,而且能够射穿重甲骑兵厚厚的盔甲。岳家军后来装备了许多强弓劲弩。

岳飞从军之前弓和弩的射击水准已经达到无人能及的高度。岳飞自然也非常重视将士们弓和弩的射击训练。一次,岳飞让各个统制比赛射箭,射程都能达到一百五十步,而且都能像岳飞一样左右射击。猛将傅庆更是达到一百七十步。

2.枪

枪既可用于守城作战,也可用于近距离的短兵交战;既可用于骑兵,也可用于步兵。

岳飞自然是用枪的高手,他还经常亲自教士兵用枪的技巧。岳家军的骑兵喜欢使用马枪。高宗在非常看重岳家军的时候,一度对岳家军使用的长枪直接予以指导和改进。他认为当时岳家军使用的长枪,没有达到尽善尽美的状态,于是让制造武器的部门专门做了一把新的长枪,赐给岳飞,让岳家军依照这种样子,制造长枪。

在中国古代武将世家特别强调子承父业的传统下,岳雲照常理也应该是用枪的高手;但是,从清朝钱彩等人所著的《说岳全传》开始,由于对宋代典籍中岳雲惯用的"两铁鎚"字理解的错误,将岳雲使用的兵器理解为"锤",而且是双锤。后又演绎出使用双锤的大将严成方、何元庆、狄雷三人,构成八大锤组合,经常使金军闻风丧胆。其实,在《武林旧事》等南宋史书中,明确记载岳飞冤案平反后,作为岳飞功德院的褒忠衍福寺中,仍然保存着岳雲使用过的铁枪,且为镇寺之宝。明朝孝宗弘治年间(公元1488年—1505年),维修寺庙,该枪犹存。"两铁鎚"是指锥枪,枪有四个刃,形状像麦穗,又叫麦穗枪。

3.刀、斧

就近战而言,麻扎刀、提刀和大斧,是岳家军对付女真骑兵的主要武器。金军主将完颜宗弼认为除了神臂弓之外,大斧是金军骑兵最畏惧的武器。

金军的重甲骑兵对于步兵而言,犹如今日的坦克兵对步兵。人和马容易被攻击的部位都配备厚厚的盔甲,骑兵头部只露眼睛、鼻子和嘴巴,行动又非常快,从外表上即让步兵对其产生很大的恐惧感。所以,宋朝的步兵,对金军的重甲骑兵都望而生畏。后来韩世忠的背嵬军发明了对付金军重甲骑兵的方法——步兵人人手持一个长柄大斧,遇到重甲骑兵后,一个士兵专砍骑兵,一个士兵专砍马腿,平时就进行这种训练,配合娴熟,所以非常奏效。郾城大战中,岳家军的背嵬军同样用这种战法击败了金军的重甲骑兵。

二、防守性装备

攻防实力兼备的军队,才能在两军对垒中时刻处于优势地位。而对作为军队组成细胞的每一个将士而言,也必须有良好的防守型装备。

铠甲是冷兵器时代,士兵和马匹防护身体最容易受攻击部位的必备装备。一套包括披膊、甲身、腿裙鹘尾、兜鍪等的铠甲,重达四十九宋斤一十二两①,犹如今日一袋水泥的重量。所以,宋军中相当一部分士兵穿上铠甲后,连步都迈不开,更别说行军作战了。

盾牌,宋代又叫旁牌。在此不再赘述。

三、水军及其装备

南宋与金国军队的作战区域,长期集中在江淮之间。对于南宋而言,配备适量的水军,自然可以增加自己的防守和进攻的战力,既可以以船舶作为阵地,直接用于作战;又可以运送兵员和战争物资。渡过长江和淮河等大的河流,船舶则为必需的工具。

岳家军的水军装备真正发生质的变化,是在镇压杨幺军后。由于杨幺叛军主要活动于两湖地区,所以,叛军对船舶的建造大多非常熟练,一度建造了许多高大的舰船,如大德胜、小德胜、望三州等舰船,高度超过十丈,其他中小型的舰船更多,

---

① 　1宋斤 =1.2市斤 =600克。　1宋斤为16两,1两为37.5克,12两 =0.9斤。　共计59.4斤。

这也是杨么叛军能够和北宋政府军长期对峙的重要原因。

杨么叛军中的许多人被俘后大都成了岳家军水军的战士,他们建造的高大的战船自然成了岳家军的装备。

四、骑兵

在南宋的几支抗金大军中,岳家军是最具进攻性的一支,而岳飞则是最具进攻性的主帅。岳飞深知,骑兵的机动性是步兵远不能相比的。要北伐收复失地,要与以骑兵为主的金军作战,必须想方设法争取拥有更多的骑兵。到绍兴十一年(公元1141年),光是作为岳飞亲军的背嵬军,即拥有战马八千余匹。在岳飞遇害之后的一段时间,驻扎鄂州的四五万大军中,仍然拥有上万匹战马,这当然都是岳飞重视骑兵建设的成果。

第四节　岳家军中的王牌

　　岳家军中的王牌军,就是通常所说的背嵬军。背嵬军首先出现于西夏军队中。韩世忠早年参加过宋夏战争,深知背嵬军在西夏军队中的重要性。所以,独立组建韩家军后,他也在韩家军设置了背嵬军,且发挥了重要的作用。岳飞知道后,很快在岳家军中组建了背嵬军。

　　岳家军经常在军中组织今日所说的军事全能比赛,作为选拔背嵬军及将官的重要参考。

　　步兵的项目主要包括远程作战需要的耐力、攀爬云梯的敏捷性、弓和弩的射击距离及准确性、近距离格斗的勇猛性等。

　　骑兵的项目包括驯服烈马的经验、骑马跳跃险障的能力等。岳云刚入伍时,就因为训练骑马往下冲击陡坡时几次从马上摔下来,被岳飞训斥,又按照军纪被训练官用马鞭鞭打脊背。

　　比赛结束后,成绩优秀的将被记录在特别的花名册,一旦举旗兵和押队空缺,就从花名册中挑选最优秀的人补充;正将和副将空缺,就从旗头和押队内选拔。又特别选拔亲兵,又称背嵬军,全部从举旗兵、押队、正将和副将中选拔。一入背嵬军,就敢与统制以下的将官分庭抗礼,勇健无比,给予的犒赏自然也非常高。一旦作战遇到强敌,就命令背嵬军出战。

山林啸聚何劳取
——平定内乱

　　身为军人，岳飞必须服从政令或军令，领兵前去平定内乱。但是，平民家庭出身的岳飞，在平定内乱的过程中，每每显示出其仁爱的一面。

第一节　不能相信的乡党

北宋灭亡,中央集权崩溃,淮河以北的许多地方政权,也处于名存实亡的状态。骤然间留下了很大的无人管理的真空时间和地域,给各种灰色人物提供了趁乱而起的时机。随着重建的宋政权逃往江南,一批又一批从前线溃败下来的散兵游勇,也以各种方式流窜到淮河以南和长江以南地区,南宋一些官员将他们称作"游寇"。

宋金战争爆发后,金国军队几次渡过长江的进攻,"游寇"的频繁骚扰,贪官污吏又趁机大发国难财,加剧对民众的盘剥,江南地区的民众负担骤然加重。几种因素结合起来,导致江南地区农民起义不断爆发。南宋政府从安内攘外的国策出发,必须平定"游寇"等内乱。

"游寇"中的许多人,是出身于华北和关陇地区的武夫悍卒。他们大多参加过各种形式的短时期的抗金斗争。但是,他们不像王彦等人那样始终坚持抗金,而是结成团伙以后,占山为王,割据称霸,图谋私利;相互之间的火并也是常事,对当地民众更是极尽骚扰之能事。有的还和金国军队暗中勾结,破坏抗金。这些内乱,给南宋各级政府,也给南宋民众,甚至给抗金大业,都带来了很大的威胁。平定此类内乱,对于南宋朝廷而言,也是非常迫切的任务。岳飞在他早期的军事生涯以及独立成军后的初期,平定了多次规模不等的内乱。所以,岳飞一生的主要战功,除了抗金之外,就是平定内乱。

　　且说宗泽去世后,接替他东京留守、开封尹职务的是杜充。杜充是相州人,与岳飞有乡曲之谊。

　　杜充上任后,一反宗泽联络河北、河东忠义民兵积极抗金的方针,随时准备南逃。当时有一句最能反映二人区别的评价:"宗泽在则盗可使为兵,杜充用则兵皆为盗矣。"再加上杜充为人苛刻、善猜忌、刚愎自用等恶劣品质,导致部将离心离德。杜充于是首先拿这些部将中最有实力的张用开刀,以儆效尤。

　　张用曾当过汤阴县的弓手,类似于现在的巡警,是岳飞的同乡,与岳飞也认识。金军入侵之前,他就在汤阴组织民众,准备抵抗。他手下的部队后来隶属杜充。张用和曹成、王善、李宏、马友结为"义兄弟",对外号称有几十万大军,是杜充属下军队中实力最大的一支,也是最不愿意服从杜充指挥的部队。

　　建炎三年(公元 1129 年)正月,岳飞率所部二千人马刚返回东京,杜充就命令他去消灭张用的部队。岳飞考虑到与张用的同乡关系,再加上对杜充日渐增长的恶感,就以兵寡不敌为由,婉言推辞。杜充怒气冲冲地说道:"若不出战,马上砍头!"

　　无可奈何的岳飞,鉴于以前因为违反军令而被王彦处置的教训,只好率领桑仲、马皋、李宝去攻打张用的军队。岳飞手下虽然只有八九百人马,但是岳飞清楚对方的军队人马虽多却为乌合之众,战斗力并不强。双方在南熏门外交锋,双方交战后,敌方一悍将抢先出马,岳飞则单骑直前,举大刀奋力一劈,将对方自头顶至腰,劈成两半。对方余部中有不少汤阴人,知道对手是岳飞时,闻风丧胆,立即溃散。岳飞因此功升武经大夫,比原来的武功郎高了三级。

　　盗匪杜叔五、孙海等包围了开封府属下的东明县(今河南兰考县北)。岳飞又奉命前去解围,活捉杜叔五和孙海。他因此升转武略大夫、借英州刺史。

　　王善、张用等退兵后,干脆成了盗匪,转而进攻淮宁府(治宛丘,今河南淮阳县)。杜充派马皋率军追击,被王善、张用的军队击败。张用见久攻不下,便引军离去,王善却不肯退兵。杜充又命都统制陈淬率岳飞的部队前去救援淮宁府。岳飞先令偏将岳亨率军截断王善军队的退路，自己率军与王善军战于清河，大败敌军，俘虏敌将孙胜、孙清等。他又因功升转武德大夫，真授英州刺史。武德大夫比武略大夫高三级。

建炎三年（公元 1129 年）五月，杜充擅自把东京留守的责任交给蔡州知州程昌寓，自己则率领岳飞等人领军南下。岳飞尽管很不情愿，但也无可奈何。在铁路步和六合两个地方，先后遇到张用和盗匪李成的军队，岳飞都率军打败了他们。

李成，字伯友，雄州归信（今河北省雄安新区）人，勇力绝伦，能挽弓三百斤，与岳飞不相上下，北宋末年累官至淮南招捉使。女真军队侵占河北后，李成脱离宋朝廷的军队，聚众为盗，率领几千人马，流窜到山东的淄州（今山东省淄博市）骚扰百姓，却不敢与女真兵马作战。宋廷南迁后，他也率部南逃。建炎三年（公元 1129 年）夏，攻占泗州①之后，又表示要归顺南宋朝廷。南宋朝廷任命他做泗州知州；但是他贼心不改，当年秋天，又率部攻占滁州（治今安徽省滁州市），大肆抢劫之后，将滁州的州县官全部杀害。

杜充派王燮率兵去平定李成的叛乱，岳飞率军作为策应。王燮贪生怕死，军队到瓦梁之后，再也不敢前进，一连停留了三天。李成知道后，先派出五百名骑兵，取近路直趋王燮囤积军需的长芦镇，将其军需品抢劫得一干二净。岳飞获悉李成的骑兵直趋长芦的情报后，率部前去截击，双方在九里堽相遇，李成的五百名骑兵全被歼灭，被他们俘掠的人口和财物也全部夺回。

---

① 明清泗州城屡遭洪水淹没，康熙十八年（公元 1680 年）陷入洪泽湖，古城遗址现在江苏省盱眙县境内。

第二节　冻死不拆屋,饿死不掳掠

一、平定李成

建炎四年(公元1130年)下半年以来,大江南北的"游寇",最让南宋朝廷头疼的是李成这一支。该年年底南宋朝廷任命大将张俊为江淮路招讨使,率兵前去讨伐李成。驻守江阴军(治今江苏省江阴市)境内的岳飞的部队,也归张俊节制,岳飞又因此成为张俊的部下。

岳飞于绍兴元年(公元1131年)正月初十接到诏令,第二天就领兵离开江阴军,前往宜兴县,并把原先住在军营中的一家老小送到徽州(今安徽省黄山市)。

岳飞率军于徽州短暂停留期间,发生了一件让他很气愤也很痛心的事——这是他一辈子也忘不掉的事。南宋立国初期,兵荒马乱,外有金军的一轮轮南下进攻,内有"游寇"的骚乱,军队的给养经常跟不上。张(俊)家军、韩(世忠)家军、刘(光世)家军都是高宗的嫡系部队,即使有给养,也是优先供给他们。但即便如此,这三支军队军粮出现问题时,也常常靠抢劫民众的粮食来解决。

岳飞的部队，当时是典型的杂牌军，完全靠滚雪球的方式发展起来，政府给军粮的机会，少之又少。所以岳家军初创时期，也有实在揭不开锅而抢劫军粮的事情发生。岳飞认真思考后明白，这样下去的话，绝对打造不出一支有战斗力的军队。于是，开始严明军纪，军粮主要靠打胜仗后缴获的战利品来换取，"冻死不拆屋，饿死不掳掠"。

但是，岳飞的舅舅姚某，自以为有着长辈的身份，又跟随岳飞多年，立下的战功也不少，不把军纪放在眼里，公然亲自出马，抢劫老百姓的粮食。老百姓告诉岳飞后，岳飞按照军纪严肃处置姚某。姚某自然觉得很没有面子，于是，怀恨在心，寻机报复。

第二天，岳飞与姚某一起骑马前行，二人边走边聊，岳飞又一次向舅舅解释处罚他的必要性，请求舅舅理解他的苦衷。岂料姚某突然策马狂奔，跑了几十步之后，乘岳飞不备，弯弓搭箭，一箭射中岳飞的马鞍。岳飞见状，马鞭一甩，追了上去，一把将姚某抓住，重重地扔到地上。岳飞翻身下马，拿出身上的佩刀，一刀将其刺死。

岳飞随即掉转马头，返回营寨，前去禀告母亲姚氏。母亲听后，大惊失色，慌忙询问原因。岳飞将前因后果说了一遍，然后说道：

"舅舅那一箭，由于我当时全然没有防备，高一点或低一点，我就没命了。我今日不杀了他，他迟早也要杀了我！"

母亲听后，默默不语，看了一眼岳飞，转身回屋。岳飞默默地在院子里站了好长时间才离开。

这个事让岳飞的心情很长时间都没有舒缓过来。几天之后，岳飞向全军将士解释了这个事情的详细经过。将士们一方面认为岳飞做得对，另一方面，对军纪的认识和执行力，陡然间有了很大的提高。

岳飞随后率领军马奔向洪州（今江西省南昌市），与张俊军队会师。

此前李成的部将马进围攻江州（今江西省九江市）半年之后，终于攻克长江下游的要塞江州，李成也赶忙率军进入江州城。李成的另一部将邵友则率军进驻筠州(治今江西省高安市),对洪州形成南北夹击之势。

张俊率领的军队到达洪州之后,李成的军队按兵不动;张俊也命令军队按兵不动,等候岳家军前来。双方相持一个多月后,马进以为张俊的军队怯战,于是向洪州进逼。等到马进的军队懈怠之后,岳飞自请担任先锋,率领军队由赣江上游的生米渡偷偷渡过赣江,出其不意,将马进军队的前锋击败,然后乘胜挺进筠州。马进见势不妙,把筠州城的十万人马全部调出来,背靠筠河摆好阵势,又抢先占领了周围的要害之地。张俊亲领步兵与敌军正面交战,牵制住大量敌军,岳飞等人则率领骑兵从后边发起突然进攻,敌人陷入被夹攻的状态,最终被消灭数万人,俘虏八千人。筠州城和附近的临江军(治今江西省清江市)也相继被收复。宋军接下来挺进江州,李成等渡江逃跑,三月二十八日,江州也被收复。由于军粮匮乏,宋军休整两个月后,才渡江进攻李成的残余部队。马进被杀,李成率领余众投降伪齐。

二、平定曹成

平定李成这股"游寇"之后,流窜于湖南、广西北部的曹成,又成为南宋政府必须予以剿除的一支"游寇"。

绍兴二年(公元1132年)正月,朝廷任命岳飞为代理湖南安抚使和潭州(治今湖南省长沙市)知州,率兵从洪州出发,会同其他军队,前去平定曹成。

岳飞先进军桂州,解除包围。曹成军退守当地最重要的关口莫邪关,岳飞派前军统制张宪率军去攻打,军士郭进等人捷足先登,贼军随即大乱,岳家军得以夺关而入;带领官军夺关而入的军官是第五将韩顺夫,不料他进关之后,竟然解鞍卸甲,准备放肆地享乐,被埋伏在附近的曹成部将杨再兴发现后,乘此良机,率众直犯韩顺夫的兵营,韩顺夫被杨再兴杀伤后死去。

岳飞知道后,一方面严肃处置了参与此事的将士,另一方面命令前军统制张宪和后军统制王经率兵前去捉拿杨再兴。岳飞的弟弟岳翻,反而又被杨再兴当阵杀死。但曹成军还是被击败,逃出桂州。

岳家军进军神速,闰四月,就抵达贺州(今广西贺州市境内)。曹成于太平场扎下营寨。岳飞在距离对方营寨数十里的地方也扎下营寨,士兵抓到曹成的一名间谍,将他绑在岳飞军帐外边的柱子上。一会儿,岳飞走出军帐,招呼负责伙食的将官安排吃饭,该将官回答说:"连续打仗,粮食都快吃完了,怎么办?"岳飞说道:"再催一下运粮官。不然,就先返回茶陵县,那里粮草充足。"然后抓抓耳朵、跺跺脚,装出很生气的样子回到军帐。那名间谍见看守的人不在,趁机磨断绳子逃跑,马上将此消息告诉曹成。曹成大喜,决定明日发兵攻打岳飞的营寨。当夜,岳飞命将士们半夜即吃完早饭,天未明,就包围了曹成的太平场寨,全部歼灭了把守关隘的敌军。

曹成军再战仍败,因为通过莫邪关之战,上万人死伤,而岳家军却还在没命地追击。曹成和杨再兴等人率领余众,流窜到贺州东北的桂岭县。岳家军追了整整十天,终于追上了曹成、杨再兴率领的游寇。曹成于是拔寨逃往连州(今广东省连州市),杨再兴则率领残部逃窜,被岳家军的骑兵追上。被彻底包围的杨再兴于是喊道:

"我是好汉,不要杀我,带我去见岳飞吧,我和他是老乡。"

追兵们绑了他去见岳飞。岳飞很欣赏杨再兴的武艺,并没有因为他杀害弟弟岳翻就一定要杀死他报仇,而是亲自为他解开绑绳,然后说道:

"我和你是乡人,早知道你是条好汉。我不杀你,但你应当从此改过,以忠义的行为来报答国家。"

杨再兴当即爽快地答应。他非常感激岳飞的大恩大德,更佩服岳飞宽阔的胸怀。从此之后,他也成为岳家军中的一员猛将,屡立战功,后在岳家军第四次北伐中,血洒小商桥,为国捐躯。此是后话。

岳飞又命令前军统制张宪率兵继续追击逃往连州的曹成。曹成一路狂奔,先后逃到湖南的郴州(今湖南省郴州市)、邵州(今湖南省邵阳市),走投无路的情况下,接受了包围邵州的韩世忠的招安。

曹成这支游寇大致讨平后,岳家军受命班师,返回江州驻扎。路经永州祁阳县大营驿时,岳飞就该次军事行动,写下了《永州祁阳县大营驿》,其中题记中写道:

> 痛念二圣远狩沙漠,天下靡宁,誓竭忠孝。赖社稷威灵,君相贤圣,他日扫清胡虏,复归故国,迎两宫还朝,宽天子宵旰之忧,此所志也。顾蜂蚁之群,岂足为功。

平定了曹成这支游寇,对南宋王朝来说,当然要算值得高兴的事,而在岳飞看来,平定了"蜂蚁之群",根本算不上功绩,他所念念不忘的是收复失地,迎接二圣回归。

三、平定变乱

在岳飞平定农民变乱之前,军贼孔彦舟在为官南宋期间,曾经平定过湖湘地区钟相等的变乱,迫使该地区的变乱走向低潮;刘光世则平定过江西境内变乱,韩世忠平定过福建境内的变乱。在他们平定变乱的过程中,都有大肆杀戮的行为。

(一)平定吉州和虔州地区的变乱

建炎四年(公元1130年)十二月,吉州(治今江西省吉安市)爆发了彭友、李满领导的农民变乱,人数达到数万人,主要活动于江南西路和荆湖南路境内。与此同时,虔州(今江西省赣州市)境内,也爆发了陈颙等领导的变乱,人员达到十几万人。

该地山高林密,地形复杂,江南西路和荆湖南路的安抚使,也曾经派军队前去镇压,无奈叛军施展游击战术,而前来镇压的朝廷军队又各自为战,不但未能将叛军镇压下去,反而让叛军在几年之后,势力越来越大,且形成星火燎原之势。

鉴于事态越来越严重,江南西路、荆湖南路和福建路的官员,请求朝廷派合适的将领,火速前来扑灭叛军。这些官员不约而同地主张让岳飞前来。

之所以极力主张让岳飞前来,一是因为岳飞此前领兵在该地区打败了李成、曹成等"游寇",熟悉地形;二是岳家军纪律严明,在当地老百姓中享有盛誉,老百姓乐于配合岳家军的作战,不像刘光世的军队在镇压叛乱的过程中,附带的扰民现象也比较严重;三是岳飞此前扑灭"游寇"之后,没有滥杀俘虏的行为,而是从中间挑选身体较强壮的人,将他们改编入岳家军,经过严格的训练后,不久都成为合格的战士甚至勇猛的战将。

绍兴三年(公元1133年)三月,南宋朝廷接受了这些官员的建议,派岳飞率军前去平定该地区的变乱。

当时岳家军有两万四千人。岳飞首先请求朝廷解决军费和军服、粮食等后勤供应问题。高宗马上下诏给户部,拨一万五千匹绸缎给岳飞,供做军服的材料;又下诏给吉州的榷货务,就地拨给他三万贯现钱。南宋朝廷又下诏给江南西路、荆湖南路和福建路的转运使,让他们赶快筹措粮饷,做好岳家军的后勤保障工作。

四月初七,岳家军全部到达吉州,很快进入战斗状态。

彭友和李满的叛军,盘踞在吉州南部的龙泉县(今江西龙泉市)境内,扎下了数不清的大小营寨,由十个首领分别管理。岳家军到达后,决定采取集中优势兵力各个击破的战术。岳飞和王贵、张宪等人率军首先攻占了总隘口,切断叛军转往别处的通道;然后采用分割包围的办法,先弱后强,每天至少击破一座营寨。半个月后,叛军的营寨大部分被攻破,彭友也被俘虏。

最后剩下最难攻克的就是李满的大寨。该营寨扎在山顶的一个大洞内,悬崖陡壁,徒手都难攀登,更别说携带武器上去。洞里聚集了大量的粮米和金帛,因此,其他营寨被攻破后,该营寨的叛军还能够负隅顽抗。

岳飞和众将领仔细了解情况后,意识到只可智取,不可强攻。

岳飞先令人用巨木做成八座天桥，每天派出一些士兵，做出试图攀登天桥以攻击山寨的举动。守卫山洞的叛军，为了阻挠岳家军的进攻，从山上或洞口把大批的檑木和滚石往下扔。双方每天都在重复同样的动作。岳家军的将士经常做出沮丧的动作、发出气急败坏的骂声，叛军则发出欢天喜地的庆祝声，他们不知道已经上当受骗了。

等到洞里的檑木和滚石都已用光之后，岳飞令前胸后背都有金属制品防护的先锋部队冒死攀岩而上，后续的全副武装的士兵紧紧跟随。山洞终于被攻破，李满也被俘获。在处理善后事务时，岳飞将聚集在各个营寨的叛军的家口，男女老幼两万多人，全部遣送回家。

吉州的叛军被镇压下去后，岳飞又率军转向虔州。岳飞猜想虔州叛军获悉吉州的叛军被消灭后，慑于岳飞及岳家军的威力，应能接受招安，孰料叛军坚决不肯放下武器，岳飞只好用武力解决。

兴国县的叛军虽然勇气有余，战斗经验却非常缺乏。岳家军很快攻占了叛军的几百座营寨，叛军的首领也全被活捉，岳家军几乎没有伤亡。

平定了虔、吉两州的叛军后，岳飞奉诏留五千兵戍守虔州，选派三千人戍守广州（今广东省广州市），以精兵万人戍守长江要塞江州。

岳飞自己则奉诏前去临安，朝见高宗。经过新淦县（今江西省新干县），岳飞于一座寺庙的墙壁题诗抒发感慨：

> 雄气堂堂贯斗牛，誓将直节报君仇。
> 斩除顽恶还车驾，不问登坛万户侯。

从岳飞所题的这首七绝可以看出，报君仇、雪国耻才是岳飞的最高追求。

(二)平定湖湘地区的变乱

湖湘地区的社会矛盾，在钟相被杀害之后，非但没有缓和，反而不断走向激化，导致叛军的余部在杨么领导下,势力再度高涨,一度占据了东起岳阳(今湖南省岳阳市)、西到枝江(今湖北省枝江市)、北起公安(今湖北省公安县)、南到长沙(今湖南省长沙市)的广大地区,叛军的核心基地由武陵县(湖南省常德市武陵区)转移到了龙阳县(今湖南省汉寿县)。叛军在依山傍水的地区,修筑了许多水寨和山寨,平时务农,官军来时就跑到营寨里。

南宋朝廷曾经派程昌寓率军前来镇压,但是被叛军击败了。

这种情况下,南宋朝廷又想到岳飞才是最合适的人选。

第一次北伐结束后,绍兴四年(公元1134年)八月,高宗擢升岳飞为清远军节度使的当天,枢密院的长官即向高宗提出让岳飞率军前去平定杨么叛军的建议,高宗立即予以批准,当天就下诏让岳飞领兵南下,前往湖湘地区,平定叛军。

岳飞接到诏令之后,又向朝廷上了一道详细的关于军事准备工作的奏疏,主要提到了如下几个方面:

第一,由于岳家军将士绝大多数是北方人,不习水战,所以,把此区的水军全部划归岳飞指挥。

第二,此区除水军以外的军队,除去必须守城的部队外,其余也划归岳飞指挥。

第三,此区域作战,尤其需要建造大型的战船。所以,征调一批木匠随军作战。

第四,后勤粮草保障必须完备。

从岳飞的奏疏来看,岳飞为战争做了周密的计划,不打无准备之仗。

但是,岳飞的奏疏刚刚递送,金和伪齐的军队又向淮西地区发动进攻,岳飞只好率军先去增援淮西。

绍兴五年(公元1135年)二月,淮西战役结束后,岳飞去临安朝见高宗,高宗又提出派岳飞率军前去平定湖湘地区叛军的问题,并很快下诏让岳飞率军前往,岳家军于四月下旬抵达长沙。

时年适逢洞庭湖地区大旱,湖水浅到几乎等于冬天的水位。随军的湖南转运判官薛弼是南方人,在商讨作战计划时,他让人端来一盆水,里面放了一条鱼,水少的时候,鱼自然难以活动;水多的时候,鱼活动很灵活。简单的演示,使岳飞等岳家军将士明白必须趁着湖水很浅的天赐良机,发动进攻。最后决定,从陆路四面围攻。

发动进攻之前,岳飞又想出一个瓦解叛军军心的妙策。由于叛军营寨的一些必需品必须到距离营寨最近的集市购买,岳飞让一部分将士扮成集市上卖货的商人,等叛军派人出来购货的时候,乘机将他们抓住。岳飞亲自审讯他们,说道:

"你们为恶多年,现在被抓,即使处死你们,也不足以抵消你们的罪恶,你们看怎么办?"

这些俘虏认为既然被抓,断无再生之机,于是表示甘愿就死。

岂料岳飞转而说道:

"你们本来都是良民,被人欺骗或裹挟成为罪人,朝廷派我来不是为了把你们杀掉,而是来解救你们。"

接下来岳飞又问他们在营寨里有何乐趣。由于时年大旱,营寨被包围之后,叛军的生活大不如前,他们于是回答说营寨内的生活很艰难。

于是岳飞给他们每个人一笔钱,让他们回去时候顺路购买自己需要的物品,然后又安排集市上的卖家,故意把他们购买物品的价格压得很低,损失由政府随后补偿。

这些俘虏回到营寨后,外边物价很便宜的消息很快在营寨内传播。岳家军则断绝了通往叛军营寨的所有道路,加剧了营寨内部粮草供应紧张的局面,惶恐情绪很快在营寨内蔓延。

与此同时,岳飞又派黄佐等人前去叛军营寨内实施招安的计划。

正当岳飞用恩威并施的战术对叛军实施最后的攻击时,南宋朝廷却害怕金国和伪齐的军队乘机南攻,于是要求当时对岳家军督战的右相兼都督张浚赶快回朝,措置江淮间的战守事宜。张浚见围剿已经进行了一个多月,还看不到彻底平定叛军的希望,也产生了畏难情绪,于是决定回朝。毕竟江淮地区的战事还是第一位的,回朝之后则建议朝廷根据江淮地区战事的变化,再来决定对叛军的战略。如果江淮地区战事紧张,就把平定叛军的事情暂时搁置,否则,就让岳飞施展长围久困的战术。

岳飞听到张浚要走的消息后,就对张浚说道:

"都督且再留一些时日,就可以彻底解决问题了。到那时,您就可以高高兴兴地凯旋了。"

张浚听后,还是将信将疑。好在时间不长,于是决定再停几天。

岳飞宣布让刚刚归属岳家军的任士安率军作先锋,要求他三日之内必须打胜,否则军法从事。任士安率领人马出征后,一路扬言,岳太尉的二十万大军马上就到。叛军发觉只是任士安的少量部队时,出动大批人马,妄图一举全歼任士安的部队。此时,岳飞率领大队人马发起猛攻,一举拿下了叛军的营寨,叛军的主要首领杨钦接受了招安。

此战俘获大量战船,岳飞将俘虏中强壮且擅长水战的人充作岳家军的水军,其余的人全部遣散回家,给以田地,恢复生产。

下面需要攻克的营寨是杨幺和钟子仪的大寨。杨幺尽管看到大势已去,可还是坚决不投降。双方军队刚刚接触,早被岳飞收买的叛军中的一个小将官就劫持了钟子仪乘坐的大船,向岳家军投降。杨幺见败局已定,投水自杀未成,被岳家军抓住后,和钟子仪一起被杀死,头颅被送往张浚的都督行府。

最后需要攻克的营寨是夏诚的营寨。夏诚可算军师级别的人物,足智多谋。他的营寨三面环水,背靠高山,易守难攻。

夏诚一度扬言,要想攻占我的营寨,除非能飞过洞庭湖。此前程昌寓率军前来平定杨幺军遇挫后,与幕僚商讨对策,一个幕僚就曾经说过类似的话。岳飞是比较迷信的人,知道此番言语后,马上联想到自己的名字,哈哈大笑。旁边的幕僚和将士们问他笑什么,岳飞笑而不语。众人按照以往的习惯推断,知道岳飞一定有了打赢的妙计。

岳飞亲自率领牛皋等将领前去攻打夏诚的营寨。在给牛皋布置作战任务时,牛皋说道:

"这帮贱徒,多年作乱,烦扰朝廷,危害百姓。抓住他们之后,一定大杀一批,以傚效尤,也示我军威。"

岳飞听后马上说道:

"随从之人,原先大多为村民,也是朝廷赤子,后大多被杨么迷惑,误入歧途。杀了他们,既不仁德,也没有任何好处。况且不战而屈人之兵,全军为上,是兵家最看重的一点。所以,一定不能滥杀。"

岳飞又再三强调了自己的观点,牛皋等人接受了岳飞的告诫。

要攻克夏诚的营寨,首先需要破解他所依靠的险要之处。岳飞派人砍了许多大树,做成巨筏,把夏诚营寨周围的港汊全部塞满;又从上游扔下大量的树枝烂草,一直漂到营寨周围水浅的地方。

岳飞派二十名伶牙俐齿的士兵站在浅水处,前去骂阵。营寨内的叛军则向外投掷瓦片和石块,扔得多了,既堵住了自己船只的通道,也于无形中为岳家军铺筑了一条通往营寨的道路。叛军难以突围。营寨被岳家军一举攻克,夏诚被俘。

平定杨么,前后合计十四五天。

岳家军不到两个月的时间,将持续了六年的湖湘地区的叛军彻底平定。赵构非常高兴,满朝臣僚也钦佩岳飞。朝廷降诏将岳飞的官阶提升为检校少保。自此之后,人们就以极其尊敬的心情称呼他岳少保。

平定杨么军后,岳飞率领岳家军,乘船取道岳阳前往鄂州。船过岳阳停留期间,有幕僚建议岳飞去看看岳阳楼。岳飞马上想起北宋著名政治家范仲淹的《岳阳楼记》,于是轻声诵起了那副名联:"先天下之忧而忧,后天下之乐而乐"。随行人员也跟着诵起来。

到了岳阳楼,岳飞一行人登上楼,眺望烟波浩渺的八百里洞庭湖,顿感心旷神怡。岳飞又大声诵起了那副名联,然后往北一指,大声喊道:

"天下之忧,在北边呀! 收复故土,迎回二圣,才有天下之乐!"

随行的人员听后,不约而同地露出赞许的目光。

长驱渡河洛 直捣向燕幽

——四次北伐

　　岳飞一生中最重要的军事活动是率领岳家军收复失地，实现其直捣黄龙府的宏愿。从绍兴三年（公元1133年）到绍兴十年（公元1140年）的八年岁月中，岳家军先后进行了四次北伐，其中以第四次北伐规模最大，战果最辉煌。但是，面对收复失地的大好时机，以高宗和秦桧为代表的对金妥协派，为了能够早日达成以极其屈辱的条件和金国议和的目的，也为了维护专制皇权的统治，强令岳飞班师，导致十年之功，毁于一旦。

第一节 将星升起

一、第一次北伐的背景

金国灭掉北宋之后,虽然占领了原属于北宋的广大北方地区,但是,金军的残杀和掠夺,导致民族矛盾异常尖锐。不甘心被奴役的广大汉族人民,以各种形式不断起来反抗。而建国刚十余年的女真贵族,面对此种状态,日益意识到既不具备直接统治的条件,也没有直接统治的经验,于是决定扶立伪政权,实行"以汉制汉"的政策,让新的傀儡政权尽力承担起"辟疆保境"和继续消耗南宋国力的双重任务。金国将士和老百姓们,在多年的战争后,也可以休整一下,过一段轻松的时光,享受一下掠夺的财物;然后再伺机发动更大规模的战争,灭掉南宋。女真贵族认为这是一种务实的、明智的选择。

天会八年(1130年)九月,金国立刘豫为大齐皇帝,年号为阜昌,先都大名(今河北省大名县),后都东平(今山东省郓城县),最后迁到汴京。立刘豫伪政权之前,金国还曾经立过仅仅四十天的张邦昌伪楚政权。

　　刘豫,字彦游,景州阜城(今河北省阜城县)人。少年时期,行为不检点,曾经偷盗同学的财物。宋哲宗元符年间科举及第。徽宗政和二年(公元1112年),朝廷拟让刘豫担任殿中侍御史,言官又提及他幼年时偷盗的经历,作为反对他任职的理由,徽宗以年少时谁不犯错否决了言官的反对意见。随后,刘豫多次就礼仪方面的事情上奏皇帝,徽宗说道:"刘豫一个种田郎,安识礼制?"这两件事,在刘豫的内心留下了痛苦的记忆。因此,忠君爱国的理念在他内心并没有厚实的基础。

　　金人南侵,刘豫弃官避乱仪真(今江苏省仪征市),后通过他人的推荐,又得以知济南府(今山东省济南市)。当时济南一带盗贼很多,又是金军东路军南下的必经之路。贪生怕死的刘豫不愿去,请求改易东南一郡,被宰执①所恶,刘豫却认为是自己没有背景或送钱太少的原因所致。刘豫含愤前去就任。金军再度南下时,刘豫几乎没有组织什么抵抗,就马上投降。

　　对于南宋而言,伪齐政权的建立,表明女真贵族暂时放弃了灭掉南宋的战略计划。在金国与南宋之间,有了大片的战略缓冲地带。南宋君臣大多认为有了一个喘息的机会。

　　但是,同张邦昌明显不同,有严重心理阴影的刘豫主导的伪齐,实行坚决与南宋为敌的政策,趁南宋正处于内外交困、立足未稳的大好时机,极力扩张自己的地盘。对于南宋而言,伪齐的威胁,较之金国,反而要大得多。

　　绍兴三年(公元1133年)三月到十月,经过两年多的积累和准备,伪齐军队联合部分金军,一路南下,接连占领了今河南省西部和南部、湖北省北部的大片地区。其中襄阳府(治今湖北省襄阳市)和郢州(治今湖北省钟祥市)等地的失守,使南宋的长江防线被撕开一个巨大的缺口,且将南宋的西北控制区和东南地区拦腰切断。

　　春秋战国以来,襄汉地区就有"天下之脊"的称呼,它的北面是富饶的南阳盆地,由此一直北上到黄河南岸的西京洛阳一带,无险可守;南面是盛产稻米的江汉平原,一直到南岭,才有崇山峻岭;顺江东下,可以到达江浙地区,南宋的国都所在;

---

　　①　宋代宰相与执政官的统称,执政官包括副宰相和枢密院的枢密使、枢密副使。

岳家军第一次北伐路线图

西出汉中,可以进入川陕。襄阳自古就有"七省通衢"之说,可见其战略地位之重要。

得中原者得天下。刘豫得意忘形,准备在下一年夏粮收割后,大举南下,联合在洞庭湖周围地区的杨幺叛军,双方商定,实施南北夹攻,联合消灭南宋政权。

面对如此险恶的局势,岳飞屡次上奏朝廷,主动请缨,请求率军收复襄汉六郡。上奏之前岳飞考虑到岳家军的兵力还比较薄弱,于是通过参知政事赵鼎和朝廷反复磋商,请求增加兵力。朝廷终于同意将牛皋、董先、李道、张玘等人的部队并入岳家军。

牛皋,字伯远,汝州鲁山县人。他比岳飞年长十六岁,当时已四十七岁。牛皋当过弓手,曾组织当地民众抗金,在京西路(具体州县历史记载不详)一带与敌军进行过十余次战斗，每战皆捷。他加入岳家军后，出任中军统制，后改任左军统制。小说《说岳全传》和刘兰芳老师的评书《岳飞传》中，常将牛皋比作莽张飞一类的战将，其实牛皋绝对是一个智勇双全的战将。

董先，字觉民，河南府渑池县（今河南省洛阳市东）人。他原是抗金义军首领翟兴手下的统制官，后任岳家军踏白军①的统制。

李道，字行之，相州汤阴县人，最早与其兄李旺组织民众抗金，后投奔宗泽。李道后出任岳家军的选锋军②统制。

张玘，字伯玉，河南府渑池县（今河南省渑池县）人，是董先的副将③。两人曾在商州（治上洛，今陕西省商州区）、虢州（治虢略，今河南省灵宝市）等地抗金，屡立战功。

面对襄阳等战略要地的丢失，南宋不能坐以待毙，因为襄阳的得失已关系到南宋朝廷的生死存亡。绍兴四年（公元1134年）春天，高宗提出由岳飞率军前去收复襄汉④要地。新任参知政事⑤赵鼎也熟知岳飞，他说道："熟悉长江上流利害者，没有超过岳飞的。"虽然有人提出反对意见，但是高宗君臣最终还是决定由岳飞率领岳家军出师襄汉，刘光世派兵增援。

三月十三日，南宋朝廷正式向岳飞发出出兵的省札⑥，内容主要包括以下几点：

第一，任命岳飞为荆湖北路⑦前沿统帅；同时，荆湖北路安抚使司颜孝恭和崔邦弼两统制的军队，荆南镇抚使司的军队，也暂时划归岳飞指挥。

第二，命令岳飞指挥所部军马，在麦熟以前，收复京西路的襄阳府及唐、邓、随、

----

① 负责侦察的部队。

② 宋代军名。神宗后出现的新的军级编制。凡用兵之际，往往先分前、右、中、左、后五军。五军之外，另有选锋军等，每军设统制管辖。其中选锋军装备精良，士卒骁勇，为军中主力。

③ 将为南宋时各屯驻大军第二级军事编制单位，副将为副长官，位于正将之下，准备将之上。

④ 当时以襄阳为中心的汉水流域广大地区的俗称。

⑤ 副宰相。

⑥ 官府文书名。宋朝尚书省处置公事，由长官签署后，发付诸司、诸路监司、州、军施行，称省札。

⑦ 主要管辖今湖北省北部、西部及湖南省西部的部分地区。

郢四州①和信阳军②。

第三,宋廷强调此次出师,只能以收复此六郡为限。宋高宗又在省札之外,特别亲下手诏,叮咛和警告岳飞必须执行此项诏令。

第四,支付六万石米,四十万贯钱,作为军需费用。

第五,收复襄汉六郡后,由岳飞任命官员管理,或用当地有威望、有能力的人,或用牛皋等部将。岳飞大军则回到江州至鄂州的长江沿岸要地驻扎。

由此看来,高宗部署襄汉战役的指导方针,仅仅限于收复此地区的战略屏障地带,以确保南宋西南地区和江浙地区的安全;但是,在收复之后,万不可再主动向北进攻,以免金国得知后派大军南下,发动更大规模的战争,惹火烧身,南宋招架不住。

其实南宋朝廷对于岳飞军队的北伐,并没有底气。大力推荐岳飞的参知政事赵鼎在给高宗的上奏中写道:"渡江以来,每次派兵北上,只是讨伐盗贼,未尝与敌国正规军队交锋。岳飞此次北伐,利害甚重,一旦小有差池,则使伪齐更加看不起朝廷。"伪齐自恃有金国做靠山,连南宋都看不起。

当时,南宋朝廷的部分臣僚,不但像高宗一样,"恐金症"严重,还有比较严重的"恐齐症"。为此,赵鼎建议高宗亲下手诏给刘光世、荆湖北路安抚使刘洪道、江南西路制置使胡世将及荆南府、归、峡州、荆门、公安军镇抚使解潜等将领,要他们想方设法支持岳飞,包括派遣援兵、资助粮草等行动。

宰相朱胜非特派使者告知岳飞,只要旗开得胜,即授予他节度使的头衔。岳飞严肃地对使者说:

"替我告诉丞相,岳飞可以用道义相责,不可以用高官厚禄来驱使。襄阳之役,军国大事,即使不授节度使,就可以坐视不理吗? 拔一城而予一爵,那是对待平常人的做法,不是对待国士的做法。"

---

① 唐州治今河南省唐河县, 邓州治今河南省邓州市, 随州治今湖北省随州市。

② 信阳军治今河南省信阳市。

使者听了岳飞的话，非常震惊，也非常佩服。

从这番话可以看出，积极尽忠报国，才是岳飞的追求。对功名利禄的追求，岳飞很早就表现得异常平淡。

综合统计，南宋用于襄汉战场的总兵力有三万五千人左右。

伪齐平时在此区域的兵力比较单薄，但是到了四五月份，兵力陡增，显见做好了防御南宋军队反攻的准备。

北伐的日期到来之前，为了鼓励岳飞，高宗特令张俊的神武右军和杨沂中①的神武中军分别挑选优秀的战马一百匹，拨给岳家军，并在岳飞制置使的头衔中添入"兼黄州、复州、汉阳军、德安府"的加衔。为了使岳飞手下的将佐能竭力奋战，高宗亲自写手诏给岳飞，赐予岳飞此前保奏的王贵、张宪和徐庆三将，捻金线战袍各一领，金束带各一条。

北伐之前，吴玠仙人关大捷②的喜讯传来，更增添了岳飞战胜敌人的勇气和信心。

由于是第一次大规模的北伐，岳飞给主要的将官开战前动员会——此后每次大规模的战争之前，岳飞都这样做：言及靖康国难，徽、钦二帝被俘，大量民众死于战争，岳飞常常痛哭流涕，几度哽咽得讲不下去。这种宣传，起到了很好的鼓舞士气的作用。

大军从武昌陆续渡江，旌旗直指郢州。

岳飞看着滔滔的江水和一艘艘渡船，拔出闪闪发光的长剑，奋力向右上方一指，又看了看同船的将士和幕僚，大声喊道：

"飞不擒贼帅，收复失地，誓不回师！"

将士和幕僚也跟着喊道："收复失地！收复失地！"

---

① 又名杨存中，祖父和父亲皆是抗金将士且死于抗金战场。杨沂中和张俊在赵构于相州开大元帅府时就成为其心腹。杨沂中以拍马屁闻名朝野，他满脸络腮胡子，故外号"髯阉"。

② 绍兴四年（公元1134年）二月，抗金名将吴玠、吴璘率领的吴家军，在仙人关（今陕西省略阳县西北）打败完颜宗弼率领的十万金兵和伪齐的军队，宣告了金国由陕西进攻四川战略计划的失败。

其他战船上的将士们听到后，也随着呼应："收复失地！收复失地！"回声在江面上来回震荡。

岳飞及岳家军的将士们对第一次北伐，充满了胜利的信心。

二、第一次北伐的过程

郢州是伪齐西南端的要塞。刘豫很重视郢州城的防守，特命荆超任知州。荆超曾在北宋皇宫里当过班直，悍勇非凡，手下有一万多人马，还配有少量金兵，自以为有金汤之固。

五月五日，岳家军直抵郢州城下。毕竟是北伐的第一仗，意义非同小可。岳飞骑马环城一周，亲自侦察敌情，很快发现了城池防守的薄弱之处。岳飞举起马鞭，遥指东北角的城楼说："明日早晨首先进攻此地！"

毕竟同为汉人，所以岳飞先派张宪对守城者劝降，希望他们不要为刘豫卖命。荆超的智囊、伪齐长寿知县刘楫害怕动摇军心，在城上大喊"各事其主"，然后大骂岳飞和张宪，拒绝投降。岳飞大怒，下令破城之后，必须活捉刘楫。

六日黎明，在震耳欲聋的战鼓声中，岳家军发起总攻，战斗异常激烈。岳飞坐在大纛①下指挥作战。突然有一大块炮石飞坠在他面前，左右都急忙惊避。岳飞却纹丝不动，轻蔑地一笑，泰然处之。

将士们个个奋勇争先，踩着云梯登城，一举摧毁了敌人的防御。荆超眼见人势已去，投崖自杀。刘楫被活捉。岳飞下令将这个死心塌地的败类斩首，以儆效尤。此仗共杀敌七千多人，旗开得胜。

接下来，岳飞乘胜分兵两路，张宪和徐庆率军进攻随州（今湖北省随州市），岳

---

①　读音为 dà dào，古代行军作战中或重要典礼上的大旗。

飞亲自率领主力部队攻打襄阳府。襄阳府是伪齐南下军队的大本营,由主将李成亲自驻守。

在投降伪齐的南宋诸将中,李成最勇鸷。但如前所述,李成曾经与岳飞两次交战,都是岳飞的手下败将。

此番李成得到荆超军一日覆没的消息后,又听说岳飞亲自领军前来,再无抵抗的勇气,仓皇出逃。五月十七日,岳家军兵不血刃,占领襄阳城。

张宪和徐庆兵临随州城下,伪齐知州王嵩实施龟缩战术,张宪和徐庆的军队连攻数日,未能攻下。牛皋和董先两员新任命的统制在克复郢州的战斗中大显身手,牛皋便请求率军前来增援。五月十八日,随州城被攻下。此战歼灭伪齐军五千多人,王嵩被俘后,被押赴襄阳府处斩。

尤其需要提到的是,在攻打随州城的战斗中,十六岁的岳雲勇冠三军,手持两杆数十斤重的铁锥枪①,第一个冲上城头。岳飞知道后,只是轻轻一笑。

伪齐军队战败的消息陆续传到汴京,好梦正酣的刘豫被岳家军的闪击战给了当头一棒,急忙调集兵力,又请来金国女真族的少数军队与河北、河东的"签军"②,集结在邓州(今河南省邓州市)东南的新野市(今新野县)、龙陂、胡阳,随州的枣阳县(今湖北省枣阳市)以及唐州(今河南省唐河县)一带,号称有三十万大军,由李成等指挥,准备大举反扑。

岳飞命统制王万和荆南府镇抚使司统制辛太屯兵清水河,作为诱饵,诱敌深入。但是,辛太不听命令,竟然私自逃往峡州宜都县(今湖北省宜都市)。六月五日,王万率领的军队将伪齐军诱来后,岳飞亲自指挥大军夹攻,击败了李成军。六日,李成再次反扑求战,岳飞察看敌方的阵势后,大笑李成多年作战,仍然没有长进,骑兵和步兵竟然布置在最不适合该兵种作战的区域。于是岳飞命令王贵和牛皋分别以骑兵进攻李成的步兵,以步兵进攻李成的骑兵。短暂接触后,伪齐军便一

---

①　有些小说、评书、漫画中以不同方式显示岳雲手持两柄大锤, 大误。

②　强迫签发占领区的汉人丁壮当兵, 谓之签军。

败涂地。岳家军乘胜追击,敌军横尸二十余里。伪齐军经历了此次大败后,再也不敢窥探襄阳府。

败报频传,刘豫心急如焚,接连向金军指挥部告急求援。完颜宗弼自三月大败于仙人关后,主力损失很大,元气未复;金军将士又都不适应中原地区酷热的天气,自然不愿于近期再与宋军发生大规模的战争。但是对于伪齐的求救,也不能置之不理,于是派遣一员二等的战将刘合孛堇①,会合李成的军队,总兵力达到数万,在邓州西北,扎了三十多个营寨。如果岳飞继续进兵,就须面临一场硬仗。

宋廷获悉金、伪齐军集结准备反扑的消息后,十分惶恐,连忙向岳飞颁发省札,其中写道:

"奉圣旨:命令岳飞详细考虑战局,审料敌情,唐、邓、信阳如果能够攻取,马上进兵;如果不能,先巩固已经取得的战果,布置对襄阳、随、郢的防守,务在持重,确保成功。"

"务在持重",其实是允许岳飞放弃攻取唐州、邓州和信阳军的计划,重点巩固已经到手的胜利果实。但是,对于勇于进攻战的岳飞而言,该省札并没有能阻止岳飞进一步前进的步伐。

为了迎接这一场恶战,岳家军做了一个多月的充分准备。七月十五日,王贵和张宪两军在邓州城外三十宋里的地方,同数万金、伪齐联军激战。王万和董先两部则乘两军酣战之机,瞅准伪齐军队的薄弱之处,一举击溃了敌军。此战,岳家军俘虏金国将官杨得胜等二百余人,夺取战马二百多匹,各类武器数以万计。

伪齐将领高仲率领残兵退守邓州城,企图负隅顽抗。十七日,岳家军发起猛烈进攻,岳雲仍是第一个登城的勇士,高仲则被活捉。岳飞知道后,还是轻轻一笑。

邓州决战的成功,使攻占唐州和信阳军的战斗,变得非常轻松。岳飞命选锋军统制李道率军前往唐州,二十三日收复唐州城。王贵和张宪同时在唐州以北三十宋里的地方,再次击败金与伪齐联军。同一天,荆湖北路安抚使司统制崔邦弼等率

---

① 女真语孛堇意为长官。 刘合为女真名,史籍上不载其姓。

军攻下信阳军。

　　襄汉之战,使南宋头一次收复了大片失地,也是南宋立国八年以来,进行局部反攻的一次大胜利。战略屏障地区的收复,对南宋的国防而言,具有非常重要的战略意义①。

　　战役结束后,高宗对岳飞刮目相看,马上考虑如何赏赐岳飞及其他立功的将士。赵鼎等宰执自然也纷纷向岳飞表示钦佩和祝贺。韩世忠等高级将领更是从军事的角度,高度评价岳飞的功劳。但是,张俊却没有任何表示。

　　襄汉战役胜利后,岳飞上奏请求辞去制置使,派重臣经略刚刚收复的荆襄地区。岳飞深知每一片收复的地区,都是将士们的鲜血和生命换来的,不能及时派官员有效管理的话,还可能被伪齐甚至金国占领。但是,朝廷没有答应他的辞职要求。

　　参知政事赵鼎上奏朝廷指出:"鄂州、岳阳,是长江上游的要害之处,让岳家军重点屯驻在这两个地方,不光可以援助江西,湖、广、江、浙也可以及时得到支援。"于是朝廷把随州、郢州、唐州、邓州、信阳军全部并入襄阳府路,隶属岳飞管辖,岳家军屯驻鄂州;授予岳飞清远军节度使,湖北路、荆、襄、潭州制置使,封武昌县开国子。时年岳飞三十二岁。

　　第一次北伐的胜利,大大打击了伪齐的士气;对女真贵族而言,也产生了不小的震撼,更大大鼓舞了南宋军民抗金的勇气和信心。

　　一颗冉冉升起的将星,绝对是南宋朝廷之福,南宋民众之福,抗金战争之福。

----

　　①　南宋后来对襄阳城的战略防御体系进行了不断的完善,导致元朝军队为了攻下襄阳城,付出了六年的时间。而一当元军攻下襄阳府后,南宋在长江中下游地区的防御体系顷刻崩溃,加速了南宋的灭亡。此是后话。金庸先生的《射雕英雄传》,就用文学笔法描绘了襄阳战守的过程。

第二节　联结河朔

一、第二次北伐的背景

(一) 岳飞联结河朔战略的成熟

尽管高宗一直喊收复失地,但对于如何收复失地、如何应对宋金战争的全局,却始终没有通盘的、长期的考虑。

岳飞自跟随王彦到太行山抗金直至岳家军驻兵鄂州之后,逐渐形成了比较清晰的联结河朔的战略思想。其主要内容,一是联络河朔地区的抗金义军,让他们利用游击战术,频繁地骚扰金国军队的后方,牵制金国军队南下;二是南宋的主力军在具备了足够的反击条件后,反复北伐,逐渐消灭敌人的有生力量,使其对沦陷区的统治始终难以稳固。毕竟金国的综合国力,远不如南宋,经不起长期的战争。这样可以有力配合河朔地区义军的抗金,也可以不断鼓舞南宋境内和沦陷区将士和民众的信心,让他们不断看到希望。当双方实力对比变为南宋占有显著优势的情况下,几路大军,同时由南而北,长驱直入,一举击溃金军,收复失地。

岳飞联结河朔的军事战略,其发端也应受李纲和宗泽之启发。

南宋建立后,李纲担任首任宰相,鉴于河北、河东许多州县并没有被金人占领,而组织当地忠义民兵固守。当时,有的州县仍然由北宋政府军队固守,有的则由忠义民兵固守,金军只是固守少数战略要地。金军之所以再度撤离东京,除了掠夺到的果实需要北运的原因外,这些州县军民的抗金斗争,也是重要的原因。赵构能在应天府登极,也有此方面的因素。

李纲很清楚北宋后期禁军的军纪和战斗力,所以他将中兴宋王朝的希望,很大程度上寄托在数量很大的忠义民兵身上。这是赵构和秦桧他们永远想不到或者即使想到了也不敢使用的力量。所以,他建议朝廷派遣张所去做河北招抚使、派遣傅亮去做河东经制副使。他们的主要任务就是把河北、河东的忠义民兵尽快地组织起来。因为仅仅凭借骤然而起的忠君爱国、保卫家园的一腔热情,而长时期得不到统一的组织、得不到粮饷和其他物资支援的话,忠义民兵最终将被金军各个击破。

但是,李纲被罢官后,他的合理设想及相关举措,眨眼间烟消云散。但宗泽事实上主持前沿大政时,一直与河北、河东忠义民兵密切合作和联系。

李纲和宗泽的这一设想和实践,岳飞一直牢记在心。当然,较之李纲的设想,更懂军事且对河朔地区地理大势、风俗民情更加熟悉的岳飞,在李纲设想的基础上,进一步完善。

岳飞联结河朔战略的成熟,应该是岳家军驻防鄂州及第一次北伐之后,随着宋金战争形势的变化及其他因素的影响,不断有小的调整。

鄂州的地理位置,从东西而言,正好处于长江中游的关键节点,向西可以援助西南地区,向东可以控扼长江下游,护卫南宋朝廷所在的江浙地区的安全,也可以援助淮西的抗金作战。从南北而言,南边两湖地区,是南宋的粮仓,特别是平定杨么叛军后,该地区可以作为岳家军可靠的后方;向北攻占了襄阳附近的六个州县后,已经占领了中原的战略要地,可以以此为基地,不断北上打击伪齐和金国的军队。

(二)积极筹备北伐

但是,由于金国和伪齐军队的残酷杀掠,北方人民自发的抗金斗争,逐渐转入低潮,只能等待条件逐渐成熟后再度走向高涨。

靖康元年(公元 1126 年)九月,太原陷落后,梁兴、赵雲、李进等人在太原府和绛州(治正平,今山西省新绛县)组织"忠义人兵",抗击金军,一度克复河北西路的怀州(今河南省沁阳市)和河东路的泽州(治今山西省晋城市)、隆德府(治今山西省长治市)、平阳府(治今山西省临汾市)等地。梁兴等人还曾试图率领队伍,冲过黄河,投奔南宋,但遭到伪齐军的围追堵截,不得不折回太行山,建立根据地,组织"忠义保社",继续抵抗。他们不断攻打驻扎磁州、相州一带的金军,仅杀死敌军头领就有三百多人。忠义保社成了北方人民抗金武装的核心和旗帜,声威远播,河东、河北各路民众亲切地称呼梁兴为"梁小哥"。

绍兴四年(公元 1134 年)十一月,赵雲乘金和伪齐联军攻打两淮地区的机会,突破封锁线,千里迢迢,来到鄂州,终于见到了仰慕已久的岳飞。岳飞和他畅谈了联结河朔的战略计划。赵雲听后非常高兴,岳飞的谈话使他们看到了前途,也给他们指明了道路。岳飞又派他带领部分人马和物资北上。他们渡过黄河后,很快攻破了垣曲县城(今山西省垣曲县)。从此之后,岳飞同太行山地区的抗金义军建立了直接的联系,可以及时互相交换情报并指导义军的抗金活动。

鉴于河朔地区义军抗金的重要性,大约在绍兴五年(公元 1135 年),岳飞又派遣部将边俊、李喜等人渡过黄河,加强联结河朔地区抗金义军的工作。

梁兴领导的"忠义保社"的队伍日益壮大,达到四千多人。绍兴六年(公元 1136 年),他们攻破平阳府神山县(今山西省浮山县)后,先是打败金国平阳帅府总管判官邓棻的军队,后又杀死金军精锐部队的头领耶律马五和万夫长耿光禄。耶律马五曾经是建炎三四年间西路渡江金军的头领,屠城洪州的罪魁。

女真贵族获悉耶律马五和耿光禄被杀的消息后,连忙调遣大军,进行围剿,准备疯狂报复。梁兴于是率百余名精锐骑兵,渡过黄河,取道襄阳府,胜利抵达鄂州。

岳飞见到了闻名已久的"梁小哥",分外高兴,当即呈报宋廷,高宗同意优转官资,以吸引更多的义军将领。由于梁兴留在岳家军中任职,联结河朔的工作得以大力开展。北方人民的抗金斗争,逐渐由低潮走向高潮。

岳飞对故乡相州有特殊的感情,也最熟悉这一带的地理民情及地理位置的重要性。这一带的民众也逐渐知道自相州走出的岳飞的大名。所以,经过忠义民兵的认真努力,相州一带关隘、渡口、食宿饭店的人,大多成了岳家军的线人,可以为在这一带从事抗金活动的人提供各方面的帮助。甚至出售布帛和成衣铺的人,也制作好旗帜,做好了随时迎接岳家军到来的准备。

外部联结北方抗金义军,内部提高岳家军的实战能力,再和高宗及宰执们商讨作战计划,岳飞为第二次北伐做了尽可能周密的准备。不料两件私事,导致第二次北伐,比预定计划推迟了一年多的时间。

一是岳飞的眼部疾病。岳飞是北方人,很不适应南方夏天湿热的气候。自收复建康府后,连续六年都是在盛暑中打仗。大概是受了病毒感染,到绍兴五年(公元1135年)六月,平定杨么军后,他的眼疾病势陡然加重,饭食不进、四肢无力。岳飞害怕耽误"恢复故疆"的大计,屡屡上奏,恳请解除军务。作为一方大员和抗金的主要将领,高宗当然不会答应岳飞解除军务的请求,一再在发给岳飞的诏令中强调国家离不开岳飞的种种理由。经过治疗之后,岳飞的眼部疾病逐渐好转。

第二件不幸的事是老母姚氏病逝。按中国古代礼法,岳飞必须丁忧三年,如有特殊情况,方可居官守丧,称为"起复"。作为孝子,岳飞坚持必须遵守丁忧之制。而高宗和赵鼎、张浚等大臣,大敌当前,绝对不会允许岳飞这样做。最终高宗采用强制措施,让岳飞提前结束丁忧,马上返回鄂州,主持军政大务。

岳飞尽管对老母亲感情非常深,可他也深知抗金大业的重要。忠孝不可两全,他只能把对母亲的爱,默默地牢记在心,待雪国耻之后,再去母亲坟前表示深深的歉意,并告慰母亲。

二、第二次北伐的过程

绍兴六年（公元 1136 年）七八月间，岳家军开始进行第二次北伐。秋天原本是宋军习惯的防御季节，现在主动发起进攻，自然是想出奇制胜。

此前伪齐虢州栾川县（今河南省栾川县）知县、修武郎李通，当年春季向南宋投诚，带来将士五百多人。栾川县所在的伏牛山区，是本次北伐准备收复的重点地区。李通的到来，为此次北伐提供了许多情报和向导方面的帮助。

因为这次北伐要经过伪齐新设的镇汝军（今河南省鲁山县）——这是牛皋的故乡，于情于理，都应该让牛皋作为先锋。镇汝军守将薛亨，素称悍勇善战。牛皋向岳飞保证，一定生擒薛亨。果然牛皋率领的左军以迅雷不及掩耳之势，很快就击破了坚垒，生擒薛亨。然后牛皋挥兵东向，扫荡颍昌府（治今河南省许昌市），直至蔡州（治今河南省汝阳县），焚烧伪齐军积聚的粮草、器械后凯旋。

其实牛皋左军的向东进攻，只是佯攻，是为吸引伪齐军的注意力。与此同时，岳飞率领的大部队则向西北方向进击。八月初，王贵、董先、郝晸等攻占虢州州治卢氏县（今河南省卢氏县），全歼伪齐守军，缴获粮食十五万宋石。接着，岳家军又分兵夺取了虢略（今河南省灵宝市）、朱阳（今河南省灵宝市西南朱阳镇）和栾川（今河南省栾川县栾川镇）三个地方；王贵则继续统军西向，先后克复商州全境，包括卜洛（今陕西省商州市）、商洛（今陕西省商州市东南商洛镇）、洛南（今陕西省洛南县）、丰阳（今陕西省山阳县）、上津（今湖北省郧西县西北）五个要地。

商州和虢州均是战略要冲，北可控扼黄河，与北方抗金义军联系方便；东可夺取西京河南府；西可进攻关中。岳家军占领这一带地区后，可将伪齐的统治区东西隔开。

岳家军击破伪齐军的抵抗后，取道栾川县，直取伪齐顺州州治伊阳县。王贵命令第四副将杨再兴统军由卢氏县向长水县(今河南省洛宁县境内)进发。十五日夜间,岳家军发起夜战,夺取县城,缴获粮食二万宋石,把粮食分配给军士和当地百姓食用;接下来永宁(今河南省洛宁县)和福昌(今河南省洛宁县境内)两县也相继被攻克。岳家军在此次北伐中,还夺取一个伪齐马监,缴获上万匹战马,可以大大充实自己的骑兵部队。

岳家军收复福昌县后,距西京河南府城,已近在咫尺。岳家军长驱伊、洛,是南宋立国后第一次大规模的远距离反攻。李纲接到岳飞来自前线的捷报后,在贺信中写道:

"接到岳家军一连串的捷报之后,非常欣喜。国家十几年来,从未有过如此规模的劳师远袭的壮举呀!"

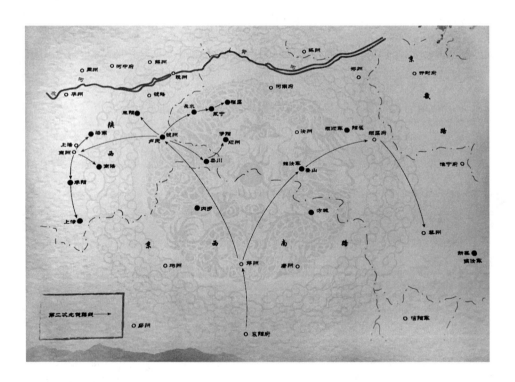

岳家军第二次北伐路线图

但是,岳家军不得不主动撤军。整体上看,劳师远征之后,由于严重缺粮,一些被攻占的地区不得不放弃,第二次北伐的战果不很理想。但从长远和全局来看,商州的全境和虢州的部分地区,仍为岳家军所控制。邵隆在当年年底赴商州就任知州,逐渐将商州建设成为坚固的要塞。

第二次北伐,也是宋金双方军事实力对比继续变化的标志。收复故土,绝非像南宋朝廷内部的一些人反复所言,可望而不可即。

九月下旬,岳飞回到鄂州后,眼病再度发作,卧室的窗户,白日也必须用厚厚的窗帘遮蔽光线,更不能到户外去活动。他已不能再主持军务,由于岳家军的二号人物王贵尚在前沿,宣抚司的日常军务只能由张宪和参谋官①薛弼、参议官②李若虚共同主持。朝廷也特派眼科医官皇甫知常与和尚中印两人,乘驿马急驰鄂州,为岳飞治病。在他们的悉心治疗下,岳飞的眼疾得以好转。

---

① 宣抚司高级僚属。
② 宣抚司高级幕僚。

第三节 男儿立志扶王室

一、第三次北伐的背景

岳家军第二次北伐刚刚结束，金国高层被岳家军一直打到西京的实力所震惊，意识到必须给伪齐政权输血打气。否则，光靠伪齐的军队，已经难以巩固对黄河以南地区的占领。伪齐控制区的东西两部，将被拦腰切断。所以，岳家军第二次北伐即将结束的时候，龙虎大王率领的三万多金军精兵，由李固渡渡过黄河，其中一万骑兵用于对付岳家军。这对伪齐而言，犹如打了鸡血，双方联合起来，马上发起报复性反攻。

在商州，金、伪齐联军一万多人，于十一月一日进犯东部的商洛县（今陕西商洛市），由于商州知州邵隆尚未到任，只好由岳家军的准备将①贾彦率部抵抗。

在虢州，金军一万五千多人，马三千多匹，伪齐军两万多人，马两千多匹，向岳

---

① 武官名，位于正将、副将之下。

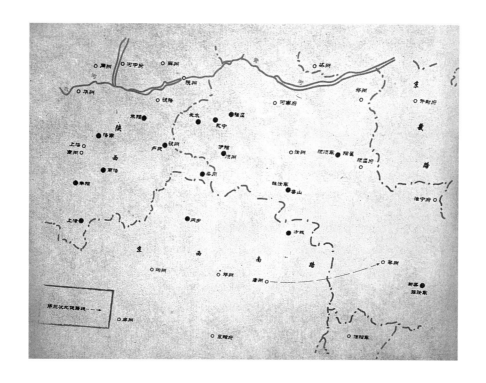

岳家军第三次北伐路线图

家军猛扑。十月二十七日,敌军攻破铁岭关,统制①寇成由于手下人马不多,移军于横涧设伏,连续两日取胜,消灭两千多金军和伪齐军。从俘虏口中,寇成获悉进攻虢州的敌军达到三万多人后,深感事态严峻,又将营寨迁移到朱阳县五里川,并派兵火速向岳飞求救。

在邓州,敌人集结重兵于镇汝军,从十一月初发动进攻。在唐州,十一月初,刘豫之弟刘复于唐州北部的何家寨调集金和伪齐的大部队,直犯襄阳府。这一支显然是敌军的主力部队。

在信阳军,十一月六日,敌人发起进攻,统制崔邦弼派兵迎击,将敌军击退。

总之,从北到南,在岳家军的整个防区,岳家军的少量前沿部队与敌军全面交

---

① 军队高级指挥官。

火。

二、第三次北伐的过程

岳飞率军刚返回鄂州,就收到前沿各地送来的加急军情警报,虽然眼病没有完全治好,还是于十一月十五日夜率军急渡大江,前去迎敌。

在虢州,寇成兵和援兵一起,击败敌人。但是,他违反岳飞不许杀死俘虏的政策,杀死五百名战俘,受到岳飞的责备和弹劾。

在邓州,张宪率领的一万兵马迎击伪齐的几万人。相持两天后,张宪和郝晸、杨再兴等将领实施饵兵之计。敌军果然中计,被岳家军前后夹攻,一千人当了俘虏。岳家军夺得战马五百余匹,伪齐残兵逃回西京河南府。

在唐州,牛皋率领的八千步兵,杀死伪齐大将马汝翼,俘虏敌军一千人,夺得战马三百多匹。

十一月十日,进犯襄阳府的伪齐主力部队,兵力几乎是王贵所率领军队的十倍,却不堪一击,被王贵率领的军队杀得尸横遍野,刘復一人狼狈而逃。等到岳飞率援军到达战争前沿时,王贵的追兵已攻入伪齐控制的蔡州境内。

岳飞考虑到再次大举深入的准备还不充分,且这一带地区又是伪齐政权的腹地,守备一定很严,于是决定先进军蔡州,如能攻占蔡州城,则相机夺取,布置完防务,再行班师。

岳飞领兵两万前往蔡州,其中一线战斗人员一万四千人,非战斗人员六千人,共准备了十日口粮,牛皋、董先的军队也先后赶来。到达之后,岳飞亲自侦察敌情,只见城壁严整,城壕既深且宽,城上竖立黑旗(金军和伪齐军军旗颜色),却不见守军。岳家军一有攻城的动作,城墙上马上有轰轰隆隆的人的跑步声和马的嘶鸣声;岳家军一停止攻城,城墙上马上不见任何声音。显然,这是一座守备坚固的要塞,且守军如逃过了无数次鱼钩的大鱼一样,非常狡猾,也非常有经验。岳家军一时不可能强攻拿下。由于所带粮食无法维持旷日持久的战斗,岳飞当机立断,下令撤军。

蔡州城确是伪齐布置的陷阱,李成、李序、商元、孔彦舟、王彦先、贾潭等十个将领已带兵在附近埋伏,准备在岳家军攻城遇挫之后,立即进行围歼;且刘豫准备了丰厚的奖励,准备论功行赏。

岳家军主动撤兵,李成以为有机可乘,企图堵截岳家军的归路。但是,岳家军三番五次使出回马枪。特别是在一个叫牛蹄的地方,岳飞亲自指挥实施回马枪,俘虏伪齐几十员将领,几千名兵士,还夺得战马三千匹。

岳飞按照诏令将俘虏的伪齐武将押解到高宗临时驻扎的平江府(今江苏省苏州市),却将被俘的兵士全部释放,并发给他们铜钱,作为回家的路费。临走之前,岳飞亲自给他们训话:

"你们原本都是中原地区善良的百姓,国家赤子,不幸被刘豫驱使,为他卖命。现在朝廷释放你们,你们回去与家人团圆,见到中原的百姓后,一定告诉他们朝廷的大恩大德,等到大军收复故土之时,各率豪杰,响应官军。"

俘虏们高兴地回去。这种正确的战俘政策,取得了良好的社会效果。

岳家军的第三次北伐,其规模和声势,都比前两次要小;但是,淮西战场有刘光世、张俊和杨沂中三支部队,与岳家军配合作战,所以,加上他们的军队,规模也还可以;而从商州到信阳军,漫长的战线,辽阔的地面,基本上只有岳家军单独作战。而岳家军的少数前沿部队,承受金和伪齐大军的突然袭击后,并没有很快溃散或者撤退,而是在大部队到达之后,很快由守转攻,显示了这支雄师的成熟和强大的战斗力。

第三次北伐结束后,王贵和牛皋分别晋升为正任的棣州防御使、龙神卫四厢都指挥使和建州观察使。

朝廷也对岳飞做出嘉奖,绍兴七年(公元1137年)二月二十五日,特擢升岳飞为正二品太尉,军职由湖北京西路宣抚副使升为宣抚使。

第四节　靖康耻，犹未雪

一、第四次北伐的背景

绍兴七年(公元1137年，金熙宗天会三年)十一月，金国废掉伪齐傀儡政权之后，宋金之间没有了缓冲力量和缓冲地带，重新回到双方直接对峙的格局中。

伪齐被废的原因很多。但是，岳飞的离间之计也起到了一定的作用。

女真贵族内部，从立刘豫伪政权开始，就存在矛盾。随着利益争夺的尖锐化，完颜宗翰(粘罕)集团支持刘豫，完颜宗弼集团则极力主张早日废掉刘豫，由金国直接统治伪齐控制区。

岳飞获悉该方面情报后，认为可以施展离间之计，借金人之手，除掉刘豫。正好完颜宗弼派来刺探岳家军情报的一名间谍被抓住，岳飞决定利用他做文章。士兵将该间谍带进岳飞军帐后，岳飞屏退身边的卫兵，看了看他，惊讶地说道：

"你不是张斌吗？我以前派你带蜡书到齐国给刘豫，约定把四太子兀术给诱出来，然后合力杀掉他。你一直不回来，我以为你被对方抓住了，只好又派其他人去。

已经与刘豫约好,今年冬天以联合渡江南下进攻南宋为名,将四太子诱到清河。原来你没有死,而且又成了四太子的间谍,看来四太子给你的钱不少啊!你为什么背叛?你知道背叛的惩罚吗?杀!杀!杀!"

岳飞生气地连喊三个杀字,间谍吓得脸色煞白,连声喊饶命,并承认自己是张斌。

岳飞于是又做了一份蜡书,然后对间谍说道:

"去年八月,我穷力猛攻刘豫的军队,四太子已经不再怀疑他,合兵杀掉四太子应该没有问题了。事情结束后,大宋与齐国结成兄弟之国。你本来应该被处死,但是我饶你一命,再派你去齐国,约定合兵的准确时间。你就是死了,也要完成这个任务!"

于是岳飞拿出军刀,在间谍大腿上割了个口子,将蜡书放进去,然后缝好。又给了他一大笔钱,交代他一定保守秘密,然后让他出去。他刚出去,岳飞又把他叫进来,又给了他一笔钱,又反复给他交代了几遍,然后让他走了。

间谍见到完颜宗弼后,将蜡书拿出来,完颜宗弼大吃一惊,赶忙上奏金朝皇帝,请求马上抓住刘豫,废掉伪齐。

伪齐被废之后,原先伪齐统治区的老百姓以及伪齐的官吏和将士,不能不产生疑虑,因为此后必将处于女真贵族的直接统治之下,汉人传统的衣服、发式、礼仪等必将被强迫更换,低人一等的滋味不是好受的,河朔地区的汉人民众早已经饱受此种滋味的煎熬。因此,有些人的故国之思马上被搅动。伪齐知临汝军(今河南省新蔡县)崔虎、知蔡州(今河南省汝阳县)刘永寿率领人马投奔岳家军,使岳飞进军中原的雄心进一步勃发。但是,岳飞很清楚,南宋政权最高层对于金国的政策,只能是屈辱求和,自己如果此时提出北伐,他们一定不会同意。所以,此期只能为未来不确定时期的北伐做准备,而最重要的准备就是让政府同意扩充岳家军的兵力。

绍兴八年(公元1138年)正月上旬,岳飞上书朝廷,指出岳家军的防区太大,一旦金军南下,难以全面防护,请求增加岳家军的兵力。

当然,上一年发生的合并刘光世淮西军引起的风波,岳飞没有忘记,高宗更没有忘记。接到岳飞的上奏后，高宗严肃地对左右大臣说道：

"岳飞军队的防区诚然很辽阔，但是，我宁愿缩小他的防区，也不能再扩充他的兵力，以免形成尾大不掉之势。"

高宗念念不忘的还是时刻防范武将的祖宗家法。

岳飞接到朝廷不同意增加兵力的回复后，随即给刚刚上任的枢密副使王庶写了一道咨目，义无反顾地表示：

"今年若不出兵北伐，我就交还节度使的仪仗，到庐山赋闲去。"

此言自然反映了岳飞的单纯质直——为了实现收复失地的宏愿，完全不考虑赵宋王朝时刻防范武将的祖宗家法。他以为大敌当前，应该一切服务于收复失地的大业。精于谋事，拙于谋身，这就是岳飞的性格。

金国在废掉伪齐政权后，随即将此前前去交涉归还宋徽宗灵柩的使臣王伦等放回。临行之前，完颜昌让他们转告赵构，只要对金国表示屈服，不但宋徽宗的灵柩可以归还，赵构的生母韦氏也可以归还，刘豫昔日所控制的黄河以南地区也可以归还。

王伦归国后将此消息告诉高宗后，高宗非常高兴，好好赏赐了王伦。父亲的灵柩和母亲韦氏的回归，是他每次派遣使节出使金国时，首先交代的和约条件。他要让国人都知道，他是个大孝子。当初接到父亲去世的消息后，他一度晕了过去，多少天都没有好好吃饭，人也变得消瘦。

仅仅隔了一天，高宗就急不可耐地派王伦再度出使金国。他生怕金国变卦，也借此向金国表示，完全可以屈服。

王伦到了金国后，向女真贵族传达了赵构求和的诚意。五月，金国派遣乌陵思谋和石庆作为回报使臣，前往南宋，商议和谈的具体事宜。

南宋朝廷内部，大多臣僚从此前和金国打交道的教训出发，认为女真贵族反复无常，本性极其贪婪，主动提出和谈，绝对不可信。但是，高宗屈辱求和的决心像磐石一样不可动摇。对于臣僚们的反对意见，他要么严词拒绝，要么大发脾气，甚至骂臣僚不理解自己的孝心；一点也没有君王应该有的气度。

金国使臣乌陵思谋和石庆二人，完全以战胜国对待战败国的姿态出现，一不肯交出携带的外交文书，二不肯到宰相们办公的都堂去同宰执们商谈，而要宰相到他们居住的宾馆商谈。宰执们好歹守住了底线，坚决不答应这个条件。一直僵持到出使的时间快要到期了，他俩才很不情愿地到都堂去了。

先是宰执们和乌陵思谋二人会谈，确定了面见高宗的时间和仪式；可见了高宗之后，乌陵思谋和石庆二人，根本不把赵构放在眼里，一副倨傲的姿态，赵构也无可奈何。虽然递交了外交文书，但要求赵构当场表态。在宰执们的耐心劝说甚至祈求之下，乌陵思谋二人才表示南宋朝廷必须尽快做出决定，然后告诉他们。

金朝方面的讲和条件主要包括如下内容：

第一，金国同意归还宋徽宗的灵柩及宋钦宗等人；

第二，同意让赵构的生母韦氏回到南宋；

第三，把原属刘豫控制的黄河以南地区归还南宋。

这三项内容对于南宋君臣而言，当然是求之不得的事情。

但是，先决条件有两个：

第一，南宋向金称臣纳贡；

第二，赵构自动取消帝号和国号，成为金国的藩属国。

这两个先决条件，对于南宋而言，羞辱到了极致，大多臣僚都表示强烈反对。但是赵构和秦桧坚决表示同意，乌陵思谋二人于是满意而归。当然，这两个先决条件只有赵构和极少数臣僚知道，在后来的和约执行过程中，却完全表现出来。专制政治时代，愚民政策，有其永远的无穷的魅力。

乌陵思谋二人回到金国之后，女真贵族很快批准了和约，他们实现了通过战争手段不能实现的梦想。

当年十一月，金国派遣张通古和萧哲二人出使南宋。张通古的头衔是诏谕江南使，南宋的国号变成了江南，这是宋太祖时候对南唐①的用语；萧哲的头衔是明威将军。这两个头衔对南宋极尽侮辱之能事。金国使臣进入南宋境内后，南宋官员必须跪拜迎接；进入临安之后，赵构必须脱下黄袍，改穿大臣服装，拜受诏命。

聪明的赵构自然知道赵宋初期，太祖和太宗加给南唐的屈辱性称呼。祖宗们没有料到，因果报应，"江南"二字，后代子孙又接过来了。可不接过来怎么办呢？不就是国号嘛，有没有都行。帝号也一样，有没有也都行，又不妨碍自己照样花天酒地地享受，又没有像秦二世、汉献帝、隋炀帝那样做亡国之君。对了，父亲也是亡国之君。不，父亲不是，我续上了，天佑赵宋，我还让国家"中兴"了，秦桧他们不是一直喊我是"中兴之君"吗？像光武帝刘秀，像唐肃宗李亨，可李亨对父亲却有点不孝。而我马上要将父亲的灵柩接回来了，母亲也要回来了，我可是大孝呀！我以后可以就这个话题，和岳飞有共同语言了。想到这点，高宗愈加肯定自己的做法，愈加肯定秦桧这些坚决主张议和的臣僚。

面对如此羞辱的种种行为，绝大多数臣僚甚至普通民众都表示强烈反对和抗议。但是，赵构和秦桧还是接受了这种羞辱的礼节。面对举国上下的愤怒之语，秦桧竟然厚颜无耻地说道：

"为了国家大业，我死都不避，还怕这点怨谤之语吗？"

秦桧又老调重弹地说起自己在靖康围城中的英勇行为，尽管众人早就听腻了。

在这件事情上，岳飞的态度如何，现存史料没有记载，原因估计有两个，其一，身处鄂州军营的岳飞，所得到的消息自然都是传闻，无法核实，不便表态；其二，在立储问题上，高宗对他的训斥之语，言犹在耳，不能不让性格单纯、质直的岳飞有所顾忌。所以，岳飞准备等到获悉确切的消息后，再亮明自己的态度。

---

① 五代十国时期十国中的一国，疆域主要包括今江西、安徽、江苏、福建、湖北和湖南等省的一部分。 亡国之君是广为人知的李煜。

二、第四次北伐的过程

绍兴九年（公元 1139 年，金熙宗天眷二年），金国内部以右副元帅完颜宗弼为首的主战派，杀死包括左副元帅完颜昌在内的主和派，很快撕毁与南宋签订的和约，准备率军大举南下。

完颜宗弼先以阅兵为名，将各部兵力调集到驻扎于祁州（治蒲阴，今河北省安国市）的元帅府，且改变秋、冬季发动攻势的惯例，转而在盛夏用兵。此番举动，自然有孤注一掷的含义。

绍兴十年（公元 1140 年）五月，金军分四路南下，元帅右监军完颜杲攻打陕西，李成率军夺取西京河南府，完颜宗弼则亲率主力，突入东京开封府，聂黎孛堇率兵进攻京东路。金军骑兵以疾风骤雨般的攻势，很快占领还未设防的黄河以南各州县。南宋官员或望风而逃，或不战而降，只有少数人率领军民奋起抵抗。

岳飞获悉金国撕毁和约的消息后，一来愤怒，怒的是女真贵族和议墨迹未干，就撕毁了和约；二来欢喜，喜的是终于有了出兵的理由。岳飞连忙发公文通知各大军区，准备北伐。

岳家军主力在鄂州整整被羁束了三年。岳飞尽管心里面一直觉得很憋屈，可也很无奈。但是，他坚信，总会盼来收复失地的时机，因为虎狼之国的金国怎么会信守一纸和约呢？女真奴隶主贪婪的本性永远不会改变。

无仗可打，绝对不等于无事可做。不仅要做事，而且要为未来的大事做精心的准备。所以，这三年期间，岳飞十分注重对部队进行最严格的实战训练。他自己擅长左右开弓，也教战士必须学会左右开弓；全军将士都必须身披重铠，苦练冲陡坡、跳壕堑、爬云梯等关键战斗动作。

由于薛弼调走，朝廷委派朱芾为岳飞宣抚司新任参谋官。高宗和秦桧的本意，是要朱芾充当他们的耳目,密切监视岳飞及其他重要将领,在军中贯彻朝廷的意图。然而朱芾在和岳飞接触了一段后,却被他的人格魅力所吸引,时刻感觉岳飞身上有其他高级将领没有的可贵的东西,比如他真挚的忠君报国的思想和行动,联结河朔的远谋,平易近人的品质。朱芾反而和岳飞情投意合,他积极参与军事谋划,也成为岳飞的得力助手。

从前因惧怕而不隶属岳飞的赵秉渊,此时也成了岳家军的胜捷军统制。绍兴四年(1134年)冬,当金和伪齐联军南犯之时,赵秉渊从和州(治历阳,今安徽和县)出逃,部下则纵火大掠,他为此受到贬官降秩的处分。岳飞当年则因为醉酒痛打赵秉渊,受到高宗的训诫,心里也颇感内疚。两件事叠加在一起,导致赵秉渊到来后,一直惶恐不安。岳飞则及时做他的思想工作,勉励他放下历史的包袱,用战功洗刷过去的耻辱;自己又就过去的行为,向赵秉渊道歉。

宋军抗击金军,事实上划分成三个战场:

一、负责西部战场的主要是行营右护军的部队,由于四川宣抚使吴玠已经病逝,改由文臣出身的川、陕宣抚副使胡世将主持军务,统辖行营右护军都统制吴璘,川、陕宣抚司都统制杨政和枢密院都统制郭浩三支大军。金军占据陕西大部后,双方军队处于相持状态,互有胜负,都未能给对手以沉重的打击。

二、东部战场的宋军主帅是京东、淮东路宣抚处置使韩世忠。

韩世忠首先命统制王胜等攻取海州(治朐山,今江苏省连云港市西),自己则亲自率领军队在淮阳军(治下邳,今江苏省下邳县)附近的泇口镇、潭城、千秋湖陵等地击败敌人。然而金军防守严密的下邳城,却久攻不克。

三、对此次宋金战争全局起决定性作用的是中部战场,一方是都元帅完颜宗弼指挥的金军主力,另一方则是岳飞、张俊和刘锜的三支大军。

刘锜(公元1098年—公元1162年),字信叔,德顺军(今甘肃省静宁县)人,曾经参加过北宋与西夏的战争,所率领的军队为西夏军所畏服。

按照岳飞制订的反攻计划,十万岳家军分成奇兵、正兵和守兵三个部分。

奇兵负责深入金军的后方,依托北方抗金义军,打游击战,骚扰金军的后方,使其不敢大胆南下;同时负责收集情报,侦察敌情;京东路的一支由李宝和孙彦指挥,从海陆两路打击金军;河北西路的一支由梁兴、赵雲和李进统领,深入太行山区;河东路的一支由董荣、牛显和张峪统领,奔赴太岳山区。

正兵是负责作战的正规军。西路由武赳率领郝义等将领,带领轻兵,攻打虢州,与陕州"忠义军兵"首领吴琦、商州知州邵隆的军队互相配合,切断完颜宗弼和完颜杲两支金军的联系,岳家军主力和金军作战时,他们负责掩护岳家军的后背;东路由岳飞亲自统率重兵,向辽阔的京西路平原地区挺进,前锋还是贯打头阵的张宪和姚政的部队,他们先率军紧急驰援刘锜。

后方守兵自然包括全体水军。危急时刻,岳家军一度接管了从江州(今江西省九江市)到池州(今安徽省池州市)的江防,负责湖北、江西以至江东三路的安全。

为了激励岳飞,宋高宗将岳飞由从一品的开府仪同三司晋升为正一品的少保。当时太师、太傅和太保合称"三公",少师、少傅和少保合称"三孤"或"三少",这样岳飞的官位已跻入三孤的最低一阶。当时岳飞虚岁三十七,可谓殊荣之誉。但岳飞还是真诚地向高宗提出辞呈,他上奏说:

"忠臣之事君,有多大功受多大赏,有多大能力就接受多大的官职,不可为了爵禄而有非分的行为。况且大军刚刚出师,事功未著,寸功未立,就授予我这么高的荣誉,委实不安。臣将同士卒同甘共苦,以恩威并施的手段来驾驭将领,希望能够立下尺寸之功,来报答君父的美德。"

岳飞表示等收复燕雲之后,再接受君王的恩赐。

岳飞虽然如此热衷于收复失地,但是对功名富贵却非常淡泊。庐山东林寺的慧海和尚,早已和岳飞互为知己。出征之前,岳飞给慧海寄诗一首,题为《寄浮图慧海》,以表心意:

溢浦庐山几度秋,长江万折向东流。

男儿立志扶王室,圣主专师灭虏酋。

功业要刊燕石上,归休终伴赤松游。

丁宁寄语东林老,莲社从今着力修。

他预料此次北伐一定成功,故嘱托慧海和尚为自己预先办理退隐后的事宜。

中部战场的第一场恶仗在顺昌府(治汝阴,今安徽省阜阳市)打响。绍兴十年(公元1140年)五月,刘锜率军北上途经京西路时,得到金军败盟南犯的急报。刘锜急忙率军进驻顺昌府,和顺昌府的军民一起,修筑防御工事,积极备战;金军源源不断地拥向顺昌府,但进攻屡遭挫败。五、六月之交,完颜宗弼亲率十多万大军前来,双方兵力众寡悬殊。刘锜军的基干是十多年前威震太行的八字军,王彦病死后,此军归刘锜指挥,他们拥有丰富的战斗经验,士气高昂。刘锜军身处险境,但他深知只能犯死求生,激励将士们誓与顺昌共存亡。刘锜军终于打败了金朝最精锐的骑兵部队,此战金军死五千多人,伤一万多人,战马死三千多匹,完颜宗弼狼狈逃回开封。

顺昌大战开始时,高宗深怕刘锜一军被歼,故催促岳飞派兵火速前去增援,不能有片刻迟缓。但是,顺昌大捷之后,高宗又不愿让岳飞乘机北伐,命令岳飞重兵持守,规定光州和蔡州一线为岳飞进军的极限;不但黄河以北,就是黄河以南、秦岭和淮河以北的土地,也不打算收回。很明显,宋高宗准备以历史上惯常的秦岭、淮河一线,作为和金国的国界线。

高宗和秦桧等人,虽然也常常把收复失地挂在嘴上,但内心早就厌倦了战争,只希望苟且偷安。定都临安后,西湖的美景,精美的饮食,一年四季舒服的天气,早就让高宗沉醉。更何况赵构完全继承了徽宗赵佶的基因,喜欢美色、喜欢艺术,尽管在艺术上永远达不到乃父的水平。

难怪后来有人作诗嘲讽:

山外青山楼外楼,
西湖歌舞几时休?
暖风熏得游人醉,

直把杭州作汴州。

嘲讽又如何,姑且装聋作哑;再有说话尖锐的文人,关他几个、流放几个,立马让他们闭嘴。

金军大规模南下,南宋命悬一线,必须抵抗,否则偏安难保;一旦金军进攻受挫,南宋则马上收兵,"见好就收",唯恐金军卷土重来,再度发动更大规模的进攻。

南宋军队的战斗力较之金军,有明显的差距,只可用于防御,千万不可用于主动进攻。这就是高宗、秦桧等主和派一以贯之的观点。

以战促和、以战求和、以战保和,是宋高宗对金外交的基本方针。

六月下旬,朝廷特遣司农少卿李若虚来到鄂州,传达高宗的旨意。当时岳飞已率大军北上,李若虚追到德安府(治安陆,今湖北省安陆市),方与岳飞见面。岳飞见到前任参议官,本是很高兴的事;然而听了李若虚"兵不可轻动,宜且班师"的旨意后,顿时勃然大怒,据理力争,一再强调此时正是收复失地的大好时机,战机稍纵即逝,岂容错过。李若虚本来就是违心地执行高宗的旨意,此番又被岳飞的大义行为所打动,毅然承担了"矫诏之罪",坚决支持北伐。

完颜宗弼败于顺昌府后,与龙虎大王完颜突合速率军退回开封府,大将韩常率军守卫颍昌府(治今河南省许昌市),翟将军①守卫淮宁府(治今河南省淮阳县),三路都统完颜阿鲁补守卫应天府(治今河南省商丘市),企图以颍昌、淮宁、应天三府作为开封府的前沿屏障,开封府作为后盾,完颜宗弼居中指挥和调度。

针对金军的战略部署,岳飞决定主力军的第一步战略目标,是扫荡开封府的外围三府。

六月初,按照高宗救援顺昌府的诏令,张宪和姚政率前军与游奕军直抵光州,向东北方的顺昌府方向疾进。由于顺昌府已经于十二日解围,张宪又挥兵折向西北,袭取第三次北伐未能攻下的蔡州,顺利攻下蔡州。岳家军的北伐旗开得胜。岳

---

① 这位翟姓将军在史书上未留下名字。

飞随即派马羽率兵镇守蔡州。

牛皋的左军也接着出战。十三日,兵锋直指汝州,接下来再度攻克他的故乡鲁山县,又挥师东向,同大军会合。

二十三日,统领孙显在蔡州和淮宁府之间,对淮宁府作了一次试探性的进攻,打败金军千夫长裴满的部队。

闰六月,岳家军经过集结和周密的准备后,发起了猛烈的攻势。

十九日,张宪指挥傅选等将领,在离颍昌府四十宋里的地方,打败金军精锐韩常的部队,二十日占领颍昌城。

建炎四年(公元1130年)的宋、金富平(今陕西省富平县)之战中,完颜宗弼身陷重围。韩常的一只眼睛被流矢击中。他一把拔出箭矢,又随手抓起一把土,塞住鲜血直流的眼睛,跃马横冲直撞,如入无人之境。在他的勇猛行为影响下,金军得以突破包围圈并击败宋军。

张宪留下董先的踏白军和姚政的游奕军驻守颍昌府城,自己又会同牛皋、徐庆率领的军队,乘胜东进淮宁府。二十四日中午,在淮宁府城外十五宋里的地方,击败翟将军率领的兵马和开封府派来的援军,顺利占据淮宁府城。这是岳家军此次北伐以来,与金军第一次大规模的交战。金将王太保等人被俘,岳家军还缴获一批战马。

二十五日上午,踏白军统制董先获悉金军自长葛县(今河南长葛市)来犯,即同游奕军统制姚政出城迎战。在城北的七里店,金酋镇国大王、韩常和邪也孛堇率领的六千多骑兵,摆开阵势,准备决战。有了来自开封府的金军的增援,韩常企图夺回颍昌府城。董先和姚政率部分骑兵直捣敌阵,激战一个时辰,金军败退。

拱卫开封府的三个战略要地,眨眼间被岳家军拔掉了两个,剩下一个应天府是张俊军的作战区,而张俊早已奉朝命撤军。

尽管开封府的门户业已洞开,岳家军还是继续执行扫除外围的计划。岳飞期待张俊和刘锜两军尽快北上,以便形成对东京的包围之势,与完颜宗弼的大军在东京城下决战,以血还血,以牙还牙。

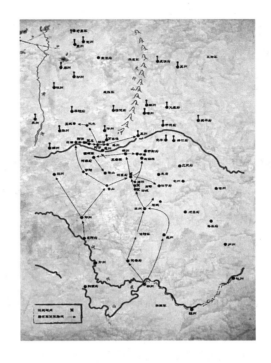

岳家军第四次北伐路线图

张宪率军收复了开封府以南地区,战果辉煌。王贵则率领部分队伍,接着向开封府以西的地区进军;二十五日,王贵派遣的将官杨成等率兵前往郑州(今河南省郑州市),金军万夫长漫独化带五千骑兵出城迎战,岳家军一鼓作气,攻克郑州;二十九日,准备将刘政又率兵突入开封府的中牟县(今河南省中牟县),夜袭漫独化的营寨,岳家军杀死很多敌人,漫独化生死不明。

中军副统制郝晸率领骑兵,直指西京。驻守西京的岳家军的老对手李成,手下有一万多人马,其中七千多女真兵,五千多匹战马。七月一日,李成派几千骑兵前来挑战,郝晸命将官张应和韩清指挥骑兵迎头痛击,一直追杀到西京城下,郝晸也率领后续军队赶到,李成见势不妙,连夜弃城狂逃。

李兴和苏坚率领部队攻占西京河南府所属的另外五个县,又在河清县(今河南孟津县东北)打败金军,并收复汝州城。

　　不足半个月，岳家军顺利完成了扫清开封府外围的作战任务。

　　七月初，金朝都元帅完颜宗弼得知张俊和王德的军队都已经南撤，岳家军处于孤军深入的状态时，决定集中优势兵力，直扑郾城（今河南省郾城县）岳家军的司令部，消灭岳家军的指挥机关，置岳家军于死地，因为当时岳家军驻防郾城的兵力并不多。八日，完颜宗弼率领精锐骑兵一万五千多人抵达距郾城县只有二十多宋里的地方。当时岳飞麾下只有背嵬军和一部分游奕军。岳飞深知这是一场前所未有的恶战，但是他坚信岳家军的将士能够经受住严峻的考验，能够战胜凶猛的敌人；于是首先命令岳雲率领背嵬军和游奕骑兵，出城迎击。岳飞对岳雲说道：

　　"必须打胜，否则，首先杀了你！"

　　岳雲听后，给岳飞行了个军礼并微微一笑。知子莫若父，岳飞自然知道这微微一笑的含义。于是，也回以微微一笑，随即挥挥手，示意岳雲马上出兵。岳雲随即飞身上马，眨眼间，一股黄尘扬起，人已不见踪影。

　　岳家军的骑兵经过多年的发展，骑兵的数量和战斗力都远远超过韩世忠、张俊的军队，这也是岳飞高瞻远瞩的地方。

　　当天下午，双方的骑兵开始激烈的鏖战。岳雲舞动两杆铁锥枪，率军直冲敌阵。在平原旷野上横冲直撞，本是女真骑兵的长技，这次骑兵会战，在宋、金战争中尚属首次，也是郾城之战的特点。

　　岳雲的骑兵经过第一个回合的战斗，打败敌骑的第一次冲锋后，旋即开始第二回合的战斗。杨再兴为了活捉完颜宗弼，单骑冲入敌阵，杀死金军将士近百名，他自己也身中数十枪，仍然坚持战斗。

　　战斗进入最激烈的时刻，为了鼓舞士气，岳飞亲率四十名骑兵来到阵前，准备投入战斗。负责全军训练的霍坚急忙上前挽住他的战马，说道：

　　"相公是国家重臣，安危所系，不可轻敌！"

　　岳飞用马鞭抽了一下霍坚的手，厉声说道：

　　"你知道什么！"

　　于是扬鞭跃马驰于敌人阵前。将士们看到岳飞亲自出马，士气倍增。

　　女真骑兵的特点是能够坚忍不拔地进行战斗,一次失利之后,稍加整顿,再次发动攻击。然而岳家军与金军持续交锋了几十个回合后,也毫无倦色。

　　完颜宗弼眼见骑兵会战不能取胜,于是下令将重甲骑兵投入战斗,作最后一搏。重甲骑兵俗称"铁浮图"①,人和马容易受攻击的部位,都裹着厚厚的铠甲,只露着眼睛、鼻子和嘴巴,向前进攻时排成一大排,像一堵墙一样往前冲。

　　以前南宋的步兵,一见这样的重甲骑兵,顿时就产生了强烈的恐惧情绪。后来韩世忠的部队首先摸索对付"铁浮图"的办法,逐渐发现了"铁浮图"的缺点:人和马裹上厚厚的铠甲后,由于重量的陡然增加,人和马的动作都变得有点慢。于是积累出了对付"铁浮图"的经验:步兵上阵后,拿着长柄麻扎刀,几人一组,一部分人专砍马足,另一部分人专劈骑兵。这套战法,平常经过反复的实战演练,在此前的战斗中屡屡奏效。只不过这一次完颜宗弼孤注一掷,派出的"铁浮图"骑兵多一些,妄图以多取胜。岂料岳家军的步兵早就把对付"铁浮图"的战术练得精熟,在此战役中,不但杀死不少重甲骑兵的头领,还夺得二百余匹战马。

　　高宗和秦桧等主和派一味宣传的步兵面对"铁浮图"只能吃亏的论调,显然有误。

　　完颜宗弼不甘心失败,隔了一天,又进行反扑。十日下午,金军骑兵一千多人,作为前锋,径犯郾城县北的五里店,后边烟尘漫天,不知有多少后续兵力。岳飞当即率领骑兵出城,并差背嵬军将官王刚,带五十名背嵬军,前往侦察。

　　王刚等到达五里店后,见金军已摆好阵势,其间有个身穿紫袍的敌将,王刚根据以往的经验,判断此人应该是一员高级将领,于是挥舞兵刃,率先冲了上去,众人一拥而上,首先把这名金将砍死。经历了前天战败的金军,其实士气已经严重低落,一千多名敌骑马上作鸟兽散。王刚以五十余骑杀退金军一千多骑后,又乘胜追赶了二十多宋里,凯旋。

――――――――――――――

　　① 岳珂的《鄂国金佗稡编续编》一书记载,将这样的战马用皮绳连接起来,三匹为一组。后来的书籍大多沿袭这种非常错误的记载。乾隆皇帝看到后,专门写文批驳。他指出马的优点就是行动敏捷,横冲直撞;三匹连为一组,岂不是作茧自缚。

郾城之战的胜利,说明南宋的骑兵,在大规模的作战中,同样可以战胜金军。这不能不让所有的南宋将士、南宋民众深受鼓舞。朝廷不得不在诏令中,高度评价岳飞和岳家军:

"自金军南下,至今十五年,我师临阵作战,次数上百。从未听说孤军深入之后,面对以骑兵为主的强敌,在平原旷野之中,陷阵摧坚,义无反顾,百折不挠,终致丑类望风而逃。"

完颜宗弼惨败之后,仍想作最后的挽救,派大军插入郾城县和颍昌府之间的临颍县(今河南省临颍县),妄图切断岳飞和王贵两军的联系。

岳飞手下兵力不多,不能立即向临颍县发动进攻。十三日,张宪奉命率领背嵬军、游奕军、前军,还有其他一些军组成的雄厚兵力,挺进临颍县,与完颜宗弼大军决战。

杨再兴等率领三百骑兵作为前哨,他们抵达临颍县南的小商桥时,与金方大军猝然相遇。尽管众寡悬殊,杨再兴也毫无惧色,率三百骑兵与金军骑兵进行了殊死的战斗,最终与三百将士全部战死。战斗结束后,岳家军找到杨再兴的尸体,焚化以后,竟得箭镞两升。

金军也付出了惨重的代价,光被杀的即有两千余人,包括万夫长撒八、千夫长、百夫长、五十夫长等百余人。

十四日天亮以后,张宪率领的大部队,直逼临颍县,扫荡金军,一直追过县城三十多宋里。但完颜宗弼早已转移,只留下八千金兵戍守临颍县,而自己带领主力军转攻颍昌府。

颍昌府在当天也展开了大会战。完颜宗弼率领韩常等悍将,以三万多骑兵,在城西列阵,十万名步兵也陆续到达战场。

戍守颍昌府的岳家军共有五个军,但都不满员,显然又是一场以少对多的恶仗。

二十二岁的岳云率领八百名背嵬军骑士,首先驰击金军,两军苦战了几十个回合,依然难分胜负。岳云前后十多次冲入敌阵,身受百余处创伤,"人为血人,马为血马",最危险的时刻,连宿将王贵也露出怯战情绪。此刻的动摇,极有可能导致兵败如山倒的结局。岳雲马上用坚定的语气和眼光及手势,及时制止了王贵的动摇。到了正午时分,守城的董先和胡清见到双方难以分出胜负,于是率领踏白军和选锋军,出城增援,战局很快得以扭转,完颜宗弼全军溃败。

颍昌大捷的战果更加辉煌。岳家军杀敌五千多人,俘敌两千多人,缴获战马三千多匹,完颜宗弼的女婿(统军使、金吾卫上将军、万夫长)也被当阵杀死,另有七十八名敌将被杀死。完颜宗弼气得嗷嗷直叫。

郾城和颍昌战役,是岳家军第四次北伐中的关键之战。在孤军深入的险境中,岳家军依靠岳飞精湛的指挥,将士们饱满的忠君报国的情怀,舍身赴死的勇气,击败了金军的精锐兵力。

收复失地的曙光,已经出现。

绍兴十年(公元1140年)以前,金军主力部队,并没有和岳家军主力部队进行过真正的大规模的较量,此次才真正领教了岳家军的战斗力。金军中从此开始流传一句既佩服又恐惧的话:

"撼山易,撼岳家军难!"

他们不得不承认,这是一支排山倒海般的部队,一支战无不胜的部队,一支让金军闻之胆寒的部队。

此时,刘锜的援军出发了,可惜并非全军,只是由雷仲和柳倪指挥的数千步兵的偏师。他们按刘锜指令,没有奔赴岳家军和金军正在鏖战的战场,而是直奔开封府南部的太康县。由于岳家军已经击溃了敌军,他们到达太康县后,不见金军的踪影,即行撤回。其实,趁完颜宗弼的大军倾巢而出的大好时机,刘锜的主力部队乘机直捣兵力空虚的开封,才是积极进取的军事谋略。然而在赵宋早已形成的保守的消极防御的传统军事思维定式的影响下,刘锜似乎根本未作此考虑,他不折不扣地执行"牵制"金军的任务。

在岳家军和北方抗金义军的联合打击下,金军锐气丧尽,军心涣散。都元帅完颜宗弼仍然企图在北方强行签军,却再也难以抓到兵夫,于是哀叹道:

"我自起兵以来,没有像今日这样屡吃败仗!"

一些金军的将士,干脆主动率部投诚,就连悍将韩常,也派密使向岳飞请降。岳飞派部将贾兴回报韩常,表示允许。

捷报频传,岳飞再也掩饰不住内心的高兴,对将士们大声说道:

"收复东京之后,渡过黄河,继续进兵,直捣黄龙府,与诸君痛饮庆功酒!"

将士们也是兴高采烈,马上就要攻克东京了,岂能不高兴。

岳飞一直担心各支大军不能协同作战,影响战局,如今则胜券在握,再也不用担心了。

经过三天的休整,岳家军开始向开封府进兵。七月十八日,驻临颍县的张宪军队,连同徐庆、李山、傅选、寇成几个统制率领的军队,向东北方向进发,路上遭遇金军六千骑兵,占有绝对优势的岳家军很快将金军击败。王贵也自颍昌府发兵,老将牛皋率领左军,从不同方向扑向开封金军最后的门户朱仙镇。

完颜宗弼不甘心失败,集结了十万大军,驻扎于开封府城西南四十五宋里的朱仙镇,企图背水一战。岳家军的前哨、五百背嵬军铁骑首先抵达朱仙镇,双方第一次交锋,女真骑兵即落荒而逃。屡战屡败之后,金军骑兵终于落到不堪一击的地步。

完颜宗弼此时只剩最后一条路,放弃开封府,渡河北逃。

金军以骑兵为主,秋高马肥的季节,天气不热不冷,是金军最喜欢的作战时间;南宋军队以步兵为主,自然不喜欢这个季节和金军主力作战。而岳家军此次作战,打破常规,在女真骑兵最喜欢的时节、最熟悉的地区,大败金军。

岳飞不禁想起十二年前的往事,被迫跟随杜充的军队撤离东京,慌不择路的逃难百姓和兵败如山倒的军队夹杂在一起,宛如决堤的洪流,漫无边际。岳飞当时做梦也没有想到,还会打回来,而且是由自己率领大军收复东京。

岳飞于是轻轻地哼起了自己以前作的那首《满江红·怒发冲冠》:

怒发冲冠,凭阑处、潇潇雨歇。抬望眼,仰天长啸,壮怀激烈。三十功名尘与土，八千里路云和月。莫等闲，白了少年头，空悲切！

靖康耻，犹未雪。臣子恨，何时灭！驾长车，踏破贺兰山缺。壮志饥餐胡虏肉，笑谈渴饮匈奴血。待从头、收拾旧山河，朝天阙。

岳飞先是轻轻低唱，音调逐渐越来越高。旁边的将士们也跟着唱起来，高亢的歌声，回响在东京城下，回响在黄河边，回响在广阔的中原大地上。

面对箪食壶浆的老百姓，面对很快就可以攻下的东京城，岳飞想起了张所，想起了宗泽，想起了渡过黄河就可以到达的老家，老家有低矮的土房，有父老乡亲，有儿时的伙伴；又想起了祖坟，多少年没人上坟了；想起了教自己射箭的周同……战争胜利之后，我都要一一去你们坟前，告慰你们。他在心里说。

三、被迫班师

（一）阴谋出笼

古代的通信技术十分落后，而战场形势往往瞬息万变，这就要求必须给予远征在外的高级将领们较大的决策权，故有"将在外君命有所不受"一说。宋代以前无数成功和失败的战例，都充分说明了此朴素的军事理论的正确性。

鉴于唐末五代武人专横，皇权受到严重威胁的教训，赵宋政权建立后，从太祖赵匡胤开始，就确立了时刻防范武将的祖宗家法；到太宗赵光义时期，又进一步完善和加强，甚至连作战的阵图都须皇帝于军队出师前亲自授予，到了战地后必须按照此阵图布置战阵。以后的帝王又不断有所补充和变通。比如，鉴于宋、夏战争初期，北宋军队屡屡战败的教训，仁宗和宰执们就给予了后来负责战场指挥的范仲淹和韩琦较大的自主权，得以扭转战局，迫使西夏主动求和。

宋代最快的军情传递是带有金字牌的马递,一宋尺多长的朱漆木牌上写着八个金字"御前文字,不得入铺",用驿站的快马接力传递,日行五百宋里,传递军情的人甚至不得入递铺稍事停留。

实际上,纸面规定的日行五百宋里的速度,经常达不到,战争、路况、气候等多种因素,无不对其产生制约。岳飞自鄂州或前方发往"行在"临安府的急递奏状,行程一般需要十天以上;朝廷接到上奏后,不包括讨论回复内容的时间,一个来回,就需要二十天左右。鉴于如此长的往返时间,高宗虽然一度在手诏中写过"朕不可以遥度""兵难遥度"的话,实际上,为了贯彻他的意图,"遥度"的时候要大大超过"不遥度"的时候。

由于朝廷命令李若虚制止岳飞出师未成,高宗只好考虑给岳飞设置一个北上的底线,命令岳飞在攻占蔡州和淮宁府后,于闰六月底停止军事行动,然后来临安朝见。

岂料岳飞却继续率军北上,长驱中原,高宗和秦桧自然惶惶不可终日;其间自然再寻找对策,一边观察岳家军的战况,一边观察金军的战况。有特殊"使命"在身的秦桧,尤其紧张,寝食难安。

高宗对战争前途有两怕:一怕全胜,二怕大败。

如果全胜,武将会居功自傲,又手握重兵,威胁自己的龙椅,来个像太祖那样的陈桥兵变,不是没有可能。尽管岳飞在忠君报国这一点上,较之韩世忠和张俊等将领,不管是口头上还是行动上,都要言行一致得多,有时候他在暗地里都笑岳飞直肠子,可人心隔肚皮,敢相信谁呀?当初太祖和太宗对周世宗多忠心呀,可待世宗撒手人寰之后,略施小计,就欺负孤儿寡母,将江山搞到自己手中。所以,尽管岳飞一直强调北伐成功后,自己立马归隐田园,可高宗还是疑神疑鬼。在他看来,岳飞绍兴七年自行解职、奏请建储等事,足见其野心不小,必须时刻保持警惕。

如果大败,金军占领临安,自己也将被押往五国城,成为阶下之囚,倒是可以和兄长团聚了,也许还可以到父亲的坟头祭拜一下,可那是什么样的生活呀,史书上还会留下亡国之君的称号。

绍兴元年以来宋军的每次胜利,都根治不了他的"恐金症"。他将打胜的原因都归结为侥幸或其他原因,始终对金军的实力估计过高,对南宋的实力估计过低。

岳家军节节推进,高宗不但没有高兴的感觉,反而更加惴惴不安,于是在手诏中反复叮嘱岳飞,一定避免与完颜宗弼的主力决战,要"全军为上",要"占稳自固",要"必保万全"。

秦桧自金国回来后,虽然一直为自己一行的脱逃南归辩白,可南宋朝廷内部,一直有人认为他的回归行为不靠谱。靠着几年的左旋右转,靠着时刻维护高宗权威,为高宗出谋划策,他得以爬上宰相的位置,而高宗也视他为知己,为了减少"噪音",干脆让他独相。

独相之后,大权在握,朝中反对派的"噪音"也基本上没有了,到处都是"秦家人",可谓赵家天下秦家党;唯一头疼的是这几个手握重兵的大将,特别是岳飞,尽管很少见面,可一听到岳飞的名字,他就头疼;如能将他们铲除,女真贵族、高宗和他自己,都可以有一个满意的结局,他自己更可以高枕无忧了。

两个多月以来,各战场雪片般传来的或大或小的捷报,不是让他高兴,而是使他烦躁不安。金国的谍报人员,不断把要求他想方设法让宋军停止进攻的谍报送到他的府上,甚至干脆提出让他说服高宗罢免岳飞或者杀掉岳飞,这样才能议和。金国屡屡向高宗和秦桧施压,目的很明显也很阴险:韩世忠、张俊、岳飞等几大抗金将领中,岳飞当时才三十六七岁,杀掉了岳飞,就等于在起码二十年的时间里,南宋即使想收复失地,军队中也没有足智多谋的领军人物,也就形不成对金国的威胁。秦桧暗暗叫苦,杀岳飞可不是一件小事;但是又不得不考虑如何处置岳飞、韩世忠等大将的问题。好在他心里清楚,高宗也早就不满意岳飞和韩世忠几个大将了。

单凭秦桧以三省、枢密院的省札发号施令,对岳飞、韩世忠这样的将帅,并无多大约束力;唯有高宗的亲笔手诏,才对将帅们具有大的约束力。而高宗的手诏,往往由他和宰执大臣们一起商量,并由他们起草。

七月上旬,秦桧对宋金战场的动态有了一个基本的了解:东部和西部战场,双方处于拉锯或胶着状态;中部战场张俊的军队收复亳州(今安徽省亳州市)后,留统制宋超率军戍守,张俊则按照朝廷发布的"班师"命令,引军退守寿春(今安徽省寿县境内);只有岳家军还在长驱直入,攻势凌厉。显然,宋金战局的成败,关键在于岳家军。

秦桧瞅准时机,先与高宗交换了对战争时局的看法,摸透了高宗并不希望岳家军继续北上的心理后,迫不及待地向高宗提出班师的建议,理由是岳飞孤军深入,危险加剧,一旦遭到金军围攻,有全军覆没的危险。秦桧又举出了历史上好几例孤军深入导致惨败的案例,吓得高宗心里直打战。

为了进一步说服高宗,加快促成岳家军撤军的步伐,秦桧又唆使殿中侍御史罗汝楫上奏,上奏中说道:

"兵微将少,民困国乏,岳飞若继续深入,实在太危险!愿陛下降诏,让岳飞马上班师。"

请求撤兵的理由非常充足且冠冕堂皇。

班师,一不至于大败,二不至于全胜,且本次出兵,除了东部和西部战场外,中部战场战果辉煌,凯旋而不是落荒而逃,对朝野上下,都有一个满意的交代,甚至可以大肆宣传高宗和秦桧的运筹帷幄之功——一个是中兴之君,一个是中兴名相,珠联璧合,后代写史,说不定会将他俩比作唐太宗和魏徵。至于金国抛来的议和的条款,不至于太屈辱就行——南宋不是不敢打,而是不想打。

(二)班师过程

高宗于是在七月八日或稍后的时间,发出了第一道班师诏。此时,郾城之战正在进行。

岳飞则在七月五日的郾城之战前夕,上奏朝廷报告梁兴、董荣、赵俊、乔握坚等部队的战果。在奏疏的末尾,岳飞写道:

"金军屡败之后,已令老小先渡过黄河,做撤退的准备;近日又让八千军人撤往河北,正是陛下收复失地、一雪国耻、中兴大宋的良机,也是金军败亡的日子,若不乘势进军,恐留后患。恳请皇上速下命令,让其他几路大军,也火速北上,早见成功。"

此奏的回音还没有收到。郾城和颍昌两次血战之后,七月十七日,收到的却是一道班师诏,措辞非常严厉,命令岳家军马上停止进攻,班师鄂州,岳飞本人去"行在"临安府朝见皇帝。

岳飞当即写了一封言辞激切的奏章,坚决反对班师,奏疏中写道:

"目今金军重兵全部聚集在东京,屡经战败之后,锐气全无,上下震惊,内外恐惧。正准备丢弃辎重,赶快渡河。我军则豪杰向风,士卒用命,天时人事,强弱已见,功及垂成,时不再来,机不可失。臣日夜收集情报,考虑战局。以上所言,实为臣深思熟虑之谋划,悬望陛下万勿班师,一定抓住此千载难逢的良机。"

但此后却接连收到相类的十二道金字牌递发班师手谕。

岳飞接到十二道班师诏后,先是震惊,继而是不明白,然后是愤怒,肝胆欲裂,最后是绝望。他不愿意也不忍心将马上就要到手的胜利果实拱手丢掉。这个敢于藐视刀光剑影的硬汉,像莽汉一样顿足捶胸,绝望地喊道:

"十年之功,废于一旦! 所得州郡,一朝全休! 社稷江山,难以中兴;乾坤世界,无由再复!"

但是,岳飞深知如果违反军令,不立即班师,高宗和秦桧会以违反军令为由,首先停止粮草的供应。

于是,接到诏令的当天,岳飞与岳家军中主要将领商议后,做出了一生中最痛苦的决定:班师!

岳飞终于领悟到朝廷尽管一直喊收复失地,但是,维持半壁江山,才是高宗真正的选择。

这是岳飞自绍兴七年因为建议立皇储一事被高宗怀疑和训斥以来,遭受的更为严重的打击,而这次打击的影响要沉重得多。

撤军令自然严重影响岳家军的军心和士气,岳飞又无法耐心地给他们解释朝廷要求班师的理由。许多岳家军将士的老家就是河朔地区,已经十几年没有看到过熟悉的家园、听到过熟悉的乡音。有的已经十几年没有看到过父老乡亲,不知道他们的生死。马上就可以渡过黄河,见到他们了,却要班师;有的气得骂起来;有的则放声大哭;有的拿着武器在空中乱舞,连战马也不停地嘶鸣。

岳飞看到一向纪律严明、威武不屈的岳家军,突然变得行伍不整,战旗乱飞,特别是那幅绣着"精忠岳飞"的大旗,竟然卷得只看到"精忠"二字。相信佛教的岳飞,不禁看呆了,半天不说话。将士们也呆了。岳飞长叹一声:"岂非天乎!"

足智多谋的岳飞知道,这时绝对不能让金军知道岳家军要班师,一旦完颜宗弼知道岳家军班师的原因且马上就班师,有可能追击。于是,命令负责粮草的官员到集市大量购买布匹,又让制造军器的将士大量制造战牌,又派人到处宣传,很快就要攻打东京。金军知道后,连夜退了一百多里,岳家军也趁机安全撤退五十多里。

撤到安全地带后,当天晚上,岳飞和几个将士宿于一座破庙之中,心情不好,谁也睡不着。大家席地而坐,沉默不语。岳飞突然问道:

"以后国家的事,怎么办?"

大家不知道怎么回答才好,只能默默不语。停了好一会儿,张宪打破沉默说道:

"在相公处置耳!"

长期作为岳家军前锋的张宪,最能体会岳飞此时的心情。艰难时刻,岳家军众将领,必须听从岳飞的指挥;孤军深入,在朝廷严令必须班师的情况下,从岳家军的前途考虑,班师,未尝不是明智的选择。

岳飞听后,点了点头,发出一声长叹。他望望头顶漆黑的夜空,站起来往北看了看,掉转头又往东南方看了看,然后让大家各自休息。

可谁能睡得着?连一向倒头便睡的牛皋,也大睁着眼睛,一宿没合眼。

岳家军的突然班师,使京西一带的老百姓大失所望。很多人拦住岳飞的战马,边哭边说:

"我等顶香盆,运粮草,以迎官军,女真人都知道。今日相公离去,我们只能等死!"

岳飞含泪取出诏书,说道:

"朝廷有诏,必须班师!"

大军撤至蔡州,岳家军住到了城内,岳飞与几个将士因为要商议回军后的事宜,所以住到州衙。老百姓知道后,纷纷拥到州衙大门口,哭着喊着要见岳飞。岳飞听到后,赶忙出来。一名进士率众人给岳飞叩头,然后说道:

"我们被女真人统治,快十二年了,听到岳家军北上,我们翘首以待,以日为岁。现在故疆渐复,丑虏兽奔,大家欢天喜地。忽然又要班师,实在无法接受。相公即使不关心中原赤子的命运,难道能接受功败垂成的现实吗?"

岳飞又面无表情地拿出班师诏给大家看,众人看后都失声痛哭。最后,岳飞和将士们商议了一下,决定留军五日,掩护愿意南迁的老百姓转移。

岳家军由王贵和张宪率领,从蔡州南下,回到鄂州的大本营。岳飞率领两千骑兵,于七月二十七日,取道顺昌府,渡过淮河,前往"行在"临安府。他带着复杂的心情,朝见高宗去了。

关键的第四次北伐,就这样结束了。

岳飞于八月份抵达临安,见到高宗之后,除了礼节性的话外,岳飞再也无话可说,只是上奏请求解除自己的军职,前去庐山东林寺终老此生。

宋高宗在发给岳飞的回诏中写道:

"战争还没有结束,失地还没有收回,国耻还没有雪掉,怎么能提出告老的请求?况且你才三十七岁,正是干事业的大好年华呀!虽然我也知道你早就有归隐山林的愿望,可你一贯强调的尽忠报国的宏愿,还没有实现呀。"

尽管高宗对岳飞很不放心,但因为与金国的议和还没有达成,谁能担保金国不会再发动大规模的战争?一旦打起来,还得靠岳飞出马,打硬仗、打恶仗,还得靠岳家军。收拾岳飞,条件还没有成熟。

何人高处云路迷

——岳飞与张所、王彦、宗泽及李纲的关系

在岳飞早期的军旅生涯中，感情最深厚的上级是张所；而八字军的首领王彦在年轻的岳飞严重违反军纪的情况下，意识到岳飞人才难得，将他从轻发落，为南宋保留了难得的帅才；岳飞联结河朔、收复燕雲的宏图大略，实受宗泽、李纲的影响。

第一节　慧眼识英才

一、岳飞与张所的关系

　　建炎元年(公元1127年)六七月间,满怀一腔爱国热情的岳飞眼见黄潜善、汪伯彦之流无意收复故土,一心避战西逃或南逃,而他们的主张对高宗的影响非常大,于是愤而上书高宗,请求高宗回师东京,亲自率领大军,渡河北伐。作为一个二十五岁的低级军官,岳飞的上书直击投降派的要害之处,显见岳飞已经开始有了超人的大局意识及非凡的胆识和勇气。而专制时代,忠君爱国有时是最高风险的行为。

　　但是,赵宋王朝即使到亡国的关头,以文制武的祖宗家法仍然大有市场,更何况在黄潜善、汪伯彦看来,一个从七品的武翼郎居然敢上书规劝皇帝、指斥宰执、批评朝政,简直是不知天高地厚,于是以越职上书的罪名,将岳飞革掉官职、削除军籍,赶出军营。但是,岳飞的爱国热情并未被浇灭,他怀抱理想,奔赴河北抗金前线,投奔主战派张所。

张所，青州（今山东省青州）人，徽宗朝进士，高宗即位后，为监察御史，因为言黄潜善奸邪不可用，贬官为凤州团练副使。李纲入相后，通过李纲的推荐，得以除直龙图阁，充河北西路招抚使，置司北京（今河北省大名县）。

岳飞之所以前去投奔张所，自然是了解到他的军事主张与自己相同，而且同受黄潜善的迫害。岳飞于八月间到了大名府后，坚持要求参见张所，前后三次请求，才得以见面。张所之所以这样做，估计还是心有顾虑，毕竟被贬官之后，通过李纲的推荐，刚刚起复，如果马上接见被黄潜善严厉处置的岳飞，很容易给黄潜善等人落下联络有罪在身的武官的罪名，甚至可能给李纲带来大的麻烦。但是，岳飞三次请求见面，不能不打动他，因为他深知年轻的岳飞的武艺和胆略，也深知他获罪的原因和经过，于是同意见面并让他暂时充当效用兵（岳飞又得以回到从军生涯的起点），但是留在帐前使唤，这样两个人可以有很方便的接触的机会。

张所仔细了解了岳飞的经历和志向后，有意识地进一步了解他。一次两人帐前谈话，张所坐着，岳飞站着。张所问道："你以前在元帅（指宗泽）帐下，勇冠三军。你自己估计一下，你一次能对付几个敌人？"岳飞回答道："那是匹夫之勇，两军相对，不能单靠勇；首先考虑的是谋略，这是战争胜负的先机；作为一个战将，不怕他没有勇，最怕的是他没有谋略。"接着将自己熟悉的《孙子兵法》中"上兵伐谋，其次伐交"的战略理论讲了一遍。进士出身的张所听后，大吃一惊——一个没有上过多少学的乡下青年，竟然连《孙子兵法》都非常熟悉——连忙让岳飞坐下谈。两人促膝长谈，大有相见恨晚之感。岳飞接下来谈到由于大宋定都于无险可守的开封，所以黄河以北地区就显得非常重要；如果不能收复河北，黄河以南也无法守住，甚至江淮地区也生死难卜。当年童贯"联金灭辽"，得了一座空城幽州城，却不知道派兵守卫非常重要的关口金坡关（即紫荆关，至元代方有此称呼），得虚名、受实祸，殷鉴不远。谈及靖康国耻，岳飞不由得啼泣流泪，惹得张所也老泪纵横。接下来岳飞再三表明自己不是为了当官发财，而是为了雪靖康之耻的宏伟愿望，决心跟随张所收复失地，在所不辞。

经历此番长谈后，张所认为岳飞为方今大宋最需要的难得的人才，于是决定破格提拔，先将岳飞借补为修武郎、閤门宣赞舍人，充中军统领；又很快超升三官，借补为从七品的武经郎、閤门宣赞舍人，很快又升任统制。建炎元年（公元1127年）九月，张所拼凑了一支装备简陋的军队，由都统制王彦率领，前去收复卫州（今河南省新乡市一带），岳飞归属王彦领导。

但是，岳飞绝对没有想到，此番一别，竟然成为永别。李纲仅仅当了七十五天的宰相，即被高宗罢免，张所很快也被贬官到岭南——这在当时是极重的处分，后被土匪刘忠杀害于潭州（今湖南省长沙市）。

岳飞一生中，感情最深厚的上级自然是张所。落难之际，张所在了解了他的经历、才能和抱负后，互相视为知己，张所则委重任于年轻的岳飞。岳飞对张所的报答之恩，只能在张所的下一代身上了。

二、岳飞和王彦的关系

王彦，字子才，上党（今山西省长治市）人，后徙家怀州（今河南省沁阳市）。曾经参加过对西夏的战争，并立下战功。他所领导的太行山抗金义军，因为面部都刺有"赤心报国，誓杀金贼"八字，被称为八字军。作为抗金名将，王彦率领的军队，屡破大敌，威震河朔，后又率军转战各地。高宗为了与金议和，夺其兵柄，让他担任州府官员。

从元人所修的《宋史》中关于岳飞和王彦的传记可以看出，两人同成长于燕赵文化圈，性格惊人地相似，一样的忠君爱国、孝顺亲人，一样的为官清廉。

但是，两人的交往却给世人和后人都留下了无尽的遗憾。

张所被革职、河北西路招抚司被撤销之后，奉张所之命前去南太行山一带，依托太行山险要之地收复卫州等地的王彦的军队，一下子成了断线的风筝。兵荒马乱之际，以赵构为皇帝的南宋朝廷，宛如一个被掐头的苍蝇，到处乱撞。对于抗金，并没有一个通盘的考虑,也没有一个长远的计划,只知道先寻找一个安全的地方,稳住阵势再说。所以,王彦的军队,既得不到南宋朝廷的任何指示,附近也没有援军。王彦只能靠自己的声望,派人四处给各地自发的抗金义军送揭帖,号召他们响应和支援。而金朝军队见有机可乘,马上集中兵力围剿这支军队,只要消灭了王彦的军队,就可以控制南太行,威胁西京(今河南省洛阳市)和东京,进而控制整个河朔地区。

面对如此战局,比岳飞年长十三岁的王彦自然要成熟得多,他认为目前只能采取持重之策,不可与金军死打硬拼。而当时年轻气盛的岳飞,则对王彦的策略颇为不解。他责备王彦胆怯,并且说道:"二帝蒙尘,贼据河朔,作为臣子,应该主动杀敌,接回二帝,现在却坐山观望,难道也准备投降吗?"岳飞此番言论,不管包含着多么浓重的忠君爱国情怀,但对于王彦而言,最后一句话,宛若刺刀直捅心窝。但他自己也是打年轻过来,理解青年岳飞的热血与鲁莽。他只是沉默不语,不断给岳飞劝酒,听任岳飞发泄心中的块垒。

但是,王彦的一个贴心幕属却对岳飞如此激烈地冒犯主将的行为颇为恼怒,于是在手掌中写了一个"斩"字,给王彦示意。王彦虽然看到,但摇了摇头,没说一句话。

岳飞一怒之下,率领自己的部下,擅自出战。他亲自夺取了金军的大旗,拼命地挥舞,以激励将士,引得其他几支军队也不经王彦允许,争先恐后地出击,攻破金军占领的新乡县城,活捉金军一个千夫长,随后又打败金军万夫长王索的援军。

金军指挥部闻讯,以为宋军主力到了,于是集结数万大军,大力反攻。王彦的几千军队,很快被包围,只能四散突围。王彦率领的七百余人,一番血战之后,退守卫州所属共城县(今河南省辉县市)西边的山中。经过一段时间的恢复、发展之后,兵力又达到十万余人。他们面刺"赤心报国,誓杀金贼",人称"八字军",屡次打败金军,使金军一直无法巩固对河朔地区的占领,有力地牵制了金军的南下。

岳飞率领军队与王彦分手后,又在侯兆川(今河南省辉县市境内)与金军相遇,虽然获胜,但是损失也不小,连岳飞自己也受伤十余处。接下来只能在南太行的深山老林之中,躲避隐藏。没有后勤供应,连岳飞的战马也只能杀掉充饥,处境非常艰难。

知道王彦的军队又得以扩充之后,经过此番经历,年轻的岳飞成熟了许多,他发自内心地意识到自己说错了话、办错了事。他虽然性格倔强,但不是死要面子的人。他能够正视自己所犯的错误,于是单身前往王彦的营寨谢罪。但是王彦由于岳飞此前的言行太让他伤心,也意识到以岳飞的性格,以后难免还会与他发生冲突,决意不再接受岳飞。王彦的一些部将甚至建议乘机杀掉岳飞,以发泄心中之恨。但是,王彦说道:

"依照军律,岳飞应该被处斩。但是,他今天敢来见我,足见其胆魄,值得我们尊敬。况且今日,国步艰难,正是用人之际,岂是报私怨的时刻?"

王彦让岳飞喝了一卮酒,挥挥手让他走了。

绍兴五年(公元 1135 年)四月,王彦知荆南府,充归、峡、荆门、公安军安抚使。同年十二月,岳飞升任荆湖北路、襄阳府路招讨使,两人所统的战区很近。绍兴六年(公元 1136 年)二月,朝廷诏令王彦知襄阳府、京西南路安抚使。这样的话,两人势必同城共事。王彦干脆上奏朝廷,以此前与岳飞有嫌怨为由,请求改官他处,朝廷同意了王彦的请求。

双方的嫌怨最终未能消除。

第二节　岳飞的人生导师

　　宗泽,字汝霖,婺州义乌(今浙江省义乌市)人,宋哲宗元祐六年(公元 1091 年)进士。先后任河北兵马副元帅、知磁州、襄阳府、青州等官职。金军南下灭宋之时,是当时抵抗派的主要代表;金军俘虏徽、钦二帝北归之后,任京城留守,积极修缮楼橹、招收各地义军;前后上二十余道奏疏,请高宗回京师主持收复大计,却为黄潜善等压制、排挤,忧愤成疾,建炎二年(公元 1128 年)七月去世,去世之前,连呼三声"过河"。谥忠简。

　　靖康元年(公元 1126 年)十二月,岳飞第一次成为宗泽的属下,立下战功后升为正八品的修武郎。

　　岳飞在与王彦发生矛盾后,率领自己的部下自太行山南下东京,投奔宗泽。但是,岳飞到东京后,东京留守司的官员,按照军律,必须追究岳飞与王彦发生矛盾的原因、经过和结果。在此问题上,年轻的岳飞的确负有主要的责任,按照军律,应该处斩。留守司的官员将相关情况上报宗泽,由于宗泽此前已经知悉岳飞骁勇善战,是一个难得的将才,需要的是给他成长、磨炼的经历,故不予追究。

　　建炎元年(公元 1127 年)十二月,金军大举南侵,进攻孟州(今河南省孟州市)境内的要地汜水关,宗泽命令岳飞率领五百骑兵前去侦察敌情,立功赎罪。岳飞率军凯旋。宗泽立即任命岳飞为统领。

一个原本应该被处死的年轻军人,戴罪立功之后,很快又成了统领,尽管是战争时期,可在东京城内,这自然也成为不大不小的新闻。岳飞从此声名大振。

建炎元年冬到二年春,兵势极盛的金军大举进犯开封,宗泽沉着指挥东京留守司军击退强敌,这是金军自灭辽破宋以来初次遭重创。岳飞作为统领,也率领一支兵力不多的队伍,立功升官,更得到宗泽器重。

金军撤退之后,抽出一个闲暇的时间,宗泽与岳飞谈话。谈话结束后,宗泽送给岳飞几张作战用的地图,让他回去之后好好看看,并语重心长地对他说:

"依我对你的了解,你现今拥有的智勇才艺,即使古代的良将,也不具备。但是,你太喜欢没有阵法的野战,一直这样下去,作为一员裨将,尚且可以;有朝一日做了大将,肯定不行。"

这番谈话,可见宗泽对岳飞的器重和期盼。国破家亡、兵荒马乱之际,对于赵宋政权而言,太需要有远大眼光的战略家了。

几天之后,宗泽再与岳飞谈话,问他对阵图的看法。岳飞说道:"我回去之后,把您给我的阵图仔细看了好几遍,又苦苦思考。恕晚辈直言,古人传下的阵图,基本上都是他们实战经验的总结,后人作战,只可用于参考,一定不能生搬硬套。因为古今形势不一样,各地的地势情况也千差万别,布阵必须结合具体情况。"宗泽听后,点头赞许,不过还是反问了一句:"那你认为这些阵图已经没有使用的价值了?"

岳飞听后笑着回答道:

"我们与金军的作战,主要在平原旷野,猝然与敌人骑兵相遇,哪有时间布置好战阵?况且我现在作为一员裨将,领兵不多,一旦按照平常熟悉的阵图布置好战阵,敌人很快就可以根据阵地的大小,了解我的虚实。况且我军以步兵为主,金军一旦铁骑四起,发动猛攻,我军必将全军覆没,后悔莫及。"

接着岳飞又抬高声音说道:

"兵家之要,在于出奇,不可测识,始能取胜。阵而后战,兵法之常,运用之妙,存乎一心。"

汤阴毕竟是《易经》的集大成之地。《易经》之要,在于一个变字。成长于汤阴的岳飞,可能没有阅读过神秘的《易经》,但是,其中蕴含的常识,应该从长辈的言谈话语中了解不少。而此前多次的侦察经历,更使他对出奇制胜有深刻的体会。

宗泽听后,愈加佩服这个年轻的军人,感到大宋现在虽然在风雨飘摇之中,但是,只要有岳飞这样的武将在,只要他们能够较快地成熟并被委以重任,收复失地,还是完全可能的。于是,宗泽长舒了一口气。谈话愉快地结束。宗泽当即将岳飞升为统制,并参与东京留守司的军务。

宋人后来评价宗泽,自己虽然没有得到重用,但是为大宋留下了复兴的希望,这就是岳飞。

所以,岳飞一生,堪称其人生导师的上司无疑是宗泽,他也成为宗泽遗言的继承人。岳飞以后联结河朔、收复燕雲的远谋,治军的严肃,律己的严格,处处可见宗泽的影响。

第三节　岳飞与李纲的关系

李纲,字伯纪,福建邵武县(今邵武市)人。宗泽、李纲和岳飞都是在大劫难时脱颖而出的,是北宋和南宋之交最有代表性的爱国主义伟人。宗泽比李纲大二十四岁,而李纲比岳飞大二十岁,三人正好是三代人。

李纲两次参政和主政,又两度被贬,甚至被流放到宋时号称炎荒之极的海南岛。他流放回归后的十年中,大半闲退在家,依然是强烈谋求报国和救国。尽管朝野不少有血性的士大夫热切期盼李纲再相,但高宗决然排摈他。李纲自知决无再相的可能,而其身心因饱经磨难,又陷入长期衰病交逼之中。除了急切上奏,痛陈己见之外,李纲热衷于寻觅"中兴功臣"人选。李纲对文臣宰相吕颐浩、赵鼎、张浚等,都曾寄予希望,但随即失望。此外,虽然吴玠孤军奋战,独抗强敌,保卫四川,功不可没。但在今存史料中,看不到他有勇于克复失地、渴求山河重新一统的谋划和建议。况且李纲与吴玠并无多少往来。他与韩世忠有接触,也曾写诗赞扬。李纲绍兴二年出任湖广宣抚使,隶属他的岳家军,以少击众,大破号称荆湖一带最强悍的曹成匪军。岳飞得到李纲热烈赞扬,称"异时决为中兴名将"。但岳飞随即奉朝命离开荆湖路,而李纲尚未赴任,两人失去了会面的机会。绍兴六年,韩世忠攻淮阳军失败,李纲对其用兵提出批评;而对岳飞的第二次北伐深表赞叹。他比较韩岳二将的优劣,特别写信致岳飞,期盼他"早建大勋,为中兴功臣之首"。

宋朝实行保守的文官政治,文官们往往鄙薄武将。李纲虽与岳飞未曾会面,但显然经多方面的打听和了解,苦心寻觅多年,方得有此语,当然绝不是客套话,而是语重心长的肺腑之言。他超脱文官普遍的积习和偏见,认为唯有武将岳飞,方是合格的"中兴功臣之首"。现在看来似不算什么,而在宋代,简直是石破天惊之语,真切地反映了李纲的远见卓识。

第六讲

战与和的博弈

——岳飞与秦桧、张俊

秦桧是权倾一时的宰相；张俊自高宗决意屈膝求和后，最为高宗所宠幸，又曾经是岳飞的上级；岳飞虽然年轻，但是，鼎盛时期的岳家军人马最多，战斗力最强，影响最大，战功最显赫。处理好与秦桧和张俊的关系，对岳飞乃至抗金的大局来说，非常重要。

第一节　秦桧的无间道

一、秦桧的身世及早年生活状况

秦桧,字会之,宋哲宗元祐五年(公元 1090 年)腊月二十五日,在其父秦敏学赴任广西古县县令的途中,秦桧出生于黄州(今湖北省黄冈市)附近的赤壁矶(今常称文赤壁,以与位于湖北省赤壁市的赤壁之战的真实战地武赤壁相区别)江边的舟中。

秦桧权势熏天的时期,黄州的一些官员和绅士,为了拍秦桧的马屁,在此地建起一座规模甚大的楼阁,取名"庆瑞堂"。秦桧死后,改名栖霞楼,以供游览。此为后话,也是历史上常见的笑谈。

秦敏学有过两次婚姻,前妻强氏,生育了秦彬、秦梓二子;后妻王氏,生育了秦桧、秦棣二子。

秦棣出生不久,秦敏学便因病去世,家境陡然变得困顿。哲宗绍圣年间(公元 1094 年—公元 1097 年),秦彬和秦梓留在老家谋生。年幼的秦桧和秦棣,由母亲王氏带领,前去祁门县(今安徽省祁门县)投靠做官的舅舅王本。王本与同为祁门人的年轻士人汪伯彦过从甚密。他非常赏识汪伯彦的才华,让汪伯彦做自己家的塾师,秦桧和汪伯彦得以结下师生之谊。汪伯彦后于徽宗崇宁年间中进士。靖康国难时刻,担任相州知州的汪伯彦,因为在高宗发迹的关键时刻,有拥立之功,受到高宗的宠信。高宗建炎年间官至宰相,力主对金退避、投降,打击主张抗金的官员。他虽然后来因罪被罢官,但他为官期间,对秦桧多有提携,他的对金政策,对秦桧也多有影响。

靠着舅舅的接济,秦桧后来到了东京的太学学习。太学是北宋的最高学府,官宦子弟云集,秦桧得以结识许多官宦人家的子弟。当然,家境贫穷的他,一方面希望在太学能够广聚人脉,为以后的人生道路多做准备;另一方面则希望通过刻苦的学习,"朝为田舍郎,暮登天子堂"。所以,官宦人家子弟组织的一些活动,人家出钱他出力,跑前跑后,人送外号"秦长脚"。对于这个带有贬义的外号,秦桧也不在乎。

秦桧中进士前过的是典型的苦孩子生活,早年还曾经给孩童做塾师。微薄的报酬,调皮的学生,使他一度作诗感慨:"若得水田三百亩,这番不做猢狲王。"学费没有着落时,厚着脸皮向人告贷;到东京求学时,一路步行前往,风餐露宿,饱尝了人间的世态冷暖。

这种原生家庭和早年经历,塑造了秦桧市井小民的机警、狡黠和干练的性格。后代史书对秦桧的性格记载不无夸张之处。有一则史料为了说明秦桧性格阴险狡诈,说他"不管是坐轿还是闲坐,牙齿不停地上下叩动,双腮也随之不停地起伏",这种比较怪异的行为只能说明他一刻不停地在思考大的问题。

徽宗政和五年(公元1115年),二十六岁的秦桧得中进士。在号称科举社会的宋朝,知识能够使一部分贫寒子弟的命运发生翻天覆地的变化。范仲淹、欧阳修①、秦桧就是其中的典型代表,只不过秦桧后来在历史的进程中起了负面的作用。

北宋时期,流行榜下捉婿,新科进士成为官宦人家为女儿选择女婿的热门人

---

① 范仲淹、欧阳修也都是幼年丧父,寒窗苦读中进士后,成为宋代著名的政治家、文学家。

选。秦桧成为神宗朝做过九年宰相的王珪的孙女婿。王珪门生故吏遍天下。王珪的女婿郑居中，是宋徽宗宠爱的郑皇后的从兄，政和六年（公元 1116 年）进位太宰（首相）。有了这样的大背景，秦桧首先担任负责教育的密州（今山东省诸城市）的教授，知州翟汝文自然知道秦桧的大靠山，所以非常器重他。朝中有人好做官，八年之后，秦桧即成为京官。靖康元年（公元 1126 年），三十七岁的秦桧就成为御史中丞，作为监察百官的御史台的最高长官，那可是正三品的高官。

秦桧首先感叹自己娶了一个"好老婆"。当然穷小子娶高官的女儿或孙女儿，也不是没有代价的。秦桧"惧内"的毛病，随着官职的升迁，也越来越严重。当然，官宦世家出身的老婆，对于官场的各种潜规则，了解得非常透彻，也因此而成为秦桧的"贤内助"。而在岳飞冤案问题上，她则是十足的帮凶。一日秦桧独居画室，一边吃橘子，一边不停地拿着橘子皮撕来撕去，一直撕到不能再撕的程度。王氏推门进来后，见状脱口骂道："老汉（宋时晋称），擒虎易，放虎难！"秦桧听后，马上写一张纸条给御史台的官员，当日岳飞即被处死。跪在岳飞墓或岳飞庙的王氏，并非女人是祸水论调的牺牲品，而是罪有应得。

当然，精明的王氏也有失算的时候。一旦失算，就需要秦桧及时"补位"了。秦桧做宰相时，一日王氏入宫面见皇太后。闲聊期间，皇太后言及近日后宫里的子鱼（一种名贵的食用鱼）太少。王氏马上说我家有的是，明天派人送一百多尾过来。王氏回去后将此事告诉秦桧，秦桧大惊失色，直道大事不好，但也不敢埋怨王氏，于是与幕僚们商议补救之策。一幕僚想出以青鱼代替子鱼的妙计。第二天，王氏亲自领着人带了百余尾青鱼入宫。皇太后看到后说道：

"这婆娘，连子鱼都不认识，还来显摆！"

原来青鱼和子鱼大小差不多，但是，味道差别太大了。

这对臭味相投的黄金搭档，在秦桧做宰相期间，没少干坏事。

二、靖康围城中的表现

王安石变法失败之后的北宋,社会矛盾日甚一日,统治阶级却再也开不出医治的良方,只能听任国家在日薄西山的道路上,渐趋末日。旷日持久的宋金战争使社会矛盾彻底显露,腐败无能的必然后果只能是亡国。

靖康围城期间,北宋统治阶级内部分为两派,一派是抵抗派,以李纲、宗泽等人为代表;另一派是投降派,其代表人物李邺说起金军的战斗力,归纳了如下几句顺口溜:"人如龙,马如虎,上山如猿,入水如獭,其势如泰山。中国如累卵。"

总之一句话,抵抗必亡,投降才是最明智的行为。这几句顺口溜一时成为东京城人人皆知的名言,不懂事的孩童干脆于大街小巷喊来喊去,对当时的军心、民心,都带来了极坏的影响。

而就秦桧在此期间的整体表现而言,表现得非常冷静,态度也基本上无可指摘。

靖康元年(公元 1126 年)正月,金军已经压到黄河北岸,一面要求北宋割地赔款,派亲王、宰相去金营充当人质,商谈具体事宜;一面趁着黄河正处于冰冻期,开始做渡河的准备。大军压境,举国上下,惶惶不可终日。尽管是过年期间,东京城内,比皇帝驾崩办国丧还要凄惨。

正月初四,经过冷静思考的秦桧,上了一道奏疏。奏疏主要包括如下三方面内容:

第一,金国军队虽然马上就要兵临城下,但是,黄河以北的许多州县,仍然在北宋军民手中。他们的抵抗,严重威胁金军的后路。所以,挽救国运的希望还是有的,不能一味对金国软弱。即使赔款,也要借鉴仁宗时期对于辽国的事例。

第二,必须加强对东京附近黄河的防御,尽可能不让金军渡过黄河。

第三,金国派来的使节提出的和谈条件,胃口很大,这是很自然的事情。而朝廷和金国使节谈判一事,只允许极少数大臣参与,这是不对的,应该让百僚共同参与,谋取良策。

从奏疏的内容看来,秦桧的主张与主战派的主张基本上一致。无奈秦桧当时只是一个小小的太学正①,人微言轻,所写的内容也与李纲等主战派的主张基本一致。所以,也没有引起朝廷的重视。

此后不久,秦桧升官为职方员外郎,朝廷内投降派占了上风,派张邦昌作为河北割地使,秦桧作为属官,前去金营谈判割地事宜。秦桧三次上奏表示拒绝,拒绝的理由倒不是害怕,而是说此行金国拒绝谈判其他事宜,只谈割地,与秦桧正月初四的上奏初衷不合。而张邦昌的谈判活动,也因为主战派的强烈反对,未能成行。随后朝廷又派秦桧前往河中、另一官员前往河东,与金国商谈割地事宜。由于朝廷内部抵抗派又占了上风,二人出发不久,就奉命返回。

由于秦桧在此期间表现出的无所畏惧的忠君爱国行为,使他得以成为殿中侍御史、左司谏。官位虽然不高,但是作为言官②,却有了较多的接近皇帝的机会、发言陈述自己主张的机会。

该年八月,金国以北宋拒绝割地作为理由,再度对北宋发动更大规模的战争。九月攻下太原府,十月攻下真定府(今河北省正定县),长驱直入,直指东京。

宋钦宗连忙召集百官商讨对策。大多数官员同意割三地③给金国,秦桧等三十多名官员表示强烈反对,反对的最重要理由是黄河以北地区犹如人的四肢,四肢不存,何以为人。由于双方的争议过于激烈,以至第二天继续讨论此事。早已经被金军吓昏了头脑的钦宗接受了投降派的主张,但是秦桧等人仍然坚持反对割地的观点。

---

① 太学的学官。

② 言官是宋代监察机构的重要组成部分,主要负责监督与上谏。可以风闻言事,即使说错了,也不用承担责任。

③ 包括太原府、中山(今河北省定州市)、河间(今河北省河间市)。

此次讨论之后,反对割地的秦桧竟然升职为御史中丞。戏剧性的升职,应该不完全和此期间秦桧表现出来的忠君爱国的言行有关,还和其背后的靠山有很大的关系。此外,国事至此,百官们大多没有了和平时期积极跑官的兴趣,更关心的是一旦亡国,往哪里跑的问题。有的已经开始做跑的准备,有的干脆连辞职手续都没有办,抢先逃跑。

割地已经成为定局,形势陡转,金军很快兵临城下。君臣们讨论的话题又转为如何体面地投降。

十一月二十五日,金军到达东京城下;闰十一月初开始攻城,该月三十日,钦宗亲自到金军大营投降,称臣谢罪;靖康二年(公元1127年)正月初九,钦宗第二次到金军大营,从此一去无回。

东京城内,金军开始筹划建立以张邦昌为皇帝的傀儡政权。刀枪面前,大多大臣都签字同意拥立张邦昌做皇帝,不管是真心还是假意。总之,平常高调地挂在嘴上的"忠君爱国"四个大字,眨眼间消失得无影无踪。

极少数大臣表示反对,秦桧是其中的一员。秦桧在写给女真贵族的议状中主要从以下两方面表示反对立张邦昌做皇帝:

第一,此前宋金战争的许多大事,张邦昌作为宰相都参加了。而战争带来的灾难,他应该承担部分责任;如果立他为皇帝,金军撤退之后,灾难将更严重。

第二,如果拥立在宋金战争中没有战争责任的"赵家人"继续做傀儡(秦桧自然不会这样措辞)政权的皇帝,从民心而言,会表现出很大的认同心理,有利于局势的稳定。

客观分析一下,我们会看出,秦桧此次谈论问题的立场,已经是站在女真贵族的角度,但是,也包含着保存赵氏为名号的政权的含义。

应该说,后来局势的发展,很大程度上如秦桧所言,张邦昌的伪楚政权只存在了很短的时间。而北宋统治的核心地区,很快出现土崩瓦解的无政府状态。

以战胜国面目出现的女真贵族,自然不屑去看秦桧的议状中有无合理的成分。二月十九日,秦桧也成为一名囚犯,被押解往金国。

三、投靠金国成奸细

靖康二年(公元 1127 年)三月底,金军将三千多名各色人员组成的俘虏,分成七批,陆陆续续押往东北;徽宗是第四批,钦宗和秦桧是最后一批。秦桧的伴随人员包括妻子王氏、御史台的下属翁顺以及两个仆人。他们于四月一日从东京起身。

四月的北方,沿路的柳树都已经长出嫩芽,可在秦桧眼中,没有看到平素这个时节应该慢慢品味的美,更不会想出几句美妙的诗句,甚至连古人赞美初春的名句也懒得去想。他只是感觉到初春的寒意一阵阵地袭来,从头冷到脚,又从脚冷到头,但是,最冷的地方是心。国破家亡,作为囚犯,下一步会如何? 做持节牧羊的苏武? 那是何等漫长又艰难的岁月呀! 作为南方人,他一想起寒冷北方的严冬季节,马上就想到了一具冻僵的尸体,比石头还要硬。投降,历史上会留下骂名的,更何况,赵宋立国一百五十多年,读书人从小树立的最基本的价值观念就是忠君报国。想到这儿,他就望望前边钦宗坐的囚车。两难的选择,秦桧思来想去,理不出个头绪,只好暂时搁下。最终的答案,也不是自己能够决定的,见机行事吧。

还算好,女真贵族并没有拷打秦桧他们。但是,一天到晚的饭食,对于习惯了东京城舌尖上的美味的秦桧夫妇来说,实在是猪食不如,难以下咽;吃下去之后,又很难消化。

六月二日,第七批战俘抵达金军的大本营雲中(今山西省大同市);六月底,他们又被押往燕山府(今北京市);七月十日抵达燕山府,与徽宗等人相会。只见年方四十五岁的徽宗蓬头垢面,宛然一个乞丐,秦桧等人禁不住掉下了眼泪。

众人又在燕山府停留了两个月多一点的时间。停留期间,大家互相谈论沿途的悲惨遭遇,连徽宗、钦宗的嫔妃也大多被金军将领强奸,更别说其他的宫女。徽宗的同父异母兄弟燕王于途中饿死,盛尸于马槽之中,由于马槽太短,双脚还露在外面。徽宗请求金军将他归葬东京，不被允许，只得将他尸体焚化后，携带骨灰随行。

而整个燕山府，由于俘虏众多，金军随意买卖战俘，俨然成了买卖俘虏的市场，价格惊人的便宜。许多女俘虏，为了生存，沦为娼妓。

九月十三日，徽宗、钦宗等人又被押解着离开燕山府，前往中京（今内蒙古宁城县），十月十八日到达中京。陈过庭等官员，也迁至广宁府（治今辽宁北镇县），而秦桧却由金太宗赐给元帅左监军完颜挞懒（昌），在燕山府"居留弗遣"。

此前在建炎元年（公元1127年）的夏天，徽宗和秦桧他们都知道了赵构已经继位，而且控制着江淮、川陕以南的大片地区。两人庆幸赵宋经此大难，竟然没有亡国。

徽宗于是起草了一份"乞和书"，又指派秦桧和其他几人进一步修改，然后送给女真贵族中的关键人物。秦桧在此过程中，又发挥他在太学时的特长，跑前跑后，对遇见的每一个女真贵族，甚至他们的奴仆，都奴颜婢膝。

修改后的"乞和书"，基本上全部出自秦桧之手，很快就到了金军左都元帅完颜宗翰手中。

秦桧被金太宗赏赐给元帅左监军完颜昌后，成为随军参谋。燕山府居留期间，完颜宗弼也曾经宴请过秦桧，"左右侍酒者，皆中都贵戚王公之姬妾"。翻云覆雨，战俘成了座上客。

秦桧对金国的态度，何以会在一年多的时间里，发生如此大的变化？应该是他对双方的实力对比分析后的产物。他认为赵宋经过金国第一轮的暴风骤雨般的打击之后，腐败已久的禁军基本上全军覆没；一哄而起的民间武力，绝对不是兵强马壮的金国的对手，弄不好还会成为大麻烦；生长于后宫的花花太岁赵构，和平时期都没有做皇帝的素质，这种时期，靠他来延续赵宋的皇脉，简直是笑话。那帮大臣，在靖康围城期间的表现，秦桧已经把他们看穿了，有几个硬骨头？大多是戏精。和平时期忠君报国四个大字连说梦话时候都会冒出来，真正国难当头的时刻，骨头立马软了。

反观金国,不仅仅兵强马壮,国君完颜晟,大臣完颜宗弼、完颜宗望、完颜昌等人,哪一个不是出将入相、生龙活虎之辈,透着打天下初期必须有的精、气、神。

鸡蛋不能碰石头,抗金就是彻底亡国。求和,即使屈辱的求和,才能保全赵宋。

秦桧回归之后极力倡导的对金外交,完全在他修改的"乞和书"中体现出来。

"乞和书"送达完颜宗翰之后,完颜宗翰很高兴,能够不战而屈人之兵,让赵宋世世代代做金国的藩国,当然是求之不得的事情。宋徽宗希望通过"乞和书"达到的目的,完全落空。但是,秦桧却在此过程中,得以结识许多女真贵族,并大得女真贵族的青睐。完颜宗翰用抢来的财物丰厚地赏赐了秦桧,把他们夫妻二人的居住条件和伙食状况又大力改善了一下。鉴于他们不习惯女真人饮食的情况,又特地从战俘中挑选在皇宫中给徽宗做过饭的御厨,用从中原地区抢来的东西,给他们做可口的饭食。秦桧夫妇自然感激涕零。就这样,秦桧不但没有像徽宗等战俘被押往酷寒的东北,反而在燕山府和老婆王氏等人过着悠闲的生活。

但是,要确保"乞和书"的内容付诸实施,就必须在被俘的南宋高级臣僚中,挑选合适的人,用适当的方式让其回归,然后进入南宋政权的最高层,去倡导、监督、执行金国提出的对宋外交政策。必要时候,金国可以通过外交施压,确保其长期担任高级臣僚。合适的人选,自然必须是赞成金国对宋政策的人。

至于合适的人选,完颜宗弼一度考虑张孝纯。张孝纯曾经是北宋太原知府,领导军民抗金,太原失陷后不得已投降金国。张孝纯后来做过伪齐的宰相和金国的高级臣僚。

完颜宗翰则考虑秦桧。秦桧在"乞和书"的传递过程中和宗翰接触颇多,而且宗翰的对宋政策主张,早就着眼于武力与外交并用的策略。因此,率军南下的过程中,他就一直在考虑这个问题。接触了秦桧几次后,他仔细询问了战俘中的几个高级臣僚,得知了秦桧在围城中的强硬表现,私下还佩服秦桧;后来和秦桧就"乞和书"谈话,发现他外表虽然依旧有点强硬,但是一旦宗翰说出更强硬的话语,他则立马变得缓和甚至软弱,而且有强烈的回归愿望。宗翰试探了好几次,秦桧都是这样。最后宗翰问秦桧大金和"残宋"以后应该如何相处,秦桧直言金国提出的"南自

140

南、北自北"的策略,就是很不错的解决问题的办法。

所谓"南自南、北自北",指的是现在居住在南宋统治区域的人,凡籍贯是河东、河北、山东、陕西等地的,都要回到金国直接控制的地区;籍贯是中原地区的,都要回到伪齐统治区。

这几个字看似简单,其实包含着很阴险的目的。

第一,在人口就是财富、人口就是生产力、人口就是国家实力重要组成部分的时代,此举将会大大加强金国和傀儡政权伪齐的国力,为进一步打击南宋奠定基础。

第二,南宋将士中,真正有战斗力的人,绝大多数来自上述地区,包括张俊、韩世忠、刘锜以及后来居上的岳飞等人,这等于让南宋自动解除武装。

第三,这就使华北、陕西、中原地区的汉人,再也不许南逃,等于替金国和伪齐安定了社会秩序。

第四,在逃难到南方的北方人大多还很怀念故土、渴望回归故土的时候,这种主张带来的虚假的南北和平局面极具欺骗性。

第五,最关键的是,等于南宋承认了战争造成的国土变更现状,再别提收复失地的夙愿了。

难怪完颜宗翰等女真贵族听了之后,直夸秦桧才是南宋难得的人才。秦桧听后,谦虚地说了几句客套话。

能够回到南方,不再忍受北方寒冷的气候的折磨,全家又可以团圆,过舒舒服服的日子,多好呀!在金国的外交保护之下,南宋政权只能重用自己。更何况,靖康围城期间,自己的表现,也是很不错的资本。这在秦桧看来,几乎是全赢。回去之后,可能会被人怀疑此段经历,但是,目今南宋的宰相是范宗尹,他和自己的关系很不错,况且朝中还有几个和自己关系不错的人。关键时刻,他们会帮自己打圆场。

金朝末年著作郎骑都尉张师颜在《南迁录》一书中对此事有记载,也是唯一的记载,大致经过如下:

金太宗天会八年（公元 1130 年）初，金国几个重臣商议国事，担忧南宋东山再起，因为南宋朝廷上张浚、赵鼎等人志在复仇，军队的高级将领中韩世忠和吴玠等人也是能征善战之将，单凭武力，势难让南宋屈服。退而求其次，只能外交途径与武力进攻互相配合，才能长期保持对南宋的高压态势。而外交途径的重要组成部分就是暗中让已经与女真贵族有友善关系且极力主张让南宋老老实实做金国藩国的高级官员南归，通过各种手段取得赵构的信任，在南宋政权内部大肆培植"亲金派"，打击"抗金派"。

但是，也有学者认为这部书是伪书。

其实，不管这部书是真是伪，从秦桧南归掌握大权后长期的对金外交政策可以看出，与上述记载基本上吻合。

秦桧卖身投靠的历史从此开始。

建炎四年（公元 1130 年）的秋天，完颜昌奉命率军攻打楚州（今江苏省淮安市），秦桧一行随军南下。秦桧担任随军参谋及负责粮草征集和转运的官员，而且奉完颜昌之命，起草了致楚州军民的劝降书，劝降书中甚至有辱骂赵构的语句。楚州城被金军攻破后的第三天，秦桧一行脱离金国军队，回到南宋境内。

秦桧南归问题，一直是历史上的谜案。像秦桧这样级别的官员，如果不是金国有意放他一马，其脱逃的可能性非常小。秦桧解释为杀死监视他们的金军后，找了一艘小船乘船南逃。当时即有许多臣僚对此解释提出怀疑。但是，由于宰相范宗尹等人平素与秦桧关系不错，极力支持秦桧，高宗于是接纳了秦桧。

南宋时期，一直有人怀疑秦桧是金国的奸细。当然不可能有真凭实据。但依其回南宋之后的各种自相矛盾的谎话，以及其他记载的揭露，作为金国的奸细，自无可疑。

四、岳飞与秦桧之间的矛盾

秦桧与岳飞，一个在朝廷，一个在军中；一个南方人，一个北方人，再加上赵宋"崇文抑武"的祖宗家法，双方直接见面的机会少之又少。

秦桧与岳飞之间的冲突不仅仅是两人之间围绕宋金关系展开的收复失地还是屈辱求和的矛盾冲突，而且和南宋朝廷的内政外交都有密切的关系。

岳飞与秦桧的第一次冲突也非面对面的交锋，还是和宋金外交有关。绍兴八年六月，金国使节乌陵思谋来临安商谈和约事宜。高宗和秦桧等决定接受金国提出的所有屈辱的议和条件，尽管朝臣中反对的声音不少。岳飞因为此前朝廷不同意他的北伐之议，心灰意冷，几次提出辞职的请求。

高宗虽然决意讲和，朝廷中文臣们的反对意见可以听而不闻；但是，不能不考虑手握重兵的岳飞等三大将的意见。尽管他对岳飞关于和谈的态度已经非常清楚，还是希望召岳飞来朝，做最后的说服和笼络工作，以减少和谈的阻力。岳飞于九月抵达临安后，君臣见面，寒暄一番之后，岳飞将早已考虑好的几句话一字一句地说出来：

"金国绝不可信，和谈不可靠。宰执们如此处置国事，后世一定会留下骂名！"

岳飞说这几句话的语气非常坚定，再加上北方人说话中特有的重音，震得高宗的耳膜都嗡嗡直响。高宗听后，只能回以难堪的沉默，摆摆手示意岳飞退下。

岳飞所说的宰执，虽然没点名，显然指向秦桧。

朝见结束后，岳飞感到意犹未尽，又上了一道奏疏，其中写道：

"一定不能与金国讲和，血海深仇，怎能忘记！臣请求带兵收复所有失地，雪靖康国耻！臣受皇帝厚恩，只有如此，才能报答。"

岳飞对和谈的坚决拒绝态度，成为他与秦桧结怨的开端。第一次结怨，就已经注定了以后的结局。

因为秦桧自担任宰执后,对于与自己意见不合的大臣,基本上不当面辩论,只用最简单的话,扣最大的帽子,然后处以最重的惩罚。屡屡如此,屡屡奏效。

参知政事李光与秦桧就宋金和谈事宜发生矛盾,秦桧主张在绍兴九年,就收回岳飞等大将的兵权,被李光制止,从而怀恨在心。有一次,当着高宗的面,李光慷慨激昂地批评秦桧的奸邪。秦桧一边听,一边慢慢地叩牙,一言不发,待李光说完,还没等高宗表态,秦桧慢腾腾地说道:

"李光没有人臣应该有的礼节。"

将李光的行为定罪为对高宗的大不敬。高宗听后,勃然大怒,李光随后被贬官。

绍兴十年(公元1140年)五月,女真贵族撕毁上一年刚刚签署的和约,再次对南宋发动大规模的战争。六月,秦桧上奏高宗,谈对宋金关系再次恶化的看法,其中写道:"德无常师,主善为师。"他的意思是臣去年见金国有割地讲和之意,故赞成陛下与其和谈,以收回黄河以南的故土;现在金国又撕毁和约,故又赞成陛下的反击决策。总之一句话,球是圆的,怎么说都有理。

由于金国反复无常的做法,招致了朝中臣僚对与金国和议主张的大肆批评,搞得高宗很没有面子。一气之下,高宗拿秦桧来遮挡一下,于是拿出秦桧的奏疏给来临安朝见的岳飞看。岳飞看后,气愤地说道:

"君臣之间的伦理道德,是人天生就该有的。忠君报国,就是要给国君讲明事实的真相,让国君据此做出正确的判断。主持国家大事的宰执,尤其应该如此,怎么能用反复无常的话来欺骗国君呢!"

岳飞的这番言论,不久传到了秦桧耳中,秦桧自然更加恼怒岳飞。

此后,岳飞反对议和的言论和行动越发显著,与秦桧的矛盾也越来越尖锐。

第二节　钱眼里的张郡王

一、张俊其人

1.号称中兴名将

张俊(公元1086年—公元1154年),字伯英,凤翔府成纪(今甘肃省天水市)人,少年时期曾经落草与盗贼为伍。十六岁时,因为喜欢骑马射箭,成为家乡附近三阳寨的弓箭手①,有才气但也很自傲。

徽宗政和七年(公元1117年),从讨南蛮,转都指挥使。宣和初,在与西夏的战争中立下战功,授承信郎。后又参与平定河朔、山东地区的盗贼,进武德郎。

靖康元年(公元1126年),因为守御东明县有方,转武功大夫。金军进攻太原,

---

① 北宋神宗元丰五年(公元1082年)开始,为了战争的需要,在当地汉人和少数民族中招募年十七岁以上、能挽弓七斗以上的人组成队伍,给地一顷,平时种地、训练,一旦有战争,就加入正规军作战。

跟随制置副使种师中的部队前往援助,师屯榆次。金军以数万骑兵发动进攻。张俊当时作为领兵五十人的队将,率众进击,杀伤甚多,缴获战马上千匹。张俊请求乘胜进攻,种师中却以非黄道吉日为由,不同意张俊的主张,急令退保。金军见势,悉兵合围,榆次被攻破,种师中死难。张俊率领数百人突围,且行且战,至乌河川,再与敌军相遇,斩首五百级。但是,相关史书对张俊在榆次之战中的表现,明显有夸张的记述。

靖康元年(公元1126年)十二月初一,赵构在相州开设大元帅府后,张俊率兵跟随信德府(治今河北省邢台市)守臣梁扬祖前往相州。赵构见张俊身躯雄伟,了解了他的经历后,认为目今最需要的是像张俊这样有实战经历的战将,于是擢升他为元帅府后军统制。张俊可谓南宋王朝的"复兴元勋"。

靖康二年(公元1127年)正月,张俊跟随赵构到东平府后,据守兖州(治今山东省兖州市)的盗贼李昱的军队,威胁东平府的安全,赵构命张俊为都统制,率兵前去平定这股逆贼。

中书舍人张澂,自汴京赍蜡诏到东平府,命赵构速把军队交给副元帅指挥后回汴京。赵构向众人咨询大计,张俊说道:"这肯定是金人的诡计。现在大王在围城之外,这是天意,哪能独自前往?"只求保命的赵构,当然不敢前往,他率诸军躲于济州。得知二帝北迁后,张俊劝赵构赶快称帝,说:"大王是皇帝亲弟,人心所归,当今天下汹汹,不早正大位,怎么挽救局势!"再加上其他人也纷纷劝进,赵构自然装模作样勉徇众议。

靖康二年(公元1127年)四月二十一日,赵构离开济州,前往南京应天府(今河南省商丘市);出发之前,元帅府又将军队重新编组,张俊任中军统制,沿路负责赵构一行的安全。到应天府后,高宗即位,初置御营司,以张俊为御营司前军统制。

在赵构于危难中即帝位的过程中,张俊自然有立功表现,这是后起的岳飞所无法比拟的。后来,在南宋的几员大将中,唯有张俊附会和议,更使高宗对张俊情有独钟。

苗刘之变成为张俊人生的转折点。他一下升为节度使,进入大将的行列。但此役打头阵的其实一直是韩世忠。张浚一生最出名战功是明州之战,其实只是小胜,疲惫的金军遭到张家军的一次小的袭击。

但是,需要指出的是,张俊的张家军屡屡有伪造战功的行为。绍兴四年(公元1134年)十二月,张俊派遣部将张宗颜率军悄悄渡过长江,到六合县(今南京市六合区),企图偷袭金军的后背,未能成功,但是,张俊却伪造捷报。

2.贪财好色

南宋初期,尽管国破家亡,但是,官场上的腐败风气,仍然在继续蔓延。"前方吃紧,后方紧吃"一语,即是典型的写照。

张俊对财富的贪婪,朝野上下人尽皆知。在土地是最基本也最容易保值的时代,通过各种途径占有大量肥田沃土,是绝大部分统治阶级人士的共同追求。

张俊尤其喜欢占有田产。在江浙间占有的田产,每年光收租一项就可以达到上百万石。张俊死后,子孙们为了避祸,一次向朝廷捐献田地达三万七千余亩,黄金九万两。张俊家里白银太多,害怕被偷,于是每千两铸为一个银球,中有贯穿的孔洞,叫作"没奈何"。传言张俊每晚在灯下,将每个"没奈何"通过孔洞,对着灯光看个遍,才能安心睡觉。张俊估计是南宋的首富。

张俊还在临安开设大酒店,取名"太平楼"。酒店修建的过程中,除极少数技术人员外,其他人力,全部役使军中士兵。为了生意兴隆,张俊事先就营造广告效应,让身强力壮的士卒去抬石头,士卒腿上都刺着文身,号称"花腿",引得无数人围观。有人为此作了一首打油诗:"张家寨里没来由,使他花腿抬石头。二圣犹自救不得,行在盖起太平楼。"张俊的酒店,生意做得风生水起,赚得盆满钵满。

南宋的伶人喜欢在戏剧表演时讽刺一些名人,借以吸引更多的观众。一次宫中演出,一个伶人装模作样地说道:

"我上识天文,下晓地理,世间贵人都与天上的星相相应,我一看便知。只需用一文钱对着贵人一照,便可知其对应的星相。"

伶人一个个地看过来,先看高宗,说是"帝星";看秦桧,说是"相星";看韩世忠,

说是"将星";看到张俊,看了又看,说看不见星。大家都有些惊异,说不可能,催他再看。他又看了一会儿,然后笑着说道:

"还是看不见星,只见张郡王坐在钱眼里。"

惹得在场的高宗和秦桧等臣僚哈哈大笑。

张俊晚年,其妻妾得到封号的就有七个。

有这样的将领做统帅,张家军的纪律可想而知。张家军号称"自在军",不打仗的时候也不训练,甚至不断发生大白天杀了人夺人钱财的事情。建炎年间,张俊率军去浙江温州一带平定盗贼,沿途民众听说张家军到了,纷纷躲避,数百里没有人烟。金国撕毁协议后,重新占领黄河以南地区,张家军北上打到南京应天府所属州县,常常抢夺黎民百姓的妻妾,夺取财物,残暴程度与金国军队没有差别,导致当地汉人民众心寒彻骨。

由此看来,无论是张俊和岳飞个人,还是张家军和岳家军群体,套用今人的语言来说,均三观不合。

二、张俊与岳飞矛盾激化

岳飞曾在建炎初、建炎四年和绍兴元年三度做张俊的部下,在此期间,双方也没有什么冲突,但岳飞显然看不起张俊,说他粗暴而寡谋。建炎四年(公元1130年)七月,朝廷根据张俊的推荐,任命岳飞为通、泰州镇抚使,兼泰州知州(治今江苏省泰州市)。即使岳飞独立成军后,岳家军和张家军也曾经多次合作,对付"贼寇"、伪齐和金国的军队。

绍兴四年(公元1134年),岳飞因为赫赫战功得以封为从二品的清远军节度使,时年三十二岁。独立成军刚刚五年,就得以和自己的老上级张俊并列,在很讲究论资排辈的时代,不能不让张俊嫉妒。岳飞自然很清楚这一点,所以,他主动写信和张俊沟通,张俊一概不理。岳飞甚至将整船的战利品,派人送到张俊军营,但是,张俊不但不领情,反而视为是岳飞对自己炫耀。

见到两员抗金主将关系越来越紧张,薛弼从国家利益和张、岳两人自身利益两方面出发,每每从中进行斡旋,双方的关系也有一些缓和。但是,岳飞幕府中一些年轻气盛的幕僚,眼见岳飞官位越来越高,岳家军在南宋军力中的地位越来越重要,就劝岳飞不必对张俊过分谦卑。

韩世忠最初也忌妒岳飞,经岳飞主动修好,两人关系和好。

绍兴七年后,高宗专注于对金求和,当时东南的三大将中,岳飞和韩世忠都坚决表示反对,唯有本来就畏敌怯战的张俊,看风使舵,坚决支持降金,并保护金使张通古。高宗从此对他青睐有加。

岳飞和张俊,尤其在抗金问题上分歧很大。岳飞在此问题上,矢志不移,岳家军独立成军后,岳飞无论是言论还是行动,都表现出强烈的收复失地、雪靖康国耻的血性和谋略。而张俊则唯高宗马首是瞻,即使率领张家军参加一些与金军的战斗,一遇硬仗、恶仗,就畏敌如虎,退避三舍;遇到实力较弱的金军,则赶快抓住来之不易的吃软柿子的机会,然后极力夸大战功。这样的事情,搞得多了,让岳飞打心眼里看不起张俊。

在处理韩家军的过程中,二人潜伏已久的矛盾,彻底暴露,也彻底恶化。

在高宗和秦桧等削夺三大将兵权,铲除和议的最大障碍问题上,张俊表现得非常乖巧,给予大力支持。

岳飞和韩世忠被解除兵权后,虽然外在的表现是悠闲自得,但是内在的愤怒是掩饰不住的。秦桧及其党羽主张找更大的罪状,置二人于死地,才能彻底铲除和议的障碍,也才能让高宗不再有被跋扈之将控制的担忧,也才能永远保住秦桧及其党羽的既得利益。

高宗和秦桧所采用的手段,则是利用三大将平素之间的矛盾,让他们互相倾轧。秦桧与高宗密谋,派张俊和岳飞去视师淮东原韩家军,并规定张俊为正职,岳飞当副职,而让韩世忠留在临安,充虚位。

　　高宗和秦桧对外的宣传冠冕堂皇，说是为了整饬军队，以备抗击金军。实际上，高宗和秦桧特别向张俊私下布置的任务有两条：一是依照与金人秘密协议，将原韩家军自江北楚州撤往江南镇江府，满足金朝在江北不屯重兵的要求，并且自动放弃淮北的海州，此为对金讲和的重要步骤；二是肢解韩家军，将韩世忠麾下最精锐的背嵬军单独调驻临安府。秦桧通过张俊夹带自己的私货，则是通过罗织韩世忠部将的冤狱，将谋反的罪名加在韩世忠头上，置韩世忠于死地。

　　张俊和韩世忠尽管是儿女亲家，但在领会高宗和秦桧的这个意图并付诸实施的过程中，一点也不手软，大有以公灭私的味道。

　　两人在路过镇江时，就首先把驻扎在那里的一部分韩家军调到校场检阅。张俊乘机对岳飞提议把韩世忠的背嵬军（亲兵）拆散，采用"掺沙子"的办法，将他们分别编到其他部队中，拆解了亲兵，其他部队相对来说就好处理了。

　　岳飞听后，马上提出反对意见。他说道：

　　"一定不能这样做。国家现在真正领兵打仗的重要将领，也就咱几个人，收复失地，还得靠咱们。朝廷现在不让咱们统兵了，可万一朝廷和金国打仗，皇上再让韩枢密统率自己的军队，我们还有何面目与他见面。"

　　从岳飞的话中可以看出，他念念不忘的还是收复失地，且很顾及与韩世忠的友情。

　　张俊听后，没有说话，但是内心却充满了对岳飞的嘲笑，也意识到此行肯定不顺利，必须想方设法让岳飞就范。

　　六月十六日，二人到达楚州。胸怀坦荡的岳飞住宿于城内的衙门里，心怀鬼胎的张俊则住于楚州城外，一来害怕城内兵变发生，二来则表示不与岳飞为伍。

　　第二天，原韩家军中军统制王胜，率领一支全副武装的人马去接受张俊的检阅。此前已经有人密报张俊，说王胜有杀害张枢密的意图。张俊马上做好了戒备。

　　张俊一见到王胜的人马，马上质问王胜：

　　"你们这么多人马来与我见面，全副武装干什么？"

　　王胜回答道：

"枢密是来检阅兵马的,所以不敢不全副武装前来。"

张俊于是让他们全部就地解除武装,然后接受检阅,搞得不伦不类。王胜等立即执行张俊的命令,可张俊还是疑虑不已。张俊后又将王胜调到与王胜有矛盾的王德军中,欲借王德之手杀掉王胜。岂料豪爽的王德竟然和王胜成了朋友。

张俊和岳飞按照军籍花名册,点视了韩家军的全部人马。岳飞这才知道雄踞淮东十多年的韩家军,只有三万人马,却进可图山东,退可守江淮,不由得生出由衷的敬佩。

检阅完兵马后,二人又检查楚州城的城防设施,看到城墙有些地方坍塌,张俊于是建议把坍塌之处修好,以利于防御。岳飞心里不同意,自然没有附和张俊的主张。张俊再三要求岳飞就此事发表自己的观点,岳飞于是说道:

"我们蒙国家厚恩,最要紧的考虑应该是收复失地,现在修筑城池塌陷之处,自然是从退守方面来考虑,何以激励将士们收复失地的雄心!"

岳飞心里面收复失地、主动进攻的死结还是放不下。

张俊听后非常不满意,又以老上级的语气嘲弄了岳飞一番。岳飞忍了忍,没有做任何反应。可张俊还是怒不可遏,于是迁怒于身边的两名士兵,找罪名要将他们斩首。岳飞苦苦相劝,还是没有保住两人的性命。当着众人的面,张俊给了岳飞一个下马威。

二人返回镇江府后,泗州①知州刘纲来到枢密行府,求见张俊和岳飞。一番寒暄之后,刘纲问道:

"泗州城在淮河之北,城池修得很不牢固,驻军和粮草都很少。一旦金军来进攻,防守还是放弃?"

刘纲是张俊的亲信。此番问话,自然是奔着岳飞而来。

岳飞慢慢说道:

———————————

①　泗州城位于今江苏省盱眙县境内,清康熙十九年（1680年）,黄河夺汴入淮,泗州城遭没顶之灾,至康熙三十五年（1696年）,彻底被泥沙埋没。

"你说的是润州,还有何名?"

刘纲说道:

"京口。"

岳飞再问还有什么名,刘纲回答道:

"丹徒。"

岳飞又问还有什么名,刘纲回答道:

"南徐。"

岳飞轻轻一笑,说道:

"这就对了。"

岳飞尽管主要负责中部战区,但是,对南宋每个战区的地理大势、历史沿革了解得清清楚楚。

坐在一旁的张俊一言不发,心里面只骂岳飞卖弄。刘纲则对岳飞刮目相看,见人就说:

"岳鹏举果有过人之处。"

张俊利用朝廷的支持和正职的地位,还是执行了高宗和秦桧的密令,岳飞反对无效。岳飞得知原韩家军部将耿著的冤狱,当即给韩世忠报信。韩世忠求见高宗,大哭大吵一场。高宗还愿保全这个苗刘之变的功臣,就命秦桧停止牵连韩世忠。

岳飞返回临安之后,就坚决请求辞职。高宗不允,却命岳飞虚位而暂留临安。张俊另去镇江,设枢密行府。他没有停止对岳飞的攻击,到处造谣中伤岳飞,说岳飞坚持楚州不可守,不只是针对楚州而言,而是针对整个淮东战区而言,最终是要放弃淮南退保长江。这对一向坚持以进攻战术为主的岳飞而言,显见是污蔑。

岳飞的倔强态度,使秦桧和张俊更加仇恨,必置岳飞于死地而后快。

岳飞冤案的最初阶段,就是由秦桧派人找到张宪副手、前军统制王俊,编造一份陷害岳飞等人的诬告状。张俊配合,在镇江府,先胁迫前来参见的鄂州大军都统制王贵就范。王贵回鄂州后,被迫接受王俊的诬告,张俊又乘副都统制张宪接踵前来参见之机,将他逮捕。张俊不顾宋代军事法规的规定,违令在枢密院开设刑堂,审讯张宪。枢密院吏胥严师孟和刘兴仁,拒绝张俊的违法命令。急不可耐的张俊,又命令亲信前去审讯,甚至亲自出马审讯张宪。在张宪不自诬的情况下,他命人伪造了张宪的供状,上报秦桧;又在上奏中添加"岳飞让岳雲送来求救信,开始密谋策划起兵营救岳飞"的罪证,直接将岳雲扯进冤案之中,以增加罪证的力度和谋反的可信度。

张宪和岳雲被处斩时,张俊还亲临刑场。他遗憾的是没有看到岳飞被处死的场面,他终于出了一口恶气。

作为岳飞墓和岳飞庙的"五跪像"之一,张俊罪有应得。

果是功成身合死

——岳飞与宋高宗的真实关系

　　独立成军后，随着地位的升高和岳家军在南宋军事活动中占据着越来越重要的地位，如何处理好与高宗的关系，对于性格单纯、质直、坚定、倔强的岳飞而言，是一个颇为复杂的问题。

第一节　乱世金龙

一、赵构的黄金时代及结局

高宗赵构,字德基,徽宗第九子,母亲是皇后韦氏(当时为才人),徽宗大观元年(公元1107年)五月二十一日生于东京大内,小名"君虎"。宣和三年(公元1121年)十二月,进封康王。十六岁时举办了成人礼后,徽宗赐字德基,离开皇宫,出居康王藩邸。

宋徽宗被俘前总共有三十二个儿子,三十四个女儿。排行第九的赵构,如果不是因为靖康国耻的"机会",坐龙椅的可能性几乎没有。

高宗的母亲韦氏,是南方越州会稽县(今绍兴市境内)人,原为宋徽宗宠爱的皇后郑氏的使女,生赵构时已经二十八岁。母以子贵,得以进入嫔妃的行列。

相传高宗出生时,徽宗和郑皇后做了一个相同的梦,梦见五代十国时期吴越国的国王钱俶说道:"我很听话,诚恳地来朝见,为何扣押我! 总有一天,你们老赵家要把江山还给我! 报应! 报应!"梦醒之后,徽宗出了一身冷汗,待到郑皇后告诉他自己也做了相同的梦后，一向迷信的徽宗倒吸一口凉气。一会儿后宫有人来报喜信，说才人韦氏生了一个皇子。相信多子多福的徽宗，也没有表现出多少惊喜，只是点点头，笑了笑，说了个赏赐韦氏和小皇子的金银的数目，然后打发报喜人回去。

这个梦境牵涉一段真实的历史。赵宋发动统一战争的时期，统治今浙江、江苏南部、上海市一带的吴越国的国王钱俶，在宋太祖赵匡胤发动的对南唐的战争中，出力甚多。宋太宗赵光义时期，更是主动纳土归顺。但是，去东京朝见结束后，却被扣留。

赵构出生三天后，按照礼节，徽宗去看小皇子，抱着放到膝间，笑着说了一句话："典型的江浙人的脸!"众人自然明白这句话的含义。宋徽宗一日于宫内宴请诸子，年幼的赵构由于疲倦，便由宫人领着到旁边的一个小屋内休息。停了一会儿，徽宗去小屋内看望，一掀床帘，发现床上躺的是一条一丈多长的金龙。徽宗见状，马上想起赵构出生时的那个梦，于是心中默念道："天哪!"

北宋灭亡后，赵构重建的宋政权，其国都在临安，正是昔日吴越国的国都所在地，而且钱俶和赵构都活了八十一岁。

当然，宋代笔记小说中的这些记载，有些显然是为高宗继位造势，应是后来杜撰的。

元人所写的《宋史》记载他"资性朗悟，博学强记，读书日诵千余言，挽弓至一石五斗"，而且喜欢骑马，能够双手同时举起两袋米，各重一斛（大约相当于今天一百一十斤）。整体看来，不管是武艺还是和武艺密切关联的基本功都不错，达到了皇帝侍卫的标准。但是，面对残酷的战争，高宗的胆量实在不能和太祖赵匡胤相比。

从真宗开始，北宋的皇帝再也不是马上皇帝，徽宗更是典型的文人皇帝、艺术家皇帝。高宗能够文武全才，实在有点另类。

徽宗多才多艺的基因也传给了高宗；再加上皇宫里耳濡目染和高水平老师的指导和培养，高宗的书法和绘画都不错，特别是书法，楷书、行书、草书，无不精通。他的书法一开始练的是黄（庭坚）体。后来练米（芾）体，他尤其喜欢米体，最后练孙（过庭）体。高宗且有研讨书法的《翰墨志》一书传世。

所以高宗绝非一些史书中被彻底妖魔化的形象。

当然，徽宗的荒淫无道也传给了他，尤其是好色。赵构就这样度过了他人生中十九年的黄金时代。

靖康国耻后，兵荒马乱之际，年方二十岁的赵构在南京应天府重建赵宋政权。这对没有任何治国经历的赵构来说，绝对是严峻的考验。

即位不久，就是南逃。南逃途中几乎每一个夜晚，高宗做梦都会梦到父亲徽宗和生母韦氏以及妻子邢夫人，尽管不知道他们现在在哪里；但是，他会想象出来，作为战俘，他们所过的那种非人的生活。

一天夜晚，刚从噩梦中惊醒，卫士报告父亲从前的随行官吏曹勋求见，赵构赶忙让他进来。原来曹勋随徽宗做了战俘后，在徽宗的授意下，瞅准机会南逃。南逃之前，徽宗在他的衣领上写下了如下几个字：

"如有机会，赶快自行宣布即位，收复失地，营救父母。"

韦氏也写了一封内容大致相同的信，托曹勋带上。

邢夫人则将藏在身上的金环托曹勋带上，作为信物，且请曹勋转告赵构，见物如见人，愿早日再相见。

他们不知道赵构已经即位。

赵构看到父亲独特的瘦金体的手迹后，马上想到父亲的身子估计也像这字体一样了，当着曹勋和卫士的面，他号啕大哭起来。住在附近的臣僚听到消息后，也赶忙过来询问并安慰他。

赵构在位三十六年。绍兴三十二年（公元 1162 年）六月，年方五十六岁的高宗自称太上皇，传位于宋孝宗赵昚。孝宗淳熙十四年（公元 1187 年）十月八日，高宗死于临安德寿宫，时年八十一岁。

二、人质经历及其影响

当年钦宗继位后，赵构求见钦宗，见面后说道：

"京师虽然兵力不少，然而大多是没有经历过战争的游手好闲之徒。真正打起仗来，不是败就是跑，应该尽量避免和金国发生大规模的战争。"

赵构的分析倒有点道理。但是，面对残酷的战争，他已经显出恐惧。

靖康元年（公元 1126 年）正月，金国要求宋廷派亲王到金军军营做人质。赵构与张邦昌一起，做了二十多天的人质。尽管元人所修的《宋史》高宗本纪部分记载赵构先是"慷慨请行"，到了金军军营后"意气闲暇"，实际上这都是不实的记载。一个成长于深宫的十九岁的年轻人，第一次面对残酷的战争，尤其是面对如野兽般的女真贵族的军队，不可能没有强烈的恐惧感。后来之所以把人质更换为肃王，一是因为第一次派遣的人质，授予的权限不明；二是赵构年纪太轻，很明显不具有谈判所需的起码的素质。改派肃王赵枢前往，是因为赵枢年龄要大一些。同时将人质张邦昌的职务升为宰相，很明显具备了谈判的能力和权限，接下来马上签订了割地给金国的协议。

由于签订割地协议后，金军于八月份再度南侵，肃王也没有放回，只好再派亲王前去求和。由于赵构已经与女真贵族接触过，所以同年十一月，钦宗又强迫他前往金营求和。

从高宗即位以后在每次宋金战争中的表现看来，这次人质经历，在他的心中留下了永远的恐怖性记忆。建炎三年（公元 1129 年）夏天，赵构接二连三给金太宗和掌握军队大权的粘罕写信，表示要自动取消国号、取消帝号，要无条件投降，甘愿做一个藩属，哀求女真贵族能够满足他的要求。赵构的这种做法，只能助长女真贵族的嚣张气焰，加深金对南宋政权的蔑视。所以，他们对于赵构"乞哀书"中的恳求，一概不理。这更加剧了赵构的恐惧心理。

历史有时候充满了神秘性。高宗的人生事业起点可以从靖康元年（公元 1126 年）十二月初一在相州开设大元帅府，自任兵马大元帅算起。当时，相州汤阴县出生的岳飞是大元帅府所属的前军统制刘浩手下从九品的承信郎。但是，一直到建炎四年（公元 1130 年）五月下旬，岳飞前往越州（今浙江省绍兴市）献俘，才第一次朝见高宗。此前岳飞也许只远远地看见过高宗模糊的身影，而高宗当时对这个无名之辈不可能有任何印象。

建炎元年（公元 1127 年）六七月间岳飞的越职上书，恐怕高宗也没有看到。

第二节　越州献俘

　　建炎四年(公元 1130 年)四月到五月收复建康府(今南京市)的战役,历时半月有余,仅仅岳家军同金军的战斗,就达到几十次,且都取得了胜利。杀死、俘虏的女真官兵达到三千多人,俘获千夫长留哥等二十多名军官。

　　接到战报的高宗,自然希望能够亲自见到战俘、审问战俘。虽然不能像太祖、太宗一样扬鞭跨马、上阵杀敌,却也能通过审问战俘这种形式品尝一下胜利的滋味,显示一下皇帝的威风,更显示一下自己的政绩。高宗先是通过翻译审问战俘,打听徽、钦二帝的消息,表露出非常关切的神态;然后下令将八名女真军官处死,其余的"汉儿"俘虏,分隶诸军。

　　利用这个难得的机会,岳飞当即上奏,阐述了自己的军事见解:"建康府为大江要塞,应该选派精兵坚守。金军如果渡过大江,一定是直奔二浙,追击朝廷所在。但是,保江必保淮,淮河两岸一旦失守,大江也难以保住,所以必须保住江淮要地。"高宗对岳飞的看法表示赞许,并赏赐他铁铠五十副、金带、鞍、马、镀金枪、百花袍等物品,以示鼓励。

　　双方的第一次见面,时间虽然不长,但是对于岳飞而言,自然是莫大的荣耀,进一步激励了他英勇作战、忠君爱国的情怀。而对高宗而言,当他获悉岳飞是相州人时,眼睛里闪出一丝欣喜——相州可是自己的发迹之地呀!这个来自相州的年轻人,也许会成为自己"中兴"道路上的一枚好棋子,以后得好好注意这枚棋子。当时,尽管还没有从金军的刀枪下缓过劲来,有些拍马屁的大臣已经将"中兴"二字挂在嘴上了。高宗听后,一开始还不大能接受,听得多了,耳也顺了,如果几天没有大臣朝见时大声地喊"中兴",他倒觉得有点不正常,有点不吉利。大臣们了解了他这个心理后,除了极少数臣僚,其他臣僚每次朝见时都首先用最大的声音喊"中兴"。

当然,高宗对岳飞太深入的了解和很高的期望,此时还谈不上。

第三节　临安朝见

　　绍兴三年(公元 1133 年)九月,岳飞奉命来到临安,第二次朝见高宗。此时的岳飞,已经今非昔比,成为继吴玠之后,一颗冉冉升起的将星,为朝野上下所瞩目。而他的年龄,刚刚三十一岁。

　　从绍兴元年到三年,岳家军的战绩太辉煌了,除了大规模的戡平内乱的军事活动外,岳飞还分兵遣将,镇压了几场规模不大的内乱。徐庆和王万率领的三千兵马,会同江南东路安抚大使司统制颜孝恭、郝晸的军队,平息了建昌军(治今江西省南城县)姚达和饶青的兵变。岳飞则亲自率军招降了郝通,消灭了盘踞在舒州太湖县(今安徽省太湖县)司空山的盗匪李通。徐庆和江南西路安抚大使司统制傅选合军,击败了叛将李宗亮和张式的队伍;王贵和徐庆率军击败高聚于袁州(今江西省宜春市)、张成于萍乡(今江西省萍乡市),并分别擒获高聚和张成。

　　平定这些内乱,对于逃难到江南不久的高宗和南宋朝廷而言,实在太重要了,这些大大小小的叛乱和内乱,虽然不足于推翻政府,但是其危害却非同小可。建炎三年(公元 1129 年)三月,历时一个月的苗傅和刘正彦的兵变,几乎断送了高宗的皇位。

　　高宗也乐于召见这个军界的后起之秀,以加深对他的了解。毕竟上一次的朝见只有很短暂的时间,对岳飞的了解仅仅停留在虽然很年轻却率兵打了很多次胜仕,也有一些独到的军事谋略的层面上。深层次的了解还很少。通过加深接触,一定要使他意识到他所有的升迁,都来自皇恩浩荡,这样才能使他更加忠心耿耿地为朝廷效命,而不要有任何非分的幻想。

十五岁的岳雲也随同父亲参加了朝见,高宗也简单询问了岳雲的情况。

朝见之际,岳飞心里还是放不下荆湖北路和京西南路的战事。由于败报接踵而至,他渴望与猖狂进犯的李成再决雌雄。高宗却突然提起刘光世军缴获的那把李成用过的七宋斤重的战刀,于是对岳飞说:"如果李成能够弃暗投明,投奔大宋,朕当以节度使待之。"①并且命令岳飞派人去做争取李成归降的工作。高宗当时之所以会不考虑岳飞的想法,贸然说出这种话语,是因为伪齐十分倚重李成,让他成为进攻南宋的急先锋。急不可耐之下,他竟然想出了这种昏着儿,也说明高宗还是一个很不成熟的帝王。

岳飞听后感觉心里非常难受。他积八年赫赫战功,也不过是从五品的遥郡承宣使,而叛将李成只要重新归宋,居然可当号称武人极致的从二品节度使。

但是,岳飞也只能强忍怒火,接受高宗布置的任务。

朝见之后,回到后宫,高宗回想刚才和岳飞朝见的细节,特别是自己说到封李成为节度使时,岳飞脸色的变化、眼睛的眨动、呼吸陡然变化导致的胸脯的一起一伏、说话的语气也突然发生明显的变化,联想到岳飞的年龄,顿时产生隐隐的不安,也觉察到了自己在李成问题上的失言,于是想出了弥补之策,很快超升岳飞为正四品的镇南军承宣使。

高宗觉得仅仅升官不足以鼓励岳飞这样的人。因为他经常收到各种线索报来的岳飞不同场合的谈话,"迎还二圣""收复失地"这两句话,几乎每次都讲。高宗听的次数多了,和岳飞的战功结合起来看,和岳飞对战争谋略的计划结合起来看,感觉岳飞的确是一个言行一致的人,不同于自己身边那几个,虽然也经常念叨这几句话,但只是自己也说这几句话时候的回声,迎合而已。张俊几个武将虽然有时候也

---

① 宋代节度使虽然只是一个没有实权的虚衔,却被视为武将们的最高荣誉。

在自己面前用很大的嗓门说这几句话，但高宗明白，他们只是为了升官发财，而且他们的贪欲，永远无法满足。

想到这里，高宗于是亲笔书写了好几幅"精忠岳飞"四字的条幅，又仔细比较了一下，从中挑选了自己最满意的一幅，派人去绣成一面战旗，赐给岳飞，命岳飞在用兵行师时作为大纛。

此外，高宗还赐给岳飞和岳云衣甲、金带、战袍、弓箭、刀枪、战马等物品，赏赐白银二千两，用来犒赏将士。高宗还特授岳云为正九品的保义郎、阁门祗侯的武官虚衔。岳飞觉得儿子寸功未立，却得到如此厚赏，于心难安，坚决请辞。但是，皇帝的恩命是不容推辞的，只好违心接受；同时勉励岳云，好好训练，争取早日立下战功，报答皇帝的恩赐。

岳飞于朝见后回到江州（今江西省九江市）。他认为也不能完全拂逆高宗的旨意，就派幕僚王大节去伪齐，从事间谍工作，争取让李成早日归降南宋。但岳飞内心对李成降宋不抱任何幻想。

第四节　并军风波

绍兴六年(公元 1136 年)十二月二十一日,南宋朝廷给岳飞发送了一道省札,要求岳飞在无紧要事情的情况下,赴行在奏事。由于当时对伪齐的战争还没有结束,岳飞自然不能马上前往。绍兴七年(公元 1137 年)正月初三,朝廷又给岳飞发了一道省札,内容与上次一字不差。尽管正在过年,岳飞意识到朝廷肯定有要事相商,于是带着亲兵,乘船顺江东下,二月中旬到达了平江府。但是,高宗因故巡幸建康府。岳飞一行又改道前往建康府。三月四日,高宗在建康府召见了岳飞。

朝廷此次召岳飞前来,原来是为了处理刘光世军队事情。

刘光世,字平叔,保安军(治今陕西省志丹县)人,祖上世代为将。

刘光世虽然与张俊、韩世忠、岳飞并列为南宋"中兴四将",其实刘、张二人无论是战功还是品行,都是盛名之下,其实难副。在当时即为人所非议。元人所修的《宋史·刘光世传》记载:

"律身不严,驭军无法,不肯为国任事,逋寇自资,见诋公论。……建炎初,结内侍康履以自固。又早解兵柄,与时浮沉,不为秦桧所忌,故能窃宠荣以终其身,方之韩、岳远矣。"

去年的淮西之战,刘光世贪生怕死,将军队从庐州(今安徽省合肥市)前线一路撤退到长江边的当涂(今安徽省当涂县),几乎把淮西一带,拱手送给伪齐,受到朝野上下的一致谴责。再加上刘光世的军队军纪不严,刘光世本人又沉迷酒色;且与岳飞形成鲜明对比的是,一旦有人在他面前谈起收复失地一事,就露出很不高兴的脸色。有鉴于此,宰相张浚,坚决要求解除他的兵权,以儆效尤。

在舆论的压力下,高宗也同意解除他的兵权。否则,以后再打起仗来,有人效仿,将会产生连锁反应。但是,由何人接管刘光世的军队,却需要认真通盘考虑。朝廷先后给岳飞发了两道省札,自然是把岳飞作为首要人选。

君臣二人谈话时刻,高宗首先谈到,作为大将,在此非常时刻,应该时刻考虑收复失地的大事,不可只考虑自己的利益。虽然没有挑明,应该指的是刘光世。

这次谈话的时间应该比较长。高宗问岳飞有无中意的马匹,岳飞说以前有两匹,后来死掉了。那两匹良马有什么特征呢? 岳飞说道:

"吃的草料、喝的水都比较多,但是对草料和水的要求都很高。宁愿饿死,也不吃不清洁的草料,不喝不清洁的水。跑起来,一开始也不太快,跑了一百多里之后,会突然加速再跑二百里。解除鞍甲之后,一点也没有疲劳的感觉,也不流汗,好像若无其事的样子。这才是良马呀! 受大而不苟取,力裕而不求逞。"

岳飞接着又说道:

"现在骑的这匹马,吃得不多,但是,对草料和水的要求几乎可以说饥不择食、渴不择饮。还未戴好马鞍,就显出急不可耐的样子;刚跑了一百里地,就气喘吁吁,立即躺到地上,一副要死的样子。这就是典型的驽马,寡取易盈,好逞易穷。"

对两匹马的结论性评价,显见岳飞是以马喻人。他把自己比作良马,自然希望高宗能够给他尽可能多的兵马,以便完成直捣黄龙府的伟业。他应该听说了朝廷正在处理刘光世军队事宜。

这次谈话结束不久,高宗对朝臣们说岳飞的见识比以前进步多了,显见高宗初步考虑把刘光世的军队合并给岳飞。他在自平江府到建康府途中,撇开同行的韩世忠,单独召见岳飞说:"中兴之事,朕一以委卿,除张俊、韩世忠不受节制外,其余并受卿节制。"表明皇帝当时还是下了很大决心——除张、韩二军外,岳飞有权节制南宋大部分兵力。这在深忌武人的宋朝,尚无先例。

三月十四日,岳飞收到张浚掌管的诸路军事都督府发来的札子,题目是《令收掌刘少保下官兵札》,刘少保即刘光世。札子说明经过都督府认真核对,刘光世军队共有将士五万二千三百一十二人,马三千零一十九匹,接下来列举了王德、郦琼等十二名正副统制手下各有官兵多少人、马多少匹,最后指出将这道札子送给岳飞。

同一天,高宗写给王德、郦琼等统制一道御札,要他们今后听岳飞节制,而且这道御札由岳飞转交给王德等人。

在这道御札中高宗言明了聚兵的重要性,特别言明要雪靖康国耻,要求王德等人一定听岳飞的指挥,否则军法从事。

很明显,高宗当时已经决定,把刘光世的军队,全部划归岳飞管辖,加强岳家军的力量。

当时,刘光世军是一支重要军力,如果能够合并,岳家军的质量和数量,将远远超过张俊和韩世忠的部队。

刘光世统辖时期,由于刘光世御军不严,自身素质又比较差,部队毛病不少,但是,有些将官的综合素质还是不错的。岳飞认为,合并给自己之后,依自己严格的御军之法,经过一段时间的磨合,同样能够把他们锻造成像岳家军将士一样的军人。而高宗在御札中也言明要抓住有利时机,雪靖康国耻。

如果说接到军事都督府发来的札子后,岳飞有点激动;而读了高宗的御札后,岳飞则心潮澎湃,浮想联翩,于是连夜写了一份上奏,题目即《乞出师札子》。这道札子的内容主要包括以下几个方面:

第一,感恩戴德。国家变故以来,起自布衣的岳飞,怀抱忠君报国之心,投身军旅,粗立薄功,不到十年,就得以官至太尉,位比三公,内心委实不安。现在又要给岳飞添加兵马,只有以更大的战功来报答高宗的知遇之恩。岳飞在奏中特别透露,他当时已非仅是荆湖北路、京西南路宣抚使,而是"宣抚诸路",除京东作为韩、张两军的作战区外,其余京西、陕西、河东、河北诸路失地,都是岳飞的作战区。

第二,金国立刘豫伪齐政权的目的是以中国攻中国,使女真贵族得以有休兵养马的机会。因此,现在必须北伐,消灭伪齐政权。一旦女真贵族休兵养马结束,收复失地的难度必定大大增加。

第三,给岳飞恰当的时间,使敌人无法判断岳家军的行踪,一有可乘之机,则挥师中原。同时,韩世忠和张俊的部队也由东路北上,起到策应和配合的作用,定能直捣黄龙府。

第四,设若限于后勤供应的困难,难于北伐,敌军必将主动南下,岳家军则坚守襄阳一带,与敌人打消耗战。如果敌军由关中进攻四川,岳家军则北上直插其老巢。

第五,北伐成败,关键之一是后勤能否及时供给。因此,必须广为储蓄。而这些事情必须由其他人员去处理,岳飞则一心考虑军事大局。

第六,中原恢复之后,岳飞将归隐田园。这也是岳飞早就许下的诺言。

当时北方的局势,岳飞通过源源不断的谍报,了解得清清楚楚。自从去年的淮上战役失败以后,刘豫满腹忧愁,臣僚们离心离德,女真贵族也责骂刘豫软弱无能;北方民众则盼望南宋的军队早日到来,将他们从水火中拯救出来。

然而,正在岳飞踌躇满志之时,风云突变。合并刘光世军队的计划,转眼间又被否决。

最初,高宗确实考虑把刘光世等军都由岳飞节制,但是,枢密使秦桧联合张浚,很快又扛出了赵宋王朝的祖宗家法——岳飞虽然性格简单、质直,忠君报国,言行一致,可在专制体制之下,依照法家韩非子等人的学说,国君不可相信任何人。否则的话,江山社稷甚至自己的头颅,都难以保住。

于是,高宗又断然否决了此前的决策,决定把刘光世的军队继续作为一支独立的部队,把王德提升为都统制,归都督府直接统领,实际上也就是归张浚统领。

高宗当即用御札通知岳飞:"淮西合军,颇有曲折,前所降王德等亲笔,须得朝廷指挥,许卿节制淮西之兵,方为给付。"

张浚出面找岳飞谈话,当然编造不出冠冕堂皇的理由,对岳飞堂堂正正地做出解释,只能装出根本没有发生过令岳飞统率淮西等军的事,转弯抹角地发问:

"淮西军素服王德,我考虑让他做都统制,而命吕祉做都督府的参谋,如何?"

张浚的发问显然不是征求意见,而是明白地告知岳飞,淮西行营左护军的指挥人选已有新的安排。但岳飞首先考虑的还是抗金大局,于是率直地说道:

"淮西军将士多由以前的叛亡盗贼组成,此前经常发生叛乱。王德与郦琼资历、能力差不多,以前就经常闹矛盾,一旦这样安排,势必加剧他们之间的冲突。吕尚书(吕祉以兵部尚书兼都督府参谋军事)虽然是通才,但是个典型的书生,不熟悉军旅之事,自然不能服众。我认为必须选择德高望重的大将才行,否则,后果很难预料。"①

张浚听后问道:

"张宣抚(俊)倒是大将,如何?"

岳飞回答说:

"张宣抚是宿将,我的老上级。然其为人脾气暴躁又缺少谋略。郦琼一向看不起他,恐怕不行。"

张浚又问道:

"杨沂中怎么样?"

岳飞说道:

"杨沂中和王德差不多,也不行。"

岳飞直言不讳地逐一作答。张浚却认为岳飞无非是执意扩大自己军队的实力,脸色陡然大变,恼怒地说道:

"我早就知道你认为只有岳太尉你才行!"

岳飞听后,愤怒地说道:

"都督你正面问问题,我自然只能正面回答,不能说假话,哪里是为了一意扩充自己的军队!"

双方的对话不欢而散。

---

①　脱脱等著,《宋史》卷三六五,《岳飞传》,中华书局 1977 年版。

在并军问题上，精明透顶的秦桧，一开始就看清了宰相张浚的意图，但是，由于他刚刚回朝不久，不便直接跑到前台反对岳飞的计划，于是就利用张浚的弱点，将张浚推到前台，自己则在后边煽风点火；而且时刻窥探高宗在此问题上的看法和变化，以便见风使舵。

事情已经没有任何商量的余地。岳飞也按照朝廷的指令，三月下旬，乘船溯江西上。但是，他没有直接回到鄂州军营，而是先到了庐山东林寺。

夜深人静，岳飞又把此事的前后经过仔细回顾了一遍。他认为自己在此问题上没有一点私心，也没有半点过错，完全出于收复失地的愿望。

岳飞按捺不住心中的怨怒，于是给朝廷写了一道奏疏。他当然不能将不满指向高宗，只好借口与宰相张浚议事不合，请求解除兵权，留在庐山，为母亲服完剩余的丧期。鄂州军营的一切事务，暂时委托张宪处理。

接到了岳飞的奏疏之后，高宗一方面下御札给岳飞，封还了他的奏疏；另一方面，根据张浚的建议，委派张浚的亲信——兵部侍郎、枢密都承旨、兼都督府参议官张宗元去鄂州，担任宣抚判官。张浚是打算乘机剥夺岳飞兵权，由张宗元直接取代岳飞，掌管岳家军，直属都督府。

高宗收到岳飞要求解除军职的奏疏后，勃然大怒，此前对岳飞的好感一下子烟消云散。他认为岳飞简直是胆大包天，竟敢挑战自己的权威，实在是大不敬。

有一天，左司谏陈公辅上殿奏事，高宗对他隐瞒自己在淮西军归属问题上的反复无常，歪曲事实真相，指责岳飞骄横跋扈。陈公辅是李纲的同道，向来被指为李纲的同党。

陈公辅下朝之后，回味高宗说得不圆的谎言，很快上了一道奏疏，奏疏写得比较委婉：

"此前一直以忠义闻名朝野的岳飞，突然有此反常的行为，原因应该还是和合并刘光世军队没有成功有关，应该没有其他的不正常的含义，还请皇上仔细体察。岳飞是一个粗人，很少像他人一样委曲求全，而其本意，全在收复失地。皇帝应该示以不疑，与他反复辩驳，让他理屈词穷，只能俯首听命。"

陈公辅的奏疏,显见有为岳飞辩解之意。高宗权衡利害得失,为了自己的帝座,尚不得不用岳飞掌军。他拒绝了张浚的收岳飞兵柄之谋,在手诏中"封还"岳飞的辞职奏札,不准岳飞"求闲自便";但他对岳飞的感情,却已猜忌甚深,此事成了君臣关系的转折点。

岳家军由另一副手张宪暂时管理事务,而当时张宪也正因病请假。张宗元的到来,使岳家军一下子炸开了锅。不明真相的将士们,以为朝廷已经同意岳飞辞职,张宗元很快就要正式上任。

薛弼此时已经担任都督府的随军转运副使,专门负责岳家军的后勤保障工作。见此情景,他赶忙找到张宪,嘱咐张宪在此危难时刻,一定要想方设法稳定将校们的情绪,有事情先找自己问个明白。

将校们找到薛弼。薛弼说道:

"张宣抚(张宗元)是朝廷应岳宣抚的请求派来的。岳宣抚离开不久,大家就闹哄哄的,岳宣抚知道后,一定不高兴。况且朝廷已经派人到庐山,催促岳宣抚早日回到军营履职,相信他很快就会回来。"

听了这一番解释,将校们才安定下来。

高宗封还了岳飞的奏疏后,在庐山上的岳飞仍然不愿意返回鄂州军营,又给高宗上了第二道奏疏,奏疏中不再提及与张浚议论不合,只提继续为母亲服丧。高宗又封还了岳飞的奏疏,另外写了一道御札给岳飞,一方面感叹岳飞的孝心,另一方面表彰岳飞一向忠君爱国的行为;接下来提到伪齐军队侵犯两淮,张浚已经前去措置,让他速速前去与张浚见面,商讨作战事宜。

岳飞接到第二封御札后,还是不愿如高宗所安排的前去与张浚商讨战事,又给高宗写了第三道奏疏,竭力辩白自己一向的志向是收复东京,除此之外,没有任何野心和私利。

高宗第三次封还了岳飞的奏疏,又写了一道御札给岳飞,一方面肯定其奏疏中的辩白,另一方面再次督促他前去见张浚,最后特别写明让岳飞不要再上奏。

应该说在此问题上,高宗按照陈公辅"反复辩驳,让他理屈词穷"的策略,已经让岳飞无话可说,无路可退。

为了配合高宗的策略,南宋朝廷又以三省枢密院的名义下了一道省札给鄂州宣抚使司的参议官李若虚和统制王贵,严令他们火速到庐山,督促岳飞赶快回到鄂州军营。否则,李若虚和王贵将被军法是问。

李若虚和王贵二人不敢怠慢,昼夜兼程,骑快马直奔庐山东林寺。见到岳飞后,说明了朝廷恩威并施的指示。可任凭他们再三苦劝,岳飞仍然不肯出山。见此情景,李若虚也生气了,不得不严厉地劝说岳飞:

"你这样一而再、再而三不听朝廷的指示,无论对你、对你的家庭、对岳家军、对国家,都绝对不是好事,朝廷一定会产生你到底想干什么的疑问。况且你原来就是河北一个农夫,熬到现在这个份儿上,真是天大的造化,你应该珍惜这份荣誉。况且你再不出来,我们两个将被军法从事,你难道眼睁睁地看着我们被军法从事吗?"

李若虚又气又急,王贵也在旁边帮腔。岳飞被迫无奈,只能于六月回朝,向皇帝谢罪。高宗不阴不阳地说:"朕不怒卿。如果发怒,太祖皇帝所谓唯有宝剑!"

将近四个月并军引起的风波,在高宗和岳飞之间,留下了永远难以消除的裂痕,此事成了君臣关系的转折点。而高宗对岳飞的印象,"忠君爱国"四字的前两个字,日渐模糊。而高宗最需要的就是这两个字,来不得半点马虎。

岳飞回鄂州后,马上上奏要求本军单独北伐,奏中批评朝廷只求自守,不敢远攻,并且提醒高宗,不要自食几个月前在寝阁发出的复仇金朝的许愿。高宗只能勉强同意他率军北伐。但是,岳飞已带兵到襄汉,尚未出击。刘光世的军队划归张浚的都督府直接管辖的方案,在执行的过程中,不出岳飞所料,出了大乱子。

刘光世被撤职后,王德升任行营左护军都统制。王德虽然也是抗金名将,功劳不小,但是居功自傲,此前就因为擅自杀死韩世忠的属官,一度被贬官。此番再度获得重用后,毛病不但没改,反而愈加骄傲。

有一天,校场阅兵结束,众将官军礼拜谒后,郦琼鉴于王德已经高升的现实,主动改善和王德的关系,当着众将官的面对王德说道:

"以前我服侍太尉不周,请多谅解。从今以后,我愿意像一床锦被一样,为太尉遮风挡雨,让太尉睡得安稳。"

王德本应该趁机安抚人心,尽释前嫌。但是,郦琼如此肉麻的马屁话,竟然未能打动粗鲁的王德。王德听了后,轻蔑地看了郦琼一眼,一句话也不说,骑上马扬长而去。

王德对郦琼是这样,对其他将官也好不到哪里去,很快犯了众怒。郦琼在寒心之余,伙同众将官,联名上告王德贪污军饷。宋廷为了调解冲突,又任命郦琼为行营左护军副都统制,以制约王德。张浚则按其原定计划,派兵部尚书兼都督府参谋军事吕祉前去监军,而将王德的八千人马调驻建康府。

吕祉如赵括一样,善于纸上谈兵,却并无治军的经验。作为文官,他沿袭宋朝崇文抑武的积习,妄自尊大,对行营左护军的将佐傲慢无礼。郦琼趁机阴蓄异志,拉拢了大部分将领,图谋叛逃伪齐。吕祉发现情况不妙,急忙上奏,请求派大将进驻淮西,并罢免郦琼。不料其奏章的内容,竟被身边的书吏泄露给郦琼。朝廷赶忙宣布张俊为淮西宣抚使,杨沂中为淮西制置使,前去防范郦琼部队叛逃。消息传到行营左护军中,恰好成了事变的导火线。绍兴六年(1136年)八月八日,郦琼发动兵变,杀死吕祉等人,裹胁全军四万余人,外加随军家属及当地民众,总共十万余人,归降伪齐,历史上称为"淮西兵变"。

宋朝前沿的四大军区之一,一下子变成一团乱麻的状态。朝野震惊,宋廷更是乱成一团。

"淮西兵变"的直接影响是淮南西路①彻底处于伪齐和金国的军事威胁之下,也说明了张浚一手策划的、高宗许可的合并刘光世军队的最终方案彻底破产。张浚因此被罢免了宰相和都督等所有职务。

由于郦琼也是相州人,和岳飞是老相识且很佩服岳飞,宋高宗慌忙给岳飞递发手诏,希望岳飞写信给郦琼,争取郦琼归宋,而且许下了足以打动郦琼的条件,"以前的罪行一切不问,而且授予郦琼比从前更高的官爵"。然而高宗的浩荡皇恩、岳

---

① 管辖今淮河以南、长江以北的安徽省大部、河南省东南部、湖北省东北部的地区。

飞的书信，终究不能使郦琼回心转意。

"淮西之变"使岳飞的先见之明完全得到了证实。但这种证实给他带来的不是自傲，而是更深的痛苦。由于郦琼对南宋江淮地区的山川险要及军队的弊端非常清楚，完颜宗弼又非常信任他，此后金军南下，往往先听取郦琼的见解。郦琼的部队一度成为金军南下的先头部队。而郦琼对金、宋双方军队的实力对比后，有了更彻骨的感受。一次，郦琼和完颜宗弼等人谈及这个话题时说道：

"我来到大金之后，多次跟随大军南下讨伐江南，每见元帅国王（指完颜宗弼）亲自临阵督战，矢石交集，国王竟然连甲胄都不穿，指挥三军，意气自若，用兵制胜，就像孙膑和吴起一样，可谓命世雄材。至于亲自冒着锋镝，进不避难，将士们看到后，谁敢怕死。所以能够所向无敌，开疆拓土。

"反观江南的大多将领，才能不及中人。每当出兵，身居数百里之外，叫作持重。笑话呀笑话！督召军旅，更换将官，仅派一个文官拿着文告前去即可，叫作调发。制敌决胜的重任，委之中低级将领，导致智勇双全的将领彻底失去对朝廷的希望，愚笨的将领只会丧师失地。打一小胜仗，就到处宣传，虚报战功且将功劳全部归到自己头上，军中怨声载道。即使亲临战场，一遇战败，马上抢先逃跑。朝廷又正气全无，才有微功，已加厚赏；即使有大罪，只要有靠山，也不处罚。这样的政权，没有早日灭亡，已经是老天保佑。期待中兴，痴人说梦！"

郦琼的分析，进一步鼓励了金军南下灭宋的勇气。

张宗元则于八月初回到了建康府，将近四个月与岳家军将士相处的时光，使他对岳家军、对岳飞都有了一个比较完整的认识，于是就其所看、所感，写了一封奏疏给高宗，其中写道："岳家军将帅和谐，纪律严明，训练严格，上下一心，人怀忠孝，实为一支精锐之师。"

高宗接到这封奏疏之后，对岳飞先前的错误，多多少少又过滤掉了一些，联想到最近的"淮西兵变"，觉得岳飞虽然性格执拗得有点过头，但对自己的忠诚度还是可以的。于是，高宗又根据张宗元的奏疏，颁布了一道奖谕诏给岳飞，其中写道："岳飞能够与士卒同甘苦，打造了一支进可攻、退可守的劲旅，让朝廷放心、让百姓拥戴,实为今日之周亚夫。"将岳飞比作西汉名将周亚夫,可算对岳飞最高的评价,以此在表面上缓和君臣关系。

　　"淮西兵变"后,高宗用御诏的形式,将兵变的经过告知岳飞。其实岳飞此前已经知道了兵变的消息。他担心兵变可能影响到收复失地的计划和自己联结河朔的战略,也担心兵变给高宗心理上造成打击,于是主动给高宗上札子,安慰高宗,表示江淮地区乃朝廷战略屏障,自己愿意率兵前去戍守。高宗鉴于岳飞所在防区的广阔与重要性,没有同意岳飞的请求。但是岳飞不会安于坐在军营之内。秋天,岳飞又率领亲兵前去与伪齐的边界巡查,且将此行动报告给朝廷。高宗知道后,又以御札的形式,表彰岳飞能够于风霜之时,不辞辛苦,希望岳飞再接再厉,并指明岳家军的水军也应该加强江州一带的防御。岳飞随之率领水军前去江州驻扎。

　　很明显,"淮西兵变"后,高宗和岳飞都在利用各种机会,修复二人之间的裂痕,而且也有了明显的效果。

第五节　建议立储

宋高宗做康王时,已经有了五个女儿,只有潘贤妃为他生育了一个儿子,但也早夭。建炎三年(公元1129年),高宗逃难途中,仍然沉迷于声色之中,一日白昼与嫔妃行床第之欢,突闻金军前来,匆忙上马逃跑,因此丧失了生育能力。虽然御医想尽办法为他治疗,但还是没有任何希望。

君主专制时代,皇帝没有子嗣且丧失了生育能力,这绝对不仅仅是皇帝个人家庭的私事,而是事关国本的大问题。

绍兴元年(公元1131年),右仆射范宗尹、同知枢密院事李回、参知政事张守、上虞县(今浙江省上虞市)丞娄寅亮先后上书,请求于宋太祖系诸孙中挑选贤德的幼童过继为子,作为皇位继承人。此后,赵伯琮、赵伯玖分别被选入宫中,赵伯琮后改赐名为赵瑗,绍兴五年(1135年),高宗封赵瑗为建国公,令其读书于专设的资善堂,实际上等于是皇子的待遇。岳飞曾经在入朝时候,去过赵瑗读书的资善堂,见过这个十岁左右的孩子,聪敏可爱,有着不同于同龄幼童的端正和大方。岳飞情不自禁地心里默念道:"国家中兴希望,看来在他身上了。"赵瑗知道进来之后一直打量他的这个人就是大名鼎鼎的岳飞时,也禁不住微笑着多看了几眼。

但是,宋高宗却迟迟不立赵瑗为皇储。他仍然抱有生子的幻想,这样赵瑗就可能随时被废。

面对这种局势,宰执们大都赞成早日确立皇储,反对者主要是秦桧。

岳飞与军中高级将领及幕僚们每当聊及确立皇储这个问题时,他的心情会陡然变得很焦急、很苦闷。了解他的人知道这是他"尽忠报国"的心理所致,不了解他的人则私下说他像一些迂腐的读书人。

绍兴七年(公元1137年)秋天,岳飞在参谋官薛弼的陪同下,坐船沿江东下,前去建康府,朝见宋高宗。天高云淡,长江两岸的一路美景,岳飞都没有心思欣赏。他考虑要趁着这次朝见之机,上奏高宗,确立赵瑗的皇储地位。岳飞此前刚刚收到谍报人员送来的情报,金国准备废掉伪齐皇帝刘豫,改立被俘的宋钦宗的儿子赵谌为傀儡皇帝,制造两个宋国对立的局面。因为赵谌曾经于靖康元年被立为皇太子,按照传统的观念,他更具有当皇帝的"合法性"。那样的局面一旦出现,不但对北方汉人民众的心理会产生影响,而且可能殃及南方,抗金大业将面临非常复杂的局面。岳飞联结河朔、收复失地的战略,也可能幻灭。想到这里,岳飞打了一个冷战。

岳飞于是独自一人在船舱的桌子上,拿出文房四宝,开始写奏疏。岳飞写得很小心,每句话都要考虑好几遍然后才动笔,所以写得很不顺利。突然薛弼敲门进来,岳飞赶紧停笔,把正在写的奏疏放在一边,由于太慌乱,毛笔也放错了位置。薛弼进来后,见岳飞神情慌乱,联想到这几天岳飞一直愁眉不展的样子,以为发生了什么大事,赶忙问岳飞,岳飞连忙说没有没有。参谋官出身的薛弼是一个非常细心的人,他断定岳飞心里肯定有事,而且是大事,他害怕性格单纯的岳飞做出什么鲁莽的事情来,从参谋官的职能角度出发,仔细询问,也在情理之中。再加上岳飞和薛弼,素来关系亲密。岳飞回答说正在写奏疏,且简要提到了奏疏的主要内容。薛弼听后,大吃一惊,赶忙劝说岳飞不要干这种事。赵宋王朝防范武将的祖宗家法,薛弼还是非常清楚的。

岳飞把金国制造两个宋国的阴谋告诉薛弼后,接下来说道:

"不管是文臣还是武将,忧心国事,不能首先考虑到可能给自己带来坏处,就置之不顾。"

薛弼听了,以他对岳飞的了解,知道劝说也没有用,只得轻轻关上门出去了,但是,愁眉不展。

薛弼走后,岳飞的心里反而彻底平稳了,于是继续写奏疏,写得还很顺利。

见了高宗,君臣二人谈完重要的事情后,岳飞说有一份重要的奏疏需要给皇帝,高宗于是让岳飞宣读奏疏。此时,岳飞突然想到了薛弼此前的告诫,不免有些紧张,再加上奏疏又没有近代才有的标点符号,所以念得很不流畅。恰好一阵凉风吹进来,纸张随着乱飞。岳飞的声音也有点颤抖,不过高宗没有打岔,他耐心地听岳飞把奏疏念完,然后让岳飞抬起头来,仔细打量了几分钟,冷冷地、慢慢地说道:

"一片忠心呀! 但是,你领重兵于外,这种事,你怎么能参与呢!"

随即让岳飞赶快退朝。

岳飞出去之后,面如死灰,如鲠在喉。

薛弼接下来朝见,高宗没有先就军国重事与薛弼交流,而是先追问岳飞刚才的奏疏一事。薛弼在船上和岳飞谈话之后就做好了应对的准备,于是把船上的事情讲述了一遍,既尽力为岳飞开脱"罪责",也替自己开脱。高宗了解到是岳飞一个人的单独行动而不是有其他将领的介入的团体性行为后,也松了一口气。再加上正在用人之际,岳飞这样的将领,目前更是离不开。对将帅恩威并施的葵花宝典,他还是非常清楚的,于是对薛弼说:"岳飞现在肯定很苦恼,你下去之后,好好安慰一下他。"

当天晚上,高宗辗转反侧,一直睡不着,第二天早上高宗又急召宰相赵鼎进宫。见面之后,高宗直接谈昨日岳飞奏疏一事,恼怒地说:

"岳飞不守规矩,怎么能上这样的奏疏呢? 必须警告他,以后一定不能干这样的事了。"

赵鼎退朝之后,赶忙召见薛弼,说道:

"大将领重兵于外,岂可参与此类朝廷大事? 一点也不避嫌。岳飞武人,不知道此类规矩,估计是军中幕僚们出的馊主意。你回去告诉他们,一定不要再出这类馊主意,保全功臣,要的是处处小心! 要的是干好自己的本职工作!"

赵鼎的话,显然是不了解岳飞忠君爱国的真诚,也冤枉了岳飞的幕僚。

　　岳飞的立储之议，本是出自对赵宋朝廷、对抗金大业的一片忠心，时刻考虑一己私利的高宗，对此却永远不会理解。岳飞上奏疏的结果，不仅未能推进问题的解决，反而更加深了他与高宗之间的矛盾。

　　攘外必先安内，这是宋太宗留下的至理名言。安内的一项重要谋略，就是时刻防范武将。南宋初年，高宗迫于内外交困的形势，不得不让岳飞、韩世忠等将帅居高位、掌重兵。但是，他与宰执大臣，不论是对投降派还是抵抗派，大多抱着不得不用但是必须防范的心态。绍兴四年和绍兴六年的几次胜仗，使宋高宗对于偏安东南，又多了几分自信。而发生在绍兴七年的几件事，又使他对几员大将，特别是岳飞，非常寒心。

　　立储这类大事，如果奏疏出自文官，会被理解为一片忠心；但是，出自武将的话，就会被理解为别有用心。

　　高宗苦思冥想之后，设计了一个计划。他准备用一两年的时间，"抚循偏裨"，取代大帅，再对各支大军实行分割和缩编。唯有大将兵分势弱，他方能高枕无忧。一次与监察御史张戒谈话时，高宗有意无意将此计划透露出来。①

　　高宗决心模仿宋太祖，实施第二次"杯酒释兵权"。然而历史并未重演。宋太祖表演的是喜剧，而高宗表演的却是丑剧。宋太祖成为一代明君，而高宗却留下千古骂名。

---

　　①　李心传编撰，《建炎以来系年要录》卷一一九，中华书局2013年版。

第六节　反对议和

绍兴八年(公元 1138 年)十二月,南宋以极其屈辱的条件接受了金国提出的议和条款。绍兴九年(公元 1139 年)的元旦和正月初五,高宗在两封诏书中对臣僚和民众极尽欺骗之能事。

在第一封诏书中写道:"(和议)割还故地,务存两国大体。"

而按照该协议的规定:"南宋向金称臣纳贡""赵构自动取消帝号和国号,成为金国的藩属国",不知保存了南宋的什么国体?

在第二封诏令中写道:"睦邻修好,既通两国之欢;和众安民,以图万事之利。"

在第二封诏令的后边,附有大赦条款,内容如下:

应河南新复路分现任文武官,各安职守,并不易置。山寨土豪等,优与推恩。

应陕西军兵官,昨缘抚驭失宜,致有离散,非其本心,今来既已归还,各仰安职。

应进士诸科,曾因刘豫伪命得解者,并与理为举数。

应新复州县,放免苗税三年,差徭五年。

应两淮、荆襄、川陕新旧宣抚使及三衙官军,并特取旨,优异第赏;统兵官等第推恩；内外诸军，并与犒设。

张邦昌、刘豫僭号背国，原其本心，实非得已。其子孙亲属，并令依旧参注；无官者仍许应举。

军兴以来，州县失守投降之人，不以存亡，并与叙复，子孙依无过人例。

靖康围城伪命，及因苗傅、刘正彦名在罪籍，见今拘管编置者，并放逐便，未经叙用者与收叙。

绍兴八年特奏名进士，试入第五等人，并特依下州文学恩例。

江、浙诸路今年和预买绸绢，每匹特免一贯文。

江西、湖广等路，见有盗贼啸聚去处，并许自新，前罪一切不问。

排除其中一些显示皇恩浩荡的条款外，靖康国难、张邦昌和刘豫伪政权中一切失节的官员，包括张邦昌和刘豫本人，投降女真贵族，都是迫不得已的行为，都可以继续做官。

这样的条款，还谈什么忠君爱国，谈什么民族气节！

但是，两封诏书，丝毫未提及极其屈辱的条款。而这些条款，只有极少数高级臣僚知道。

岳飞一直反对屈膝和议。绍兴八年秋，宋高宗召东南三大将到临安，表面上是咨询他们对和议的意见，岳飞、韩世忠和张俊表示了截然相反的态度，岳飞恳切规劝说："夷狄不可信，和好不可恃，相臣（当时指左相赵鼎和右相秦桧）谋国不臧，恐贻后世讥议。"

绍兴九年（公元1139年）正月十二，在鄂州军营的岳飞收到了朝廷递来的赦书。由于赦书中的有些条款，都牵涉岳家军所在的防区，按照惯例，岳飞应该在接到赦书后上表表示感谢，岳飞于是命令老家也是河朔地区的幕僚张节夫替自己撰写谢表，但是谢表完全反映了岳飞对和议的看法。

表中除了必须写到的官样文句外，岳飞亮明了自己反对议和的态度：

第一，"夷虏不情，而犬羊无信，莫守金石之约，难充溪壑之求"，金国绝不会善守盟约。

第二，"臣愿定谋于全胜，期收地于两河。唾手燕雲，终欲复仇而报国；誓心天地，当令稽颡以称藩！"

正如邓广铭先生所言，与其说是"贺表"，不如说是"抗议书"①。

岳飞坚决反对屈辱的议和，他的志向是不仅要收复靖康国难以来的失地，还要收复后晋时期割让给辽国的燕雲十六州②。

单纯、质直且统率十万人马的岳飞，不会隐瞒自己的观点。自岳家军独立成军以来，与金国军队及伪齐军队交战十年，他不相信患有严重"恐金症"的高宗和秦桧等人蛊惑人心的宣传。他相信南宋军队已经有了收复失地的实力。他不能丢掉作为军人、作为南宋高级将领应该具有的气节，不能让陷于女真贵族统治区的汉人民众永远被奴役，不能让他们失望。

岳飞的"贺表"传出来后，立即被四方传诵。但是，高宗和秦桧知道后，自然又在岳飞的罪名簿中再加上重重的一笔。

正月十一，为了庆祝"和议"大功告成，朝廷又把岳飞的官阶晋升为从一品的开府仪同三司，用意自然是笼络岳飞，免得岳飞再就"和议"一事妄议朝政，破坏"和议"的实施。

岳飞又利用"辞免"的机会，对"和议"无情抨击，"辞免"札子中有几句非常重要的话："今天的事势，可危而不可安，可忧而不可贺。可以训兵饬士，谨备不虞；而不可以行赏论功，取笑夷狄。事关国政，不容不陈，初非立异于众人，实欲尽忠于王室。""听到加官之后，不仅我感到惊恐，三军将士，也感到汗颜"，这句话实际上表达了岳家军全体将士对屈膝投降的愤慨之情。

---

① 邓广铭：《岳飞传》，人民出版社1983年版，第258页。
② 五代时期，石敬瑭为了做皇帝，将幽、蓟、瀛、莫、涿、檀、顺、妫、儒、新、武、雲、应、朔、寰、蔚十六州割让给辽国。这些地区主要位于今天的内蒙古、山西、河北交界地区以及北京、天津和辽宁的部分地区，这些地区所在的燕山和太行山地区的重要关口，是古代汉民族抵御北方游牧民族南下的天然屏障。从后周到北宋初期，周世宗、宋太祖、宋太宗一直试图用武力收回，但由于多方面的原因，未能收回。

　　"和议"告成,高宗自然要派人去皇陵祭奠、"告慰"列祖列宗。于是,朝廷于正月底派判大宗正事的赵士㒟和兵部侍郎张焘一同去执行此神圣的任务。二月中旬,赵士㒟和张焘从临安出发,经由武昌、信阳、蔡州、颍州到达皇陵所在的永安县(今河南省巩义市)。由于沿线所在地区全在岳飞的辖区,高宗在赵、张二人出发前便下令给岳飞,要他负责供应修理诸陵墓所需的一切物料。

　　其实,岳飞在此问题上已经走在了高宗的前边。早在正月十二收到朝廷的"讲和赦书"之后,岳飞就上了一道奏章,请求亲自带兵前去祭奠皇陵,足见岳飞的忠君报国之情。

　　朝廷于二月三日以札子形式照会岳飞,同意他带少量亲兵,陪同赵、张二人前去祭奠皇陵。在接到朝廷的这封札子之前,岳飞又一次上奏朝廷,一方面反对议和,另一方面透露了此行的真实目的:

　　"北虏自靖康以来,以和疑我者十余年矣,不悟其奸,受祸至此。今复无事请和,此殆必有肘腋之虞,未能攻犯边境。又刘豫初废,藩篱空虚,故诡为此耳。名以地归我,然实寄之也! 臣请量带轻骑,随二使祗谒陵寝,因以往观敌衅。"

　　他认为金国答应与南宋议和,乃包藏祸心之举,万不可相信。岳飞此行,想乘机了解敌情,为收复失地做准备。

　　赵、张二人抵达鄂州后,岳飞又一次上奏高宗,请求亲自带兵前去祭奠皇陵。高宗和秦桧在收到岳飞请求祭奠皇陵并借机了解敌情的上奏后,才了解了岳飞的真实用意,于是马上下诏给岳飞,以鄂州军营离不开岳飞的理由,断然否决了他亲自祭奠皇陵的请求,只允许派一员部将带部分兵士陪同赵、张二人前往。其目的自然昭然若揭,害怕岳飞此行再做出破坏"和议"大局的事情。

　　反对"议和"的建议不被接受,祭奠皇陵的请求又被拒绝,岳飞苦闷、愤怒、无奈之情再也难以压抑,于是于二、三月之交,上了《乞解军务札子》的奏疏,以眼部和脚部都有疾病为由,请求解除自己的军职。

　　但是,岳飞又在该奏疏中写下了寓含讥讽的话语:

　　"比者修盟漠北,割地河南,既不复于用兵,且无嫌于避事……令臣解罢兵务,退处林泉,以歌咏陛下圣德,为太平之散民,臣不胜幸甚。他日填沟壑,复效犬马之劳,亦未为晚。"

既然已经放弃了收复失地的打算,那就让我归老林泉吧! 让我也加入歌功颂德的队伍吧!

收到岳飞的奏疏后,高宗和秦桧虽然恨得咬牙切齿,但也只能采用不予理睬的对策。

等待了许久不见回音后,岳飞又上了《乞解军务第二札子》的奏疏,仍然以患病为由,请求解除自己的军职,语句中仍然有讥讽的话语:

"今贤能辈出,才智骈臻,干城腹心之士,可付以军旅者类不乏人。则臣之所请无邀君之嫌。

"今讲和已定,两宫天眷不日可还,偃武休兵可期岁月。则臣之所请无避事之谤。"

"贤能辈出""腹心之士",自然指的是积极主张屈辱议和的秦桧之流。

高宗不得不回复上奏了。他以岳飞身体很好为由,拒绝了岳飞辞职的请求。岳飞只能待在鄂州军营,继续过苦闷的日子。

第四次北伐之前,岳飞再次亲笔上奏,请求高宗及时设立皇储。他认为在举行军事攻击的同时,更须预防金朝利用宋钦宗及其儿子,进行政治欺骗和讹诈。高宗正在用人之际,当然不能再给岳飞以难堪,于是在手诏中,对他的"尽忠报国"行为,嘉奖一番。

苌弘何事化碧血
——岳飞冤案

　　岳飞冤案的铸就，包含着非常复杂的因素：既有赵宋建国初期就确立的严密防范武将的祖宗家法的因素，也有金国的外交施压，再加上岳飞与高宗之间、以岳飞为代表的抵抗派和以秦桧为代表的屈辱求和派之间的矛盾，共同导致了这场千古奇冤。

第一节　三援淮西

　　绍兴十年(公元 1140 年),宋金战争的最后阶段,由于高宗强令岳飞班师,金国得以重新占领了黄河以南地区。北方抗金的义军,也基本上被金军镇压。

　　完颜宗弼眼见大势已去,岳家军马上就要攻占东京了却突然撤兵南归,他不用多想,就知道秦桧这枚棋子在关键时刻发挥作用了,不由得又一次佩服当初布置这枚棋子的几个人,太有远见了。他也深知,不寻常的班师,对岳飞和岳家军的打击都很大,对韩世忠等几个主战派的将领和南宋朝廷中那些主战派的臣僚,打击也不小。趁着这个时机,有必要在明年春暖花开的时节,军队休整过后,再次发动战争。

　　但是,对宋和约还没有签订,刚刚占领的黄河以南地区,还很不稳固,必须马上巩固对该地区的占领。只有进一步打击南宋,才能在下一步的议和中向南宋提出更多的条件。绍兴十一年(公元 1141 年)春,金朝都元帅完颜宗弼命令元帅左监军完颜突合速率领九万金军,进攻南宋的淮南西路。之所以选择淮南西路作为主攻方向,是因为他知道驻扎该地区的主要军队是张俊的"张家军"。张俊这几年主要精力放在挣钱上,又是开酒店,又是放高利贷,又是大量购买地产,闷声发大财。手下的将官们,自然跟着张俊学。

　　宋朝在淮南西路部署了三支大军,主力是淮西宣抚使张俊的军队,有兵八万;淮北宣抚副使杨沂中有兵三万;淮北宣抚判官刘锜有兵约两万。较之金军,人数上占有明显的优势。由于是战略要地,保江必保淮,所以总兵力超过了南宋其他各大战区。在这样的条件下,如果指挥得当,将士用命的话,足以抵御金军的进攻。

但是,高宗的"恐金症"一有大的战争就马上发作;而一遇到军情紧急的时刻,就想到最可依赖的将领还是岳飞。于是一道道金字牌传递的急件,风驰电掣,直飞鄂州。高宗在给岳飞的手诏中充满了甜言蜜语,"卿忠智冠世""破敌成功,非卿不可"。

班师回到鄂州的岳飞,过了将近半年闷闷不乐的时光,连年也没有过好。现在高宗又下诏让他出兵,岳飞顿时高兴了起来。他也明白,危急时刻,高宗还是离不开岳家军。收复失地的梦想,又马上点燃。

其实,金军发动进攻后,岳飞很快就收到了谍报人员送来的军情报告,并时刻关注着淮西战事的进展。高宗手诏到来之前,他就上奏朝廷请求亲自率领部分岳家军将士,会合张俊等的军队,以便对金军形成压倒性的优势,一定能够打败金军。二月四日,岳飞又接连上了两封奏疏,建议趁金军进攻淮西的时机,让他率领岳家军再次长驱京、洛,实施"围魏救赵"之计。

当然,十多年的宋金战争,岳飞也摸透了高宗的对金策略——他绝对不会允许长驱直入的主动进攻。因此,在第二封奏疏中又提出了中策:金军在淮西发动战争后,一定以为岳家军在战事吃紧的情况下,自九江前来增援,必然加强此方面的防备;所以,岳家军应该自蕲州(今湖北省蕲春县)、黄州(今湖北省黄冈市)地区前去增援,一路北上,根据战场形势的变化,或者进攻金军的右翼,或者从后边进行包抄,使金军摸不清岳家军的进攻方向,方能收到奇效。

正如岳飞所料,高宗看到长驱京、洛的奏章后,当即拒绝,认为目今最重要的事情是增援淮西。

岳飞于二月九日接到高宗于正月二十九日发出的第一份增援淮西的手诏后,立即回奏,报告本军将于二月十一日自蕲州、黄州、舒州(治今安徽省怀宁县)三地渡过长江,增援淮西。

这是岳家军第三次增援淮西。冬、春二季,天一寒冷就不停地咳嗽的岳飞,亲率八千多背嵬军铁骑,作为前锋。

十八日,岳家军尚未赶到战场,淮西的宋、金两军已在无为军巢县(今安徽省巢湖市)西北的柘皋镇,开始了大规模的会战。张俊一向以怯战出名,所以未亲临战场,张家军由都统制王德负责战场指挥;宋方参战的还有杨沂中和刘锜的军队,参战兵力在十万上下,人数上比金军占有优势。双方交战后,金兵依旧用擅长的左、右翼拐子马①奔突进击,宋方步兵则挥长柄大斧迎战。一场激烈的鏖战,以宋军的胜利而告结束。

柘皋大捷后,金军退出庐州(治今安徽省合肥市)。张俊“适时”出马了。他根据不确切的情报,以为金军将会彻底退兵,于是命令刘锜的军队渡江回太平州(治今安徽省当涂县),自己则准备和旧部属杨沂中到淮河边巡视一番之后,再行班师;其真实意图是排挤走立下战功的刘锜,独吞战功。

岳飞兵临庐州后,接到张俊的咨目,说金军已退,且告诉岳飞军粮供应紧张——实际上是给岳家军下逐客令。岳飞看后只是笑了笑,自然明白老上司张俊的心思,于是退兵舒州并上奏朝廷,等候下一步的指示。

不料完颜宗弼得到战败的消息后,坚决拒绝撤军,用南宋叛将郦琼的计策,以孔彦舟军队作先锋,在三月四日,即刘锜军班师的前一日,急攻濠州(治钟离,今安徽省凤阳县)。濠州守军急忙派人前来请求紧急援助。张俊赶忙召回正在南撤的刘锜的军队,共同北上,前去增援。但是,三月九日,等张俊、杨沂中和刘锜的十三万大军赶至距濠州城还有六十宋里的黄连埠时,濠州城已于八日陷落。张俊得到濠州城的金军已经全部撤离的消息后,又准备到空城巡视一番,以掩盖赴援不及的严重后果。他命王德和杨沂中率六万精兵,包括二千多骑兵前往,不料途中遭遇金军的伏击。杨沂中和王德只身逃回,部众大部分被歼。张俊和刘锜闻讯,慌忙率军南撤。一场胜仗,转眼间变成了败仗。

---

　　①　拐子马即把骑兵分成左右两翼,互相配合,包抄对方。有的书中把拐子马和铁浮屠等同,大错。

高宗在命令岳飞率军增援淮西的同时,也命韩世忠率军自楚州前往增援。韩世忠率军赶到濠州时,败局已定。由于韩世忠的军队数量较少,金军企图切断他的归路,消灭韩家军。但是足智多谋的韩世忠,还是且战且退,全师而还。

待命舒州的岳飞,得知战局又发生了根本性的变化,尽管不知道宋军战败的详细原因,但也猜了个八九不离十。高宗三月一日又给他发出手诏,令他统兵北上,"尽行平荡"敌军,"以除后患"。岳飞于是率军昼夜兼程北上。行军途中,先是接到张俊军队惨败的消息,后又接到韩家军被迫撤退的消息。联想起去年大好形势下的被迫班师,岳飞悲愤的心情再难克制,一句近乎责骂皇帝的话,脱口而出:

"国家到此地步,官家还不修德!"

旁边的将士听到后,先是大吃一惊,继而感到惊恐,看看岳飞,见他眉头紧皱,牙齿紧咬,脸部的肌肉都在颤抖。这句话实际上表达了岳飞郁结半年的心声。

岳飞又怒气冲冲地对张宪说道:

"张家军这帮窝囊废,张太尉只消带领一万兵马前去,就可以将他们马踏连营了。"

又对董先说道:

"董太尉,韩家军的兵马,你连一万人都不用带,就可以把他们也收拾了。"

听到这种因为非常气愤才说出来的发泄性的话,包括张宪和董先在内,将士们谁也不敢劝阻他。但是谁都知道他为何这样说,索性让他发泄完吧,这样更痛快一些,比一直闷在心里要好得多。

十二日,岳家军抵达濠州南边的定远县,金军听到后,知道不好对付,连忙渡淮北撤。

淮西之战,就这样以宋军的惨败而告结束。先胜后败,张俊自然负有不可推卸的责任。但他回朝后,却反诬刘锜作战不力,岳飞逗留不进。

战争的失败,加剧了高宗的"恐金症",使高宗和秦桧等人再次肯定了去年强迫岳飞班师的正确性,意识到必须加快议和的步伐,战争不能再打了。

第二节　重演杯酒释兵权

几位大将久握重兵，有的还跋扈难制。从严密防范武将的祖宗家法的角度出发，如何在最恰当的时期用最合适的手段解除几个核心大将的兵权，将兵权全部收归中央，也即真正掌握在高宗手中，是高宗和宰执们在张浚和赵鼎任宰相时期，就一直在考虑的问题，尤其是高宗。一句话，大宋的军队必须姓赵。

张浚，字德远，汉州绵竹（今四川省绵竹市）人，徽宗朝进士，高宗、孝宗两朝，两度担任宰执，一度为秦桧排挤而去职，虽是当时力主抗金的主要人物，却自视甚高，志大才疏。他在去世之前的遗书中写道：

"我曾经担任宰相，但不能恢复中原，雪祖宗之耻。就是死了，也不要葬我于先人墓左，我羞见他们于地下。葬我衡山脚下就行了。"

张浚对岳飞抗金也有所支持，按说二人应当有颇多的共同语言；但是，面对手握重兵又一心忠君报国的岳飞，张浚却时刻保持高度的警惕。绍兴七年（公元1137年），他怂恿高宗解除刘光世的兵权，又恐怕岳家军形成尾大不掉之势，甚至想将岳家军作为其都督府直属部队，又派亲信张宗元到岳家军中担任监军，企图搜集岳飞的过错。张浚企图将全国的军队罗致到他手中。这些做法，当时即让抗金派寒心。

王庶力主抗金，坚决反对秦桧屈辱的议和主张。他在担任枢密副使后，曾命令韩世忠和张俊的部队分散屯驻，力图限制二人的军队。张俊知道后，表示反对。

秦桧排挤走张浚和赵鼎后,形成长达十七年的独相局面。他一方面沿用了张浚等人防范武将的政策,另一方面极力夸大武将飞扬跋扈的程度和危害,多次密奏高宗,说各行营护军目前号称"张家军""韩家军"①等,这种称呼绝非小事,背后掩盖着惊人的问题,表明这些军队只知有某个人,不知有天子,飞扬跋扈的大将,已经孕育在萌芽之中。将问题消灭在萌芽状态,方为治国之上策。高宗听后,只叹秦桧方为知己。

淮西战事虽然暂时停止,但是陕西的争夺战,双方还处于难分难解阶段。吴璘军于当年九月,又打了一场胜仗。表面上看起来,宋金之间暂时还没有彻底停战的迹象。但高宗和秦桧通过使节和谍报等各种渠道,已经获悉金国愿意和谈以及和谈的底线。因此,对维持南北对峙的局面,也有了十足的把握。

绍兴十年(公元1140年)秋,完颜宗弼正式写信给秦桧,信中写道:"你朝夕以求和为请,而岳飞一直喊收复失地,甚至还要收复燕雲十六州,还杀死了我的爱婿,于公于私,此仇不可以不报。必杀岳飞,才可以议和。"

此件是密信,却也是金朝都元帅致南宋宰相的外交文件。秦桧不须隐瞒高宗,相反,必须通报高宗。秦桧心肠歹毒,杀机极重,岂但岳飞和韩世忠,就是附会和帮忙的张俊,后来也受到他指示党羽进行的弹劾,说张俊有谋反的大阴谋,如果高宗批准,也可置其于死地。问题全在于高宗的态度。宋太祖传下秘密毒誓,不得杀大臣和言事的士大夫,得到北宋历代皇帝的遵守。直到钦宗时,才破例开杀戒。高宗明知太祖誓约,而即位之初,即破例杀害上书言事的名士陈东和欧阳澈。高宗考虑的结果,还是决定满足金方此项要求,以换取屈膝和议。高宗的考虑,估计一是几经军事较量,对苟安半壁江山,有了十足的把握,再不需要岳飞保命保江山。二是对岳飞的力主抗金的愤恨愈来愈深。他沿袭赵宋皇朝极端疑忌武将的传统,岳飞

① 此类称呼,包括"岳家军",并非由这些大将提出且大力宣传,实际上首先来自民间。这样的称呼比"行营后护军"一类称呼更容易牢记,也容易知道其领军将领的姓名。如明朝有"戚家军",解放战争时期有"刘邓大军""陈粟大军"的称呼,谁也不会想到此名称背后的严重问题。秦桧此种解释,最能打动高宗敏感的神经。

各种忠君爱国的表现,在他看来,都是一个才能最高的武帅野心的表现,岳飞对自己皇位的威胁极大,不杀不足以安坐帝位。秦桧党羽王次翁的回忆录,固然对岳飞充满诬谤不实之词,却提供了一个重要信息,正是在绍兴十一年(公元 1141 年)三月,淮西战事刚结束,高宗"始有诛飞意",定下了杀机,往后只是如何一步一步实现其既定目标。

淮西会战时,高宗一方面褒奖岳飞带病出战,国而忘身;另一方面,已开始与秦桧多次谋划,实施一步步杀死岳飞的方案,既要满足金国的要求,又力求办成铁案,让朝野上下无话可说。

首先就是罢三大将的兵权。七八个月前,岳飞主动请辞,限于当时的局势,高宗尚无批准的底气。但到绍兴十一年(公元 1141 年)三月,淮西战事刚刚结束,通过秦桧举荐,得以担任参知政事的范同,秉承秦桧的旨意,上奏高宗,指出张俊、韩世忠、岳飞等大将重兵在手,越来越难以控制,绝非朝廷之福,不如趁柘皋之捷的机会,借赏功的名义,召张俊、韩世忠、岳飞入朝,明升暗降,剥夺他们的兵权。高宗高兴地接受了他的主张。

四月,朝廷召张俊、韩世忠、岳飞到临安议事。张俊、韩世忠由于路途较近,很快即到。高宗、秦桧及其心腹参知政事王次翁借口等候岳飞,成天于西子湖畔用美酒佳肴招待韩世忠和张俊。岳飞因为路途遥远,晚到了几天。

王次翁的儿子王伯庠在《王次翁叙纪》一文中记下了其父亲曾就此问题和他的谈话:

"罢除三大将兵权的时期,我与秦丞相就此问题谋划了好长时间,表面上给外人平安无事的感觉,其实内心一直很紧张。一旦问题处理不好,担忧的不是我们被灭族,而是国家的命运如何。不过,亏得最后官家做出了英明的决断。"①《王次翁叙纪》中说,岳飞比韩世忠和张俊晚到六七天,"桧忧之甚",只好天天盛筵招待,延捱时日。王次翁一直"外示闲暇,而终夕未尝交睫",做了"灭族"的准备。其实,岳飞

---

① 李心传:《建炎以来系年要录》卷一四〇,中华书局 2013 年版,第 2248 页。

等大帅每年都去临安朝见，晚到几天，何至如此。事实是岳飞到达的当夜，就锁院起草三枢密制词，宣布韩世忠和张俊升为枢密使，岳飞为枢密副使，翌日颁布诏令，剥夺了三人对军队的指挥权。三大将部伍直属"御前"的省札发布于二十七日，《王次翁叙纪》又篡改为二十三日半夜，说二十四日正式拜枢密使、副时，连三大将手下亲兵也一律以"密院之人"调换，顷刻之间，不剩一兵一卒，用以吹嘘其阴谋手段的高明。事实上，经岳飞上奏，迟至二十九日，宋廷同意他"将带到亲兵等量留当直人从"，其余的发遣回鄂州等地，根本不存在用"密院之人"撤换亲兵的事。

接着，韩世忠的京东、淮东宣抚处置司，张俊的淮西宣抚司和岳飞的湖北、京西宣抚司，都被撤销；三宣抚司原辖的行营前护军、行营中护军和行营后护军的军号也予以取消；各统制官所统辖的军队一律冠以"御前"两字，以示直属皇帝。大宋的军队必须姓赵，这是高宗和秦桧最近在不同场合，反复强调的一句话。

三人之中，张俊在和议问题上，历来不提异议。他早就觉察到高宗和秦桧要剥夺他们的军权。所以调任枢密院的诏令刚刚发布，张俊马上上了奏疏，内中写道：

"臣已到枢密院办公，现管军马，马上归御前使唤。"

张俊率先表示拥护此项决策。

岳飞雄图不展，壮志难酬。不能继续执掌大兵，对他无异于大耻大辱，故早已提出辞呈。他虽未料想到朝廷此番精心设计和突然措置，但对兵柄也毫不留恋。他请求朝廷将自己带来的亲兵，只留少量必须执行公务的人员，其余的发遣回鄂州，"一旦金军南犯，能够马上投入战争，不致误事。"宋高宗立即予以批准。

宋朝从太祖开始，军权也一分为三，枢密院掌兵籍、虎符，有发兵之权，而不统兵；负责禁军管理的三衙包括殿前司、侍卫马军司、侍卫步军司，虽然有握兵之权，却不能发兵；诸路帅臣只负责统兵打仗，三者互相制约，均听命于皇帝。

南宋初期，兵荒马乱之际，这种机制一度受到严重破坏。高宗和秦桧的目的就是恢复旧有的机制。

自罢兵权后，为了避免被怀疑，岳飞也不再穿最喜欢的军装，而是像文官一样，整日"披襟作雍容之状"。这种一反常态的做法，秦桧看到后，皱皱眉，认为岳飞是在示威。

高宗、秦桧剥夺三大将兵权,特别是剥夺岳飞和韩世忠的兵权,等于自毁长城、破坏南宋的国防核心力量,等于彻底放弃了收复失地、一雪国耻的口号,最大限度地铲除了议和道路上的障碍。

面对高宗和秦桧的倒行逆施,若干正直之士仍然公开表示反对意见。

专制政治时代,任何时候都有趋炎附势者。黄州知州曾惇写了《书事十绝句》,献给秦桧,秦桧看后又上奏给高宗,高宗看后大喜,马上给予提拔。诗云:

> 吾君见事若通神,兵柄收还号令新。裴度只今真圣相,勒碑十丈可无人。
> 淮上州州尽灭烽,今年方喜得和戎。问谁整顿乾坤了,学语儿童道相公。
> 连营貔虎气如云,听诏人人愿立勋。沔鄂蕲黄一千里,更无人说岳家军。

诗中除了拍高宗的马屁外,更把秦桧比作唐朝的裴度。而裴度在唐朝最大的贡献就是在削平藩镇割据势力方面的功劳。那岳飞等人自然就是妄图搞藩镇割据的军阀了。

第三节　保护战友

南宋军队于绍兴十年（公元 1140 年）和绍兴十一年（公元 1141 年），几次大败金国的军队，尤其是第四次北伐，让金军不得不撤往黄河以北，女真贵族甚至作了撤往东北的最坏的打算。

其实，秦桧对韩世忠的厌恶之情，并不亚于他对岳飞的厌恶。绍兴八年、九年间，韩世忠曾经命令自己的部属，假扮成红巾军①，企图杀死金国使节张通古，破坏和议。后因为部将告密，才没有成功。秦桧知道后，切齿痛恨。

秦桧决定先害韩世忠，为杀害岳飞作铺垫，并积累一些经验，也试试朝野舆论的看法。实际上，岳飞冤案的初始阶段和韩世忠案的初始阶段，惊人地相似。

五月上旬，三大帅任枢密使和副使不足半个月，宋廷即命张俊和岳飞前往淮南东路，名义上的任务是"措置战守"，实际上的任务则是罗织韩世忠的罪状，肢解韩家军，并将其大本营由淮东前沿的楚州，撤往江南的镇江府。楚州是控扼运河的重镇。此外，还主动放弃淮北的海州，让金方占据。这是宋廷准备降金的又一重大步骤，因为金国向来反对南宋在淮南屯驻重兵。金国曾经多次通过谍报人员，就此问题向秦桧施加压力。

---

①　当时在金国统治的华北地区以反抗女真贵族统治为主的义军。

张俊的头衔是"按阅御前军马，专一措置战守"，岳飞的头衔是"同按阅御前军马，专一同措置战守"。张俊是正职，岳飞是副职，两人对前沿军务可以"随宜措置"。

留在"行在"临安府的与张俊同为枢密使的韩世忠，便处于有虚名而无实权的地位。

秦桧早已在韩家军中物色到了合适的人物，这就是淮东总领胡纺。胡纺先因奉承韩世忠及其亲校耿著等人，得以步步高升；后看到秦桧势力更大，转而投靠秦桧，成为秦桧安插在韩家军中的耳目。绍兴八年、九年韩世忠企图袭击金使的计划，就是由他告密的。

三大帅被解除兵权后，胡纺依照秦桧私下的设计，首先将矛头对准韩世忠的亲信耿著，指斥耿著自临安回到楚州后，到处散布流言蜚语，说张俊和岳飞二枢密此次来楚州，就是为了合伙瓜分韩家军，蛊惑韩世忠昔日的部将，给朝廷施加压力，企图迫使朝廷归还韩世忠的掌兵之权。秦桧于是下令逮捕耿著，严刑逼供，让他交代幕后主谋为韩世忠。秦桧以为，好不容易解除了韩世忠的兵权，此类诬陷必然会犯高宗的大忌，使韩世忠不会再被起用。因赵宋最忌惮武将做大。

张俊和岳飞出行之前，秦桧曾在政事堂与二人谈话，示意岳飞打着高宗的旗号，罗织韩世忠的罪名，然后上报朝廷。秦桧自以为岳飞和韩世忠也有过矛盾，自然会配合。但单纯、质直的岳飞听后，断然回绝并反驳说："（韩）世忠归朝后，'韩家军'就是朝廷的军队，让我陷害自己的同僚，你看错人了。"当着张俊的面如此数落秦桧，秦桧气得脸都变白了。

经过认真的调查，岳飞知道了耿著的冤情，当场说道："让（韩）世忠无罪而受冤枉，我要是这样做了，太对不起世忠！"连忙写信告诉韩世忠，并派人加急送去。韩世忠接信后，大吃一惊，立即求见高宗，大哭大吵并"投地自明"。高宗本来就无意杀害"苗刘之变"中的救驾功臣，便召见秦桧，严令不得株连韩世忠。

六月，岳飞和张俊来到楚州，岳飞检点兵籍后，发现韩世忠军竟然才有三万多人马，只有岳家军的三分之一，居然能攻能守，不由得悔恨自己以前对"韩家军"的误解,更加佩服韩世忠;也深切地感到从国家利益出发,必须拒绝朝廷错误的指示。他向张俊明确地说明,坚决反对拆散原属韩世忠的军队,也反对将其大本营撤到镇江府。

韩世忠和张俊尽管是儿女亲家,但张俊既然得到了秦桧的许诺:铲除韩世忠之后,张俊独任枢密使,独自掌管天下之兵,自然对岳飞的规劝不当回事。

按高宗和秦桧的布置,对原属于韩世忠的军队如此处理,既消除了"拥兵自重"的隐患,也扫除了降金的一大障碍。

如前所述,张俊不顾岳飞反对,还是完成了自己的使命。他为实现自己的美梦,紧接着将自己的枢密行府设于镇江府,以便直接掌管原属韩世忠的部队和前沿军务。

第四节　含冤遇害

一、冤案前奏

　　愤于张俊的胡作非为,岳飞于七月初回到临安后,便向高宗递交辞呈,请求高宗罢免自己的枢密副使职务,另选贤能之人与张俊一起措置战守事宜。

　　高宗和秦桧对付三大帅,仍然是采取传统的帝王之术,利用三人之间的嫌隙,甚至制造新的嫌隙,让他们互相攻击,坐收渔翁之利。解决了韩世忠之后,接着就对岳飞开刀。尽管如此,高宗还是假惺惺地颁布不允岳飞辞职的诏令:

　　"朕因为三大帅各当一面,职权还是多有限制,不足以施展雄才大略,所以将你们都提拔到宰执的位置,你们应该理解朕的良苦用心。现在任命颁布刚刚十多天,就以才能不足为由提出辞呈,朕绞尽脑汁,也不能明白个中的原因。有干事业的大好环境,有位置、有权力,却说无法干事,谁也不会相信。"

　　词意如此恳切,表面上看起来好像高宗为岳飞施展才能,创造了好得不能再好的环境,而岳飞却不识抬举,辜负了官家的信任,尽管如此,高宗还是宽容有加。

当然，高宗还是顺水推舟，没有再强令岳飞前去措置战守事宜。前沿的军务，全由张俊一手包揽，岳飞和韩世忠一样，留在临安，有虚位而无实权。

得知金国再次明确表示愿意媾和的意向后，单纯而倔强的岳飞仍不知明哲保身。他明知高宗不惜一切代价也要答应金国的议和条件，却依然上奏，犯颜直谏，奏疏中写道：

"金国并不是两军交战之后，因为军事实力弱前来约和，而是在军事实力相当甚至稍强于我国的情况下前来求和，因此，其行为不符合兵法的基本原则。无故约和，一定是为了打探我国的虚实或出于其他不良目的，其中一定有诈，一定不能上当。"

岳飞的奏疏，自然是泥牛入海。

让岳飞万万没有想到的是，由于岳飞的保护，秦桧未能首先搞倒韩世忠，于是，转身拿岳飞开刀。在秦桧的唆使下，右谏议大夫万俟卨、御史中丞何铸、殿中侍御史罗汝楫三名台、谏官，先后对岳飞提出弹劾，弹劾的罪名主要包括如下四条：

第一，贪非常之功，不度量我国与金国的实力对比，一味求战且求战心切，几乎置国家命运于失败之中。此条弹劾言语含混，主要指岳飞建议立皇储和反对与金国媾和，但不是弹劾的重点所在。

第二，自从上调为宰执之后，郁郁不乐，每天把山林之乐挂在嘴上，不思忠君报国。

第三，淮西之役，拒绝服从朝廷出兵援助的命令，有玩寇之行为。

第四，衔命出使，妄执一己之见，欲放弃山阳（楚州别名），动摇军心、民心。

明显看出，弹劾的罪名与张俊对岳飞的污蔑之词，如出一辙。

张俊在岳飞救援淮西的问题上，到处散布流言蜚语，中伤岳飞。知道真相的臣僚，出于好意，劝岳飞与张俊进行"廷辩"。其实，即使"廷辩"，在秦桧已经完全操控朝政的背景下，也无济于事。岳飞以清者自清、浊者自浊的话语，谢绝了"廷辩"的建议。他不知道援淮西之谤，秦桧和张俊疯狂地动用舆论工具，已经到了众口铄金的地步。

高宗见火候已到，也亲自出面，予以配合。他说道：

"岳飞大肆宣传楚州城守不住，根本没必要修筑城池，而将士们戍守山阳已经较长时间了，早就想换个地方。岳飞这样说是不顾国家安危的沽名钓誉的行为。朕还能依靠他吗？"

一旁的秦桧连忙帮腔，声色俱厉地说道：

"岳飞此言的危害，还是官家看得深刻，必须让中外知道。"

高宗的话，自然起到了一语定乾坤的作用。岳飞已经成了钦定的罪犯。

按照宋代的惯例，台、谏官上章弹劾之日，宰执必须马上引咎辞职，等候朝廷的调查和处理。岳飞自然明白这个惯例，更加上名利观念委实淡泊，他自然会马上提出辞职，更何况前几天已经提交过辞呈。但是，岳飞通过耿著的冤狱事件，深刻体察到了秦桧的心狠手辣，深知自己即使退闲，秦桧也不会善罢甘休。因此，岳飞在递交的辞职奏疏中，特别强调要保全功臣的问题。岳飞完全嗅到了"兔死狗烹"的气味。

八月初九，高宗宣布解除岳飞枢密副使的职务，保留了少保的阶官，又"特授"他原来的武胜、定国军两镇节度使，充万寿观使。年轻的岳云也保留了左武大夫、忠州防御使的遥郡官阶，改任提举醴泉观，与父亲一同退闲。

颁布的罢官制词中，高宗对岳飞除了批评之语外，虽回应说要"保功臣之终"，却要求岳飞不要有猜忌的心思，埋下了进一步坑害的伏笔。

岳飞的幕僚沈作喆为他写了谢上表，其中写道：

"功状蔑闻，敢遂良田之请；谤书狎至，犹存息壤之盟。"

岳飞对"谤书"表示了实足的蔑视，但对高宗"保功臣之终"的誓言，仍以臣子之礼，表示感激。由于谢上表直指秦桧和张俊，秦桧读了谢表后，更痛恨岳飞。

高宗和秦桧对岳飞的幕僚也非常痛恨，认为他们在岳飞的系列"罪恶"活动中，扮演了出谋划策的角色，起了推波助澜的作用。而岳飞任枢密副使后，于鹏等十一人与他仍然过从甚密。岳飞出使楚州时，他们也都通过岳飞的举荐，得以充任枢密行府的属官。加之于岳飞的险恶征兆出现后，他们置个人安危于不顾，始终不渝地追随岳飞。

秦桧为了孤立岳飞、打击岳飞，也防止他们为陷于罗网中的岳飞寻找对策，于是改任他们为地方官，并要求马上赴任，不得延误。

无权无势的岳飞，至此已经对高宗和秦桧无任何威胁，对朝廷的降金乞和活动，再也没有能力干预。

但是，高宗和秦桧并不罢休，罢官仅是完成了陷害岳飞的前奏。

二、罗织罪名

（一）王俊的诬告状

岳家军尽管纪律严明，但是长期以来，部将们相互之间，也产生了许多积怨，这也是情理之中的事情。

副统制王俊是张宪的副手，是一个狡诈反复、喜欢靠告密来获取利益的人，人送外号"王雕儿"，可谓岳家军中的害群之马。王俊是济南府人（一说东平府人），北宋末是驻防东平府的一名禁军，靠告发军兵呼千谋反，得以升任副都头，初步尝到了告密的甜头。王俊在绍兴五年（公元1135年），岳家军平定杨幺的军队后，才由其他军队并入岳家军。但是，王俊在屡次作战中，一直没有突出的军功，所以一直未能升迁；还多次因为克扣、贪污军饷等问题，被张宪按照军纪给予制裁。因此，王俊对张宪怀恨在心，把没有得到升迁的原因，全部算到了张宪头上。

秦桧派人去罗织岳飞的罪名，花了好大的功夫，终于探听到岳家军中有王俊这样的高级将领，不住地叫好，于是马上派人找到王俊，许下了足以打动王俊的诺言，并当场送了丰厚的钱财。王俊一看，眼都变绿了。于是王俊搞了一份诬告状，具体内容如下：

　　八月二十二日夜二更时刻,张宪派人叫王俊到他住宅的莲花池东面的一个亭子里谈话。王俊到时,僧人何泽一正与张宪谈话,见到王俊到来后,也不说话,便走了。

　　王俊和张宪打了一个招呼,于是坐下。张宪示意他再坐近点,但是也不说话,等了好长时间,谈到岳飞罢官后,已到衢州和婺州去,然后张宪说岳飞派人来给他送信,叫张宪赶快设法营救他。王俊问如何营救,张宪说岳飞叫把岳家军的大队人马先由鄂州带到襄阳府,给朝廷施加压力。朝廷知道后,害怕出大乱子,一定让岳飞回来,这样就救了他了。

　　王俊劝说道:

　　"太尉千万不能这样做,这样做只会加重朝廷对岳相公和太尉的怀疑,事情将更加被动,越发置岳相公于有罪之地。"

　　但是,张宪摇摇头,否决了王俊的规劝。王俊接下来问道:

　　"如果高级将领中有人不服从命令怎么办?"

　　张宪回答道:

　　"杀!"

　　王俊问道:

　　"以什么名义让军队到襄阳府去?"

　　张宪说:

　　"伪造一份朝廷的指示,这个会做得滴水不漏。"

　　王俊说道:

　　"朝廷知道后,一定会让张相公(张俊)率领军队前来追杀,怎么办?"

　　张宪说道:

　　"等他的军队到来时,大军早就到了襄阳府了。"

　　王俊又说道:

　　"如果张相公的军队一直追到襄阳府,北面蕃人(指金国)也会很快知道。

他们与岳家军有血海深仇,于是南北夹击咱们,怎么办?"

张宪冷笑一声后说道:

"我自然也料到了这一点,所以军队自鄂州出动之前,先派人送信给蕃人,说我们准备投靠他们,一旦张相公军队到来,就让蕃人出兵相助。"

王俊问道:

"襄阳府屯粮不多,这么多人马到那里,怎么办?"

张宪说道:

"把鄂州的钱粮全部运到襄阳府去,够吃一年了。"

王俊又问道:

"一年后怎么办?"

张宪说道:

"到襄阳府后,我们肯定不会一直待在那里不动坐吃山空,肯定会安排妥当。"

张宪又问王俊:

"为了营救岳相公,我如此安排,背嵬军的统制王刚、张应、李璋,以及游奕军的统制姚政他们,服不服从我的指挥?"

王俊回答道:

"不清楚。"

张宪于是说道:

"明天他们来我这里开会前,你先请姚政几个去你那里吃饭,将咱俩刚才的谈话告诉他们,看他们如何反应。"

谈话进行到三更天,王俊起身回家。

二十三日早,众统制到张宪衙门参拜,张宪却不出见。王俊于是单独把姚政叫到校场内的亭子里说话。

王俊将昨天晚上的谈话内容告诉了姚政。

姚政说道:

"既然岳相公不在,就应该由张太尉管军,一切听从他的安排。"

王俊问道:

"如果军队乱起来怎么办?"

姚政说道:

"让张太尉马上出兵弹压。国家正在多事之秋,一定不能乱。"

两人随后各自离去。

但是,王俊没有将张宪所说的起兵细节一事告诉姚政。

王俊于是去见张宪,说他只与姚政谈了话,姚政表示服从安排,但是强调军队不能乱。张宪对姚政的表态很满意。

王俊出来,从此之后,两人没有就此事有过谈话。

九月初一,张宪要到位于镇江的枢密行府去,王俊前去告辞,张宪让王俊做一下相关的准备,等他回来。九月初七,王俊向王贵作口头陈述;初八,王俊正式将诬告状交于王贵。

目今史料中流传下来的王俊的诬告状,并不完整,有遗漏部分。但是,仔细分析现有的王俊的诬告状,会发现许多漏洞。

第一,如前所述张宪曾经因为王俊克扣军饷等事情,多次责罚王俊,二人关系很坏。况且王俊平素在军中的声誉并不好,张宪怎么会首先与他商议如此重大且机密的事情,而且还安排他与姚政等高级将领联络?

第二,根据两人的谈话可知,张宪在与王俊谈话之前,没有就此事与岳家军的任何高级将领商议过。久经战阵的张宪不会做这种蠢事。

第三,张宪已经给王俊说明,一旦朝廷召见他,就有去无回,何以张宪去镇江之前,还要见王俊且让他做准备工作,等候自己回来?而在两人深夜的谈话中,王俊并没有明确表示支持张宪起兵救岳飞。

第四,岳家军在与金军的作战中,张宪一直以前锋的角色出现,且屡败金军。现在为了救岳飞,就写信给金军,希望金军支持,别说没有这回事,即使有,金军那边会相信吗?

第五,最重要的,是时间,古代消息传递缓慢,岳飞八月九日才罢官,此讯用金字牌或快递传达,也须十天。张宪说岳飞派人来给他送信,则昼行夜宿,二十三日肯定不可能抵达鄂州。证明所谓岳飞派人送信一事,完全是凭空捏造。

但由此可知,从岳飞正式罢官之日起,对岳飞的陷害一直是在紧锣密鼓、马不停蹄地进行,由秦桧、张俊和鄂州三地配合,间不容发。

(二)张宪被捕

九月初一,张宪前往位于镇江的枢密行府,前去参见张俊。此后初七、初八王俊诬告,提出且要求传岳家军的统制傅选做证。傅选到来后,马上做了伪证。显然,傅选也已被收买。

傅选一开始是太行山忠义民兵的首领,后隶属王彦领导的八字军,后又成为南宋政府军的将领,一次败仗之后,一度沦为盗匪,后又被招安。绍兴三年(公元1133年),转隶岳家军,通过阿附王俊,诬陷张宪,得以不断升迁。

本来王俊先将诬告状呈送荆湖北路转运判官①荣薿,荣薿出于对岳飞的信任和敬佩,更看出王俊的荒谬及阴险之处,所以拒不接受。王贵虽然也明知王俊诬告,却只能违心地将状纸转交主管御前军马文字的总领林大声。林大声是秦桧亲信,特别派到鄂州,监视岳家军。林大声又用急递的方式发往镇江府的张俊枢密行府。

张宪一行虽然九月初一启程,但沿途须昼行夜宿,而急递却是昼夜兼程,自然先到枢密行府。张宪到达镇江府后,正好自投罗网。如前所述,张俊立即逮捕张宪,酷刑逼供。在张宪坚决不肯承认的情况下,张俊命人伪造了张宪的供状,立即飞报临安宋廷。

本来,王俊做贼心虚,在诬告状的后边,又附了个补充说明的条子,其中写道:

"王俊不曾见岳相公派人来给张太尉送信,亦不曾见张太尉派人去岳相公那

---

① 主管该路的司法事宜。

里。张太尉这样做的目的,是要激怒岳家军的将士,让他们背叛朝廷。"

　　然而张俊却直接在上奏中写道:

　　"张宪承认,收到岳飞的求救信后,开始密谋造反。"

　　秦桧收到张俊的上奏后,非常高兴,心里不住地夸赞张俊,然后急忙奏请高宗将张宪和岳云一并押送临安的大理寺狱审判,且召岳飞至大理寺①,一起接受审讯,宋高宗当即予以批准。高宗和秦桧意图先从张宪和岳雲身上打开缺口,然后逼岳飞就范。

三、千古奇冤

　　绍兴十一年(公元 1141 年)十月十三日,高宗下旨,为岳飞办诏狱。秦桧还同时将审理岳飞的文告张贴到临安的大街小巷,以制造宣传声势,为将来宣传此案是铁案做准备。

　　秦桧便派杨沂中前去拘捕岳飞,名义上是请岳飞去都堂议事,听候圣旨。杨沂中带人来到岳飞府邸。由于当时几个将领结为兄弟,杨沂中排位第十,故岳飞一见杨沂中,道声十哥,然后询问来意。杨沂中说明来意后,岳飞也没有什么怀疑,便乘坐轿子跟随他们前往。因为轿帘拉着,岳飞也没有往外看,一路思考高宗又会演什么戏。

　　轿子停了,岳飞下轿,突然发现到了大理寺的大门口,左右一看,发觉只剩下自己乘坐的这一顶轿子,杨沂中也不见踪影。岳飞见状,大声质问旁边的人为什么把自己带到这里,但是,没有人理会他。进了大理寺的大门,岳飞看到四周的房子全都挂着厚厚的门帘,院内空无一人。岳飞便走到走廊下,坐到走廊柱与柱相连的横

---

　　① 　负责审判案件的机关。

木上。少顷，几个人从一间屋里出来，其中一人礼貌地对他说道：

"请相公跟我们到后边去，中丞在那里等你。时间不会长，核对几个事。"

岳飞点点头，示意会跟着他们走，但还是大声说道："我一生忠君爱国，为什么把我带到这里？"声音里透着愤怒和悲凉，照样没有人理会他。

顺着走廊，跟着人往前走，岳飞突然听到一间屋子里传出大声的痛苦不堪的呻吟，声音却非常熟悉。他马上奔过去，撩起帘子一看，原来是岳雲和张宪！两人脖子上戴着枷锁，手脖子和脚脖子上都戴着镣铐，露着头赤着脚，浑身上下血淋淋的，镣铐和枷锁上也血迹斑斑。岳飞见状，疯狂地大喊："岳雲！张宪！岳雲！张宪！"他的眼睛立马噙满了泪水，牙齿紧咬，浑身颤抖。他想要冲进屋里去。见此情景，几个人立马上前把他连拖带拉地一直拉到后边一个较大的房间。一名狱卒立即大声呵斥岳飞：

"叉手正立！"

岳飞看了看这名狱卒，扭回头来说道：

"我曾经统率十万大军，今日才知道还是狱卒厉害！"

前边那人说的中丞就是御史中丞何铸，是秦桧荐举，皇帝特别委任的诏狱主审官，副主审官是大理寺卿周三畏。何铸曾和侍御史罗汝楫一起，在秦桧控制台谏的背景下，继万俟卨之后，弹劾岳飞。

何铸，字伯寿，余杭（今浙江省杭州市）人，宋徽宗政和五年（公元1115年）进士。元人所修的《宋史》记载他操履端正，为官清廉。

何铸此前已经看过全部的案卷，觉得谋反的罪名实在牵强，而此前审讯岳雲和张宪的时候，尽管动了大刑，二人也坚决否认和岳飞一起谋反。他预感到今天的审判也不会有什么好结果。

何铸抬头看了看愤怒的岳飞，然后开始审案。因为敬重岳飞，所以没有给他戴刑具。何铸就指控的谋反罪名一项一项调查，都被岳飞反驳回去。审理进入了僵持状态。何铸于是开始考虑要不要也对岳飞动大刑。岳飞起初一言不发，突然他跟跟跄跄地走到何铸二人审理案子的大桌子前边，反转身子，双手一下子把上衣的后边撩起,因为激动,动作很不利索,撩了好几下才彻底撩上去。

何铸和周三畏看到岳飞背上"尽忠报国"的刺字已经深入肌肤。何铸心揪了一下,示意手下人赶快将岳飞扶起,让他重新站好,自己和周三畏又回到桌子后边坐下去。沉默了一会儿,侧转头看了看也处于沉默中的周三畏,然后冲他点点头,接下来二人又端端正正地坐好。何铸轻声命令手下人把岳飞带到牢房去。

何铸和周三畏让手下人下去,二人交换了一下意见。何铸于是坐着轿子到秦桧家里向秦桧汇报。

何铸将审理的经过仔细汇报了一遍,唯恐漏掉一个细节。何铸强调谋反的罪名实在难以成立。

秦桧站起来踱了几步,走到何铸面前,盯着何铸的脸,用右手的食指连连指着何铸的头,然后说道:

"官家的意思是必须这样办! 我也同意官家的意见。况且岳飞他们三个一定有谋反的行为!"

语气里透着不容置疑。

何铸沉默了一会儿,然后慢慢说道:

"我的意思,绝不是为岳飞辩护,而是考虑到目今大敌当前,无故诛杀一员战功赫赫、忠君报国的大将,将士们会很寒心。从大宋长远利益着想,不能这样做。"

但是何铸的话,秦桧听后没有一点感觉。何铸走后,秦桧坐在椅子上思考了一会儿,决定让万俟卨接手审理。

万俟卨字元忠,开封府阳武县(今河南省原阳东南)人,宋徽宗政和二年(公元1112 年)进士。为官期间,为了升迁,不惜采用任何丑陋的手段。

金军南侵,万俟卨自东京一路南逃,直接跑到了湖南南部,后又靠送礼和他人提携,得以不断升迁。主政提点湖北刑狱期间,岳飞宣抚荆湖,因看不起万俟卨,不加礼遇,万俟卨怀恨在心。宋代重文轻武,在文官心目中,即使高级别的武将,在礼节上也不能怠慢低级别的文官。

万俟卨后到临安入觐述职。高宗召见他的时候,万俟卨就乘机对岳飞进谗言,高宗便将他留在朝廷,改命万俟卨为监察御史。万俟卨自然感恩戴德。

万俟卨上任后,首先以"淮西逗留""山阳不可守"二事,弹劾岳飞。

十一月,秦桧奏请让万俟卨担任御史中丞,兼主审官,陪审官还是周三畏,很快获得高宗批准。

万俟卨终于得到了报复岳飞的机会,而且此案只要能够按照官家和秦桧的旨意办,还有升迁的机会,也许还能爬到宰执的位置。

岳飞见到主审官换成了万俟卨,自然明白其中的意味。万俟卨首先还是将王俊的诬告状让岳飞看,然后训斥道:

"官家有什么对不起你们的! 高官厚禄,什么都有了,你们却还要谋反?"

岳飞回答道:

"对天盟誓,我没有做对不起官家的事。你们既然掌管国法,就应该依法办事,不可谋害忠良。否则的话,我到了阴曹地府,也要与你们辩论!"

万俟卨大大地冷笑一声,说道:

"既然不谋反,还记得你游览天竺寺的题词吗? 寒门何时得享富贵,什么意思? 你还想怎么富贵? 难道像官家一样才算富贵吗?"

手下人附和道:

"既然这样写,就是要谋反!"

岳飞见万俟卨如此罗织罪名,长叹一声,悲愤地说道:"我知道既然落入国贼秦桧之手,一片忠心,一切皆休!"

万俟卨于是命令狱卒将岳飞拉入大牢,并示意可以尽行殴打。狱卒于是拿出浑身手段,对岳飞百般殴打,逼其承认谋反的罪名。岳飞尽管被打得遍体鳞伤,但是仍然咬着牙不发一声。他宁愿被打死,也决不玷污自己的清白。

两个月的时间里,一次次的拷打,都没有能够让岳飞屈服。最后,岳飞干脆以绝食来抗议,以求速死。秦桧和万俟卨于是想出了最毒辣的一招,以入狱照看岳飞的名义,将年仅十五岁的岳雷也投入大牢。

岳雲已经在大牢里关了几个月了,此番岳雷又进来,对岳飞而言,自然是严峻的考验。但是，岳飞还是拒绝招供。

一计不成，万俟卨又生一计。他派人找到王俊，许以厚利，要他再出面提供新的证据。经过狼狈为奸的共同策划，新罪状又被"深挖"出来。

其一，岳飞初封节度使时，得意忘形地说道："三十二岁建节①，自古少有，只有太祖，才是在这个年岁封节度使的。"将自己与太祖相比，僭越狂悖。

其二，郾城班师途中，一夜与王贵、张宪、董先、王俊等人座谈，由于在大功告成之际，被迫班师，众人闷闷不乐，岳飞说道："这以后，国家之事，怎么办？"没人回答，张宪打破沉默说道："只能靠相公处置了。""相公处置"，说穿了就是谋反，岳飞和张宪早有谋逆之心。

其三，今年春天，金军入寇淮西，岳飞有意延迟出兵，后听到张俊和韩世忠军队吃了败仗，用讥讽的语调对张宪说："张太尉，像张家军这样的军队，你只消带领一万兵马前去，就可以将他们马踏连营了。"又对董先说："董太尉，韩家军的兵马，你连一万人都不用带，就可以把他们也收拾了。"此为"陵轹同列"，胸怀"异谋"。

其四，岳飞就在此次援淮西时说道："国家的形势搞到这般地步，可官家还是不修德。"这是骂皇帝的大逆之罪。

但是，万俟卨把董先带到大理寺对证，董先否认了一些指控。

有个叫隗顺的狱卒，平素久闻岳飞的大名，对岳飞非常佩服。此番见岳飞因为反对与金国屈辱的和议而落难，被严刑拷打，因此，私下里经常为岳飞掉眼泪。所以，尽其可能，在无人在场的情况下，尽力照顾岳飞、安慰岳飞，使岳飞在黑暗中看到了一丝人性的曙光。

岳飞入狱后，自然不再对高宗有任何幻想。有一天，干脆在狱案上写下了"天日昭昭！天日昭昭！"八个大字，以示抗议。

岳飞入狱的消息传出后，朝野上下，又震惊又愤怒。有正义感的官员和民众，

---

① 宋代凭战功封节度使，简称建节。

不顾高宗和秦桧的淫威,不顾被株连和被迫害的危险,纷纷为岳飞鸣不平。

绍兴九年,齐安郡王赵士㒜曾因朝拜西京洛阳八陵,先到鄂州,与岳飞有所接触,对岳飞印象极好并曾得到岳飞的帮助。他身为宋高宗的皇叔,是赵宋宗室中德高望重的一位。赵士㒜气愤地对高宗说道:

"中原没有收复,却要杀害忠义大将。这是忘记二圣,不欲收复中原呀!"

他以全家族上百口人的性命作担保,确保岳飞没有谋反。

文士智浃、布衣刘允升和范澄之等人,也分别上书,为岳飞鸣冤叫屈。范澄之在上书中尖锐地指出:"宰相媚虏急和,是替金国报仇,自毁长城的行为。"他恳切希望高宗能够回心转意。他还特别说明:"我与岳飞,无半面之交,也不曾受岳飞一顿饭的恩德。我是为朝廷着想啊!"

参加审讯或诏狱结案的大理寺官员薛仁辅、何彦猷、李若朴等人,也力排众议,不顾官位,希望能够保住岳飞的性命。

韩世忠尽管也还处在危险中,但是,想到岳飞为了保护自己,挺身而出,自己才得以保全,于是,决定去找秦桧理论。他质问谋反罪名的依据。面对韩世忠的质问,秦桧冷冷地回答道:

"岳飞给岳雲和张宪的信,虽然没有明确提到密谋造反的事情,但是,谋反这个事,莫(岂不)须有!"

韩世忠气愤地反驳道:

"莫须有三个字,怎么能让天下人信服!"

万俟卨绞尽脑汁,无所不用其极地罗织岳飞的罪名。最后由大理评事元龟年定下了罪名,主要有三条:

第一,岳飞和岳雲分别写咨目给王贵和张宪,策动他们谋反;其中岳飞的咨目由幕僚于鹏和孙革执笔。

第二,淮西之役中,岳飞十五次接到御札后,手握重兵,逗留不进,坐观胜负。

第三,岳飞得知张俊和韩世忠等军战败后,曾说官家不修德是战败的原因。岳飞还曾经说道:"我三十二岁上建节,自古少有。"此语被他们引申为"自言与太祖俱以三十岁为节度使"，从而都犯了"指斥乘舆"，即骂皇帝的弥天大罪。

第一条罪状的物证，违心做伪证的王贵说他和张宪当时就烧了，张宪则坚决否认。

第二条罪状，岳飞用"行师往来、月日天天可考"的记录事实，给予彻底否认。但万俟卨特意根据秦桧的旨意，添加了十五次接到御札这一背景，使这条罪状成为三条罪状中最重的一条。

第三条罪状口说无凭，董先被迫到大理寺做旁证，但他又说岳飞没有说过这样的话。

万俟卨等人罗织的岳飞谋反的罪名，人证和物证都少得如此可怜，毫无可信度。

再也找不出其他证据了。万俟卨召集审讯人员商议最终的处罚结果，大理寺丞何彦猷和李若樸认为证据不确凿，谋反的罪名难以成立，对岳飞最多能判两年徒刑。但是，万俟卨等人极力主张处死。

从张宪被捕之日算起，岳飞一案已经审理了三个多月。朝野上下，不满之声日渐增多，再拖下去，是否会出大的乱子，秦桧和万俟卨等人心里也没有底，忧心忡忡。眼看已到年底，宋高宗和秦桧为了不影响过年的好心情，金国也就南宋求和的条件，一再强调必须杀掉主战派的岳飞，才能证明南宋有求和的诚意。十二月二十九日，万俟卨等通过秦桧，匆忙上报关于岳飞一案最后量刑的奏状，提出将岳飞处以斩刑，张宪处以绞刑，岳云处以有期徒刑。无疑已是重刑。

岳飞一案审理期间，万俟卨每天都会将审理情况汇报给秦桧，秦桧再汇报给高宗。高宗和秦桧也每天关注着案件的审理情况以及朝野对案件的看法。他们二人也料到岳飞三人不会承认谋反的罪名。

宋高宗接到量刑的奏状后，考虑了一下，当即下旨：

"岳飞特赐死。张宪、岳云一并按照军法，处以死刑。令杨沂中监斩，一定多派遣兵将防护。"

高宗将年轻的岳云也一并处死，自然是希望在他有生之年，谁也别想通过案件的被害人知道案件的审理情况。没有有力的证据，他死了之后，谁也别想就此案再作文章。

当日，狱官一早就将处死岳飞的诏令告诉了岳飞。已经能够听到大理寺墙外零星的鞭炮声了。

狱官让岳飞吃了一顿不能再简单的早饭，然后令岳飞沐浴。沐浴完毕，岳飞穿好衣服后，两个狱卒用大铁棍猛击岳飞的两肋，岳飞在惨叫声中死去。等在外边的万俟卨，随即进来仔细查验了一下尸体，确信死了之后才离开。

按照规定，岳飞的尸体被就地埋葬在大理寺的墙角下，以防被人偷走。好心的狱卒隗顺，怀着悲愤的心情，深夜冒死偷偷挖出岳飞的尸体，又照原样把原先埋葬的地方伪装好。他背着尸身，流着眼泪，走出临安城西北的钱塘门，偷偷将岳飞埋葬于九曲丛祠附近山麓的平地上；后在坟前种了两棵橘子树，以作标记，又于后来制作的墓碑上诡称为贾宜人坟。为了以后容易辨认，隗顺在埋葬岳飞尸身时，将岳飞随身带的一个玉环，放到岳飞的身体下边。岳飞时年三十九岁，正是"壮岁旌旗拥万夫"的年龄。

张宪和岳云则被绑赴临安城的闹市处斩，"以儆效尤"。行刑时杨沂中亲自监斩，张俊也亲临刑场。两人见面后，当着众人的面，会心地笑了笑。张俊笑得尤其开心。临安各城门均有重兵把守，戒备森严，以防有正义感的将士和民众抗议。

天气异常阴沉，老天也快要落泪了。即使面对死刑，岳云和张宪也宁死不屈。两人看到张俊后，怒目而视。岳云时年刚刚二十三岁，张宪年龄比岳飞小一些。两个岳家军的猛将，就这样死在高宗和秦桧等投降派的屠刀之下。

杨沂中随即将监斩的情况向秦桧做了汇报，秦桧随即以奏疏的形式，汇报高宗。两人都松了一口气，准备过一个好年。

死讯传到岳飞府邸后，李娃表现得异常坚强。她知道自己已经是这个家庭唯一的支柱，她没有哭，一边照顾年幼的孩子，一边安排家人准备远行必备的东西。

岳飞和张宪两人的家属后被流放到岭南和福建的荒郊原野，家产则被没收。漫长的流放途中，素不相识的人，知道是岳飞和张宪两人的家属后，含泪向他们慰问、致哀。

岳飞遇害,被流放的家属,未来的命运如何,谁也不知道,他们只能像大海上的一叶扁舟,听凭风浪的打击了。可专制时代,落井下石的人渣代不绝人。漳州知州某某,为了进一步窃取高官厚禄,迎合秦桧,竟然上奏提出断绝岳飞家属生存必需的物资,让他们早点结束性命。这种人不但泯灭是非,而且丧尽天良。记录此则史料的南宋名士王明清骂他是狗彘不如之人,不愿或不屑说出他的姓名,说出来怕玷辱了士大夫群体的名声。

由于判决书上直接牵涉的人达到九人(不包括岳飞和张宪的家眷),所以判决书字数多达三千多字。但是,满纸都是谎言。

秦桧死后,凡是能看到这封判决书的人,无不为之气愤。南宋著名的文人王明清惊讶地发现判决书竟然荒唐到与王俊的诬告状没有一点关系!南宋著名的史学家李心传则说判决书全是矫造之语,岳飞之冤昭然可见。

四、屈辱的和议

南宋朝廷一边审理岳飞一案,一边迫不及待地与金国进行屈辱的议和。十一月,双方达成协议,历史上称为《绍兴和议》,主要内容包括如下几点:

第一,南宋对金称臣,且世世代代称臣。南宋国内,上至赵构及其继承人,下至普通的老百姓,都是女真贵族的臣民。这是非常屈辱的条款。

第二,金宋两国之间,东以淮河中流、西以大散关(今陕西省宝鸡市西南)为界。宋朝将唐(今河南省唐河县)、邓(今河南省邓州市)、商(今陕西省商县)、秦(今甘肃省天水市)四州的一半给金国。这样,南宋失掉了抵御金国南侵的部分重要屏障。

第三,南宋每年进贡给金国银二十五万两,绢二十五万匹。

女真贵族听到岳飞被处死的消息后,欢天喜地。他们未能在战场上击败岳家军、杀死岳飞,南宋的皇帝却替他们解了心头之恨。

当时,被金国扣押的南宋使臣洪浩,当女真贵族幸灾乐祸地把这个消息告诉他时,他心如刀割,却只能暗自哭泣。

高宗绍兴十二年(公元1142年)四月,按照宋金和约的规定,金国将徽宗和郑皇后(徽宗的皇后)、邢皇后(高宗的皇后)的灵柩并高宗生母韦氏从五国城(今黑龙江省依兰县)送往南宋。八月十日,灵柩及韦氏抵达楚州(今江苏省淮安市),二十三日,抵达临安郊外,高宗亲自前去迎接,亲自演出"皇太后回銮"的闹剧,为自己的降金行为遮羞。

十月,葬徽宗灵柩于会稽(今浙江省绍兴市)永固陵。元世祖至元二十三年(公元1286年),南宋皇陵遭到洗劫,可挖开徽宗的坟墓后,灵柩内只有朽木一段,根本没有骨殖。实际上,金国许诺归还徽宗骨殖,只不过出于谈判上的需要。高宗和秦桧等人,在徽宗灵柩抵达临安后,尽管料到其中可能有诈,但宁愿信其有,不愿信其无。因为,一旦打开灵柩,发觉没有徽宗的骨殖,最难堪的将是高宗。更何况,高宗君臣即使怀疑,也不敢打开灵柩来验证。打开灵柩,又会惊动亡灵,罪莫大焉。

韦氏自五国城回归前夕,钦宗挽住她的车轮说道:

"回去告诉九哥,和女真人商议一下,也让我回去吧。回去之后,让我到一道观,了却残生,我就心满意足了。"

韦氏回答道:

"大哥(钦宗排行老大),我回去一定告诉九哥,让他把你也要回去。否则,老天惩罚我,让我双目失明!"

她回南宋后果然一度双目失明,大约是白内障,但还是在皇帝的悬赏下治愈了。

赵构的母亲韦氏,也有难言之隐。在金国做俘虏的十六年岁月中,她曾被迫与女真男人在一起生活。由于金人不断散布此类流言,以羞辱高宗,此事也传到了南宋。有些文人将此记入私史和野史类著作中,在社会上传播。

五、大肆株连

岳飞父子和张宪三人遇害之后，高宗和秦桧并没有罢手，反而以各种借口，大肆株连有关的人员，继续制造冤案。

齐安郡王赵士㒟直接遭到御史中丞万俟卨等人的弹劾，说他身为皇帝近属却交结岳飞，被革职并逐出临安府，软禁于福建的建州(今福建省建瓯市)。

参与岳飞一案审理，不赞成处死岳飞的薛仁辅、何彦猷和李若朴、何铸等司法部门的官员，先后以对岳飞"务于从轻""密议朝政，以欲缓岳飞之死"等罪名，被革职；其他反对冤案的官员，如蒋灿、许旸等，也受到罢官的处分。

荆湖北路安抚使刘洪道也遭到万俟卨弹劾，说他听到岳飞被罢免宣抚使的消息后，大惊失色，造谣生事，差点导致兵变。刘洪道因此被流放到柳州(治马平，今广西壮族自治区柳州市)，终身不许起用。反对和议的官员张戒，因为"投靠"岳飞，也受"勒停"阶官的处分。宦官黄彦节因为赞助岳飞抗金，以收受岳飞钱财等罪名被除名，戴枷押送到容州(治普宁，今广西容县)"编管"。直到岳飞身后十五年，江州知州范漴还以任鄂州知州时"谄事岳飞"的罪名被罢官。

宋高宗、秦桧和张俊最不放心的就是原岳家军中的将领。王贵一直是岳飞的亲信和副手，在岳飞冤狱问题上，他为了保全自己，违心地做了假证。岳飞遇害后，王贵自知处境堪忧，称病辞去在岳家军中的职务，朝廷顺水推舟，授予他闲职。王贵于绍兴二十三年(公元1153年)去世。王贵的晚年，应该是在痛苦的自责中度过的。

牛皋反对朝廷降金，经常发牢骚，直接被接替王贵职务的张俊亲信田师中毒死。岳飞的爱将徐庆从此默默无闻，抑郁而终。董先奉命统原岳飞背嵬亲军，移驻临安。这是与原韩世忠的背嵬军作同样处置，对原岳家军实施肢解。董先在大理寺做证时,显然不愿完全昧着良心,诬陷主帅。故虽统背嵬军平安到行朝,也算有功,却从原鄂州大军同提举一行事务降为侍卫步军司统制。

张俊举荐亲信、庸将田师中取代王贵,任都统制。被肢解后的鄂州大军还进行缩编,由十万人以上减至七万人以下,或四五万人。在田师中的管辖下,原岳家军的素质也必然严重退化。

在高宗和秦桧眼中,岳飞的部将牛皋等人都是粗人,故处罚相对较轻;而对岳飞的幕僚,则严惩不贷。

直接卷入冤案的于鹏和孙革,给岳飞通风报信的进奏官王处仁和武将蒋世雄,分别受到革职、流放岭南及"编管"的惩处。文士智浃上书为岳飞喊冤,反被诬为受过岳云的贿赂,捎信给张宪,被流放到袁州后,不堪凌辱而死。张宪家属、门僧何泽一被处以"决脊杖"并"刺面",发配三千里外州军收管。

朱芾、李若虚、高颖、王良存、夏珙、党尚友、张节夫等十三名幕僚,都被贬逐和流放。李若虚和朱芾被贬后,又以私下议论时政的罪名,加重处分。

岳飞的亲校王敏求、杨浩、邢舜举等人,也都受到"除名""编管"或其他的处罚。至于没有留下姓名的受迫害者,应该更多。

上书营救岳飞的刘允升,被关进大理寺监狱后惨遭杀害。范澄之则在流放地含恨去世。

绍兴十年(公元1140年)七月,赵鼎早已经被贬官到了潮阳(今广东省汕头市辖区)。岳飞被害后,秦桧等奸臣为了加重其罪,也为了继续给岳飞泼脏水,又诬陷赵鼎收受岳飞送来的钱五万贯,此外还有其他互相勾结的行为。赵鼎自然要为自己辩诬。赵鼎在辩诬状中称:

第一,南渡后各个大将与朝廷大臣都有过生日时候互相送礼祝贺生日的习惯,但是岳飞,连这种礼节都不讲。此处可见岳飞对南宋朝野的一些潜规则一概不理。

第二,赵鼎赴潮阳时,岳飞驻军鄂州,相去二千余里,如何互相通问。

第三,当年十二月和次年正月末,岳飞曾让从福州顺路经过潮阳的下属,给赵鼎带来两封信,一次是"谢转官",一次是贺年节。赵鼎当时被贬官,正是万念俱灰的时候，又唯恐秦桧继续增加自己的罪名，况且岳飞又是秦桧的眼中钉，所以他对岳飞的第一封来信，虽然看了内容，但是一个字也没有回复；第二封信干脆没有拆开看，让来人直接带回。

第四，信都不留，怎么会留五万贯钱？况且五万贯钱，需要两个壮汉担着，自然瞒不过人，而且应该还有负责此事的人陪同。岳飞已死，无人做证。

六、平反昭雪

宋金达成和议后，秦桧依仗金人"不许以无罪去首相"的规定，企图当终身宰相，独揽大权。宋高宗对秦桧"挟金自重"的做法，既忧心又寒心，却也无可奈何。秦桧安排党羽，恣意篡改官史，又严禁私史。有关岳飞历史活动的记载，被改得面目全非，添加了大量岳飞的"罪证"材料，妄图将岳飞永远钉在历史的耻辱柱上，秦桧自己则被塑造成南宋"中兴"名相。

绍兴二十五年（公元1155年），秦桧病死，宋高宗得以收回对宰相的任免权，却又让秦桧党羽万俟卨、汤思退等人继续执政，自然是希望继续掩盖他和秦桧一手制造的罪恶，特别是杀害岳飞的罪恶。

不过，高宗对于受岳飞一案牵连被处分的官员，大多又予以从宽处理或平反。但是，坚决拒绝给岳飞等三人平反。他当然知道以谋反罪名处死岳飞等人是不对的，但是从赵宋王朝的祖宗家法出发，从维护自己的皇权出发，他又认为杀死岳飞是正确的。列祖列宗如果有灵，也会认可甚至感谢他这个"明智"的做法，他让赵家的血脉继续成为龙脉。

岳飞被害后的整整二十年时间里，慑于专制皇权的淫威，很少有人敢在公开场合为岳飞鸣冤叫屈。一些无耻文人为了自己的利益，阿谀奉承宋高宗和秦桧，诋毁岳飞，将岳飞称作跋扈之臣。

秦桧死后，绍兴二十四年（公元1154年），科第状元张孝祥大着胆子上奏高宗，请求为岳飞平反，他在上奏中指出：

"岳飞忠勇，天下共知。一朝被谤，很快就被处死。敌国庆幸，而我国将士解体。非国家之福。"

毕竟是状元，再加上秦桧已死，高宗还算特别宽待，不予治罪。

绍兴三十一年（公元1161年），金国海陵王率兵大举南侵，南宋国内，积压了二十年的抗金情绪，重新高涨。官员杜莘老在上奏中请求"昭雪岳飞，录其子孙，以激天下忠臣义士之气"；太学生程宏图和宋芑也分别上书请求"复岳飞之爵邑，而录用其子孙，以谢三军之士，以激忠义之气"；倪朴草拟的上书中，称赞岳飞"勋烈炳天地，精忠贯日月"，要求给岳飞平反。

虽然正当抗金之际，但从顽固维护皇帝的权威出发，宋高宗仍无意为岳飞平反，只是下诏允许蔡京、童贯、岳飞、张宪被流放的家属可以自流放之地根据自己的意愿迁徙。将岳飞、张宪与奸臣蔡京、童贯之流并列，足见高宗的险恶用心。

绍兴三十二年（公元1162年）六月，做了三十六年皇帝的高宗退位，传位于孝宗赵昚。高宗倒是真心退位——三十六年的岁月，内乱外忧，文臣的内斗，对武将的防范，安生的时光没几年，也够厌倦了。况且过继过来的赵瑗（即位后改名赵昚），经过多年的历练，已能够担起皇帝的重任。而且赵昚夫妇，对自己和皇后也很孝顺。

退位之前，高宗召见一些高级臣僚，坦承自己在位期间多有失德之处。不知道高宗此语中，是否包含着对岳飞冤案的愧疚之情。

宋孝宗主张抗金，六月即位，七月便下诏宣布给岳飞追复原官，以礼改葬。

隗顺早已经去世，去世前向后人交代了偷偷掩埋岳飞尸体的地方。后人获知朝廷给岳飞平反的消息后，立即报告了隗顺的遗言。朝廷得以很快找到了岳飞的尸体并予以确认，改葬于美丽的杭州栖霞岭下。

孝宗给岳飞平反，在追复岳飞原官的诏令中，仍给太上皇赵构保留了足够的体面，说此事乃仰承高宗的圣意。

　　宋孝宗仅在孩童时代见过岳飞一面,后来也知道了岳飞在立自己为储君问题上与高宗发生了尖锐的冲突,且是岳飞父子被冤杀的重要原因之一。给岳飞平反,也有感恩图报之意。

　　岳飞的妻子李娃劫后余生,又活了十多年,于孝宗淳熙二年(公元 1175 年)病逝,享年七十五岁,葬于江州。

　　特赦岳飞家属的诏令下达时,岳雷早已含恨去世,其妻温氏可能也已辞世。留下四子二女,由岳雲妻子巩氏照管。

　　岳霖、岳震、岳霭(后由宋孝宗改名岳霆)、岳甫、岳申等幸存的岳飞子孙,还有岳安娘的丈夫高祚,都得以补授官职。然而由于错过了成长时期必需的接受良好教育的机会,后来都无大的作为。

　　孝宗后在临安召见了岳霖,真诚地说道:

　　"岳家军的军纪,你父亲用兵的方法,张俊、韩世忠远远不及。你父亲死得冤枉,朕都知道;普天之下,也共知其冤。"

　　尽管如此,必须指出,限于孝宗的位置以及他必须为高宗避讳等因素的影响,给岳飞的平反还是有限度的。他在位后期,才按照宋代的礼制,给岳飞评定谥号①,最初定为"忠愍",但孝宗认为,"愍"字的含义是"使民悲伤",隐含着对高宗的讥讽之意,于是改为"武穆"。高宗死后,吏部侍郎章森建议用岳飞"配享"②高宗庙庭,孝宗不假思索地予以拒绝,宁愿用张俊作为"配享"。孝宗心里面还是认为,即使在阴曹地府,这对君臣还是不见面为好。

　　岳飞冤案平反之后,朝廷褒扬岳飞,却根本不可能将高宗置于元凶和主犯的地位。南宋灭亡之后,高宗在岳飞冤案中的作用,才逐渐被确认。

　　历史是无情的,时势造就了岳飞这个英雄人物,却又由于各种力量和因素的交

---

　　①　谥号是对死去的帝、妃、诸侯、大臣以及其他地位很高的人,按其生平事迹进行评定后,给予或褒或贬或同情的称号。帝王的谥号由礼官议上,臣下的谥号则由朝廷赐予。谥号诞生于西周早期。

　　②　帝王死后,礼官选择其做皇帝时期一起共事的去世的功臣祔祀于其宗庙,但需要经过朝廷大臣讨论并经过下一任皇帝批准。

互作用,毁灭了这个英雄,特别是毁灭了他的理想。人民却是多情的,千百年来,西子湖畔的忠魂,得到了永久的尊崇和纪念。

杀害岳飞的秦桧等人,被永远钉在了历史的耻辱柱上,"青山有幸埋忠骨,白铁无辜铸佞臣"。宋高宗赵构虽然没有跪在岳飞墓前或全国各地的岳飞庙里,但是他却永远跪在了历史教科书里,跪在了中国历史上罪恶之君的行列里。

汤阴岳氏耀中华

——解读岳飞家风

　　正史及其他较为靠谱的史书中，关于岳飞家族历史的记载，基本上限于岳飞父母、岳飞及其子孙四代人。岳飞毕竟出身于普通的农家，早年也没有接受多少正规的教育，在后来的戎马生涯中，通过和幕僚们的接触及战争间隙的勤奋学习，文化素质才逐渐提高。繁忙的军事活动，使岳飞也不可能有充裕时间写下正规的家训等文字材料，但是通过对现存史料的分析，仍然可以看出岳飞家风中最核心的内容。

第一节 岳飞精神的根源

鉴于晚唐、五代基于多方面原因所导致的先秦及秦汉儒家所倡导的忠君爱国理念的衰落,再加上宋代民族矛盾的尖锐,所以,北宋建立后,统治阶级特别重视在意识形态领域重新树立忠君爱国思想,采用多种方式对臣民进行此方面的教育,爱国主义思想逐渐深入人心,并一直渗透到社会的底层。整体上看,经过此方面意识形态的长期浸染,取得了不错的社会效果。两宋之际及宋元之际的关键历史时期,忠君爱国的标志性人物颇多,仅元人所修的《宋史》即为二百七十八名忠义人物立传,这在二十四史中是非常突出的。宗泽、李纲、岳飞、文天祥等人则成为其中的杰出代表。

就孝道方面的教育而言,先秦儒家即确立了有关的价值范畴。孔子认为孝就是要做到"生,事之以礼;死,葬之以礼,祭之以礼"。较之先秦儒家的忠君爱国理念,孝作为人类永恒的价值理念,从秦朝到五代,尽管经历了许多大大小小的战乱,其受到的冲击并不大。到宋代,孝作为重要的伦理规范,相关的教育,更是日益得到加强。大户人家的子女,到了七岁,就要开始读《孝经》和《论语》;底层人家的子女,虽然大多没有机会接受此方面正规的教育,但出于人之本性中善的一面的传承,加上浓郁的社会氛围的影响,无形中也会强化这种价值观念。再加上底层社会全靠养儿防老,更要强调孝道教育的重要性。

　　从地域文化背景而言,岳飞的家乡相州汤阴县属于燕赵文化圈,概而言之,燕赵文化的特质是慷慨悲歌、好气任侠。虽然慷慨悲歌一词可以用来形容各个地区的人物和现象,但在历史上,以燕赵区域最为典型。在其他区域,慷慨悲歌并没有成为一种普遍现象;而在燕赵地区,慷慨悲歌却已是普遍的特征和特殊标志。崇文抑武的北宋王朝的一些有远见的官员,从统治阶级的长远目的出发,从当时的国防安全出发,对于河朔地区民间的习武传统,反而有鼓励的政策。岳家军中的不少将士都是相州附近人,与岳飞同为汤阴的即有王贵、徐庆、赵宏、姚政、王万、李道等多人。

　　研究、宣传岳飞家风,不能用通常的研究那些世家大族的方法来研究,而应该有所变通。而且,岳飞祖上确切的历史活动记录,也仅限于对其父母活动的一些零星描述。如果从宣和四年(公元1122年)岳飞第一次从军算起,岳飞一生有记录的主要活动也仅仅十九年;岳雲虽然十二岁从军,但关于他的历史活动记录也少之又少。再加上秦桧当权时期,在官方的历史记录中,极力毁谤、污蔑、抹杀岳飞和岳家军的功绩,导致现存的一些史料也非常复杂,云雾难辨。岳飞生前尚且如此,惨遭杀害后,更可想而知。这种秽史,连徐梦莘和李心传二位史家也无形中不同程度地受到了影响。这对研究、宣传岳飞的家风,显然增加了难度。但是,严肃的史学工作者,下一番苦功夫,还是能够对岳飞的家风,有一个比较完整的概括和解释。

第二节 岳飞家风的内容

岳飞家风的主要内容,依重要程度可排列如下:忠、仁、孝、勇、廉、俭。

一、忠君爱国

大致从秦汉以来,随着多民族统一国家的建立、巩固和发展,在华夏族及以后的汉人中[1],逐渐形成了对祖国深厚的感情。当然,这种观念也不断扩展到周边民族中。不过,古代中国,特别是宋代,让人们区分清楚何为祖国、何为政权是不可能的,忠君与爱国有时是不可分割的。

从岳飞冤案平反到鸦片战争之前,特别是清朝,将岳飞塑造成一个"愚忠"楷模,由多方面的原因导致,且有一个比较漫长的不断强化的过程。首先和岳珂所编写的《鄂国金佗稡编续编》有关。岳珂要争取为祖父雪冤,必须依靠"赵家人",因此在他的书中,必须竭力避讳甚至否认岳飞与高宗之间的矛盾,不管他主观上情愿与

---

[1] 华夏族是汉族的前身,"汉人"这一称呼广泛流行应该是在魏晋南北朝时期。

否。但是,岳飞"愚忠"形象达到登峰造极的地步,则和乾隆皇帝为使臣僚对自己尽忠的刻意塑造有关。而在民间,岳飞"愚忠"形象走向泛滥化,则和钱彩等人所编写的《说岳全传》有很大的关系。一些有关岳飞"愚忠"形象的戏剧和评书也发挥了较大的作用。

但是,必须强调,岳飞绝非"愚忠"的代表,而是忠于祖国、忠于人民、忠于先进文化的代表。

岳飞的忠君爱国思想贯穿于其抗金活动的始终,其背上的"尽忠报国"四字不管是否出自母亲姚氏①,但事实却是客观存在的。何铸审讯岳飞时,岳飞掀起衣服让他看后背,"尽忠报国"四个大字,已经深入肤理②。岳飞的忠君爱国思想应该和父母的教育分不开。周同曾经教岳飞射箭,他去世后,岳飞每月的初一和十五都去他坟头祭奠。岳飞的这种行为,可谓"大孝"。父亲看到他这种知恩图报的行动后,说道:"看来要到合适的时机,才能发挥你的作用。那一定是在国家有大难的时候,即使死了,你也是死于忠、死于义!"知子莫若父,岳和的话语最终得到了验证。但是,却是以悲剧的形式展示给了后人,展示给了历史。

宋高宗重建大宋后,虽然口口声声喊着收复失地,实际的行为却是不断南逃。身为从七品的小武官,岳飞却敢在建炎元年(公元1127年)六七月间大胆上书高宗,指斥黄潜善等宰执,"只有苟且偷安的行动,没有雪国耻、收复失地的宏大战略,根本不能让中原民众看到希望,更不可能起到国破家亡的艰难时刻凝聚人心的重要作用"。他恳请高宗重返东京,亲率大军,渡河北伐,收复失地,以雪国耻,可上书的结果却是被革掉官职,削除军籍。

岳飞之忠,还表现在"立储"问题上。赵宋王朝从立国之初即确立了猜忌武将、

① 据历史学家王曾瑜先生考证,岳母刺字一说,最早见于明朝的《唐门岳氏宗谱》,岳珂的《鄂国金佗稡编续编》一书没有记载。见王曾瑜:《尽忠报国 岳飞新传》第19页页下注,中国书籍出版社2016年版。即使是美丽动人的传说,也有其存在的重要的社会价值。关于此类传说的处理,求真和务实并不矛盾,尤其是在教育和旅游宣传方面。

② [元]脱脱主编:《宋史》卷三八〇,《何铸传》。

不准武将参与军事以外的朝政的祖宗家法,岳飞对此应该非常清楚。但当岳飞获悉女真贵族准备废掉刘豫伪齐政权,改立钦宗的儿子为傀儡皇帝,企图制造两个宋国、破坏抗金大业的阴谋后,毅然决定不顾个人安危,上奏宋高宗及时确立赵瑗(即后来继位的宋孝宗)的皇储地位,粉碎金国的阴谋。于是,绍兴七年(公元1137年)九月,岳飞趁着朝见的机会,向高宗呈上自己的这封密奏。岂料岳飞的一腔热血、赤胆忠心,换来的却是高宗的冷言冷语:"你说的话虽然是忠君之语,但是你手握重兵,这个事你怎么能考虑呢?"此后,高宗又与岳飞的部下薛弼和刚上任的左相赵鼎言及此事,可见高宗对此事的介意,对岳飞也愈加不信任。

　　绍兴十年(公元1140年)秦桧又一次力主对金屈辱地议和之时,岳飞面见高宗,直接指出秦桧议和行为的极大危害。金人败盟后,高宗将秦桧的奏疏让岳飞看,岳飞极为痛恨秦桧的欺上瞒下恶行,指出其奏疏是对皇帝的极大侮辱。面对权势熏天的秦桧,岳飞并没有考虑反对秦桧将要面对的恶果。

　　在事关抗金的大是大非问题上,岳飞总是苟利国家生死以,岂因祸福避趋之。

　　在日常生活中,同样可以看出岳飞的忠君爱国思想及行动。高宗也知道岳飞非常廉洁,甚至常常拿出自己家里的钱财购买军用品和接济贫穷的将士。为了激励、拉拢岳飞,希望岳飞能够在所有问题上和自己保持一致,高宗要为岳飞在临安购买房舍,岳飞知道后当面说道:

　　"北虏未灭,臣何以家为!"

　　从岳飞此言即可看出,霍去病在同一时刻的选择,就是他的榜样。他是这样说的,也是这样做的。

二、仁以待众

　　岳飞的父亲岳和虽然只是一个仅能维持全家基本生存的自耕农,却能节衣缩食来救济饥饿者。邻居有侵占他家耕地的占小便宜行为,岳和干脆让给他。这种仁慈的行为,在幼年的岳飞心中,生根发芽、成长壮大。

岳飞不管是在岳家军独立成军之前还是以后,在作战的过程中,对陌生的百姓、士兵、战俘,都能够待之以仁。

建炎四年(公元 1130 年),隆祐皇太后躲避金军追击途中,曾受到虔州(今江西省赣州市)一带乡兵叛乱的惊吓,差点被吓死,高宗对此痛恨不已。绍兴三年(公元 1133 年)四月,岳家军平定了吉州(今江西省吉安市)和虔州乡兵的叛乱后,宋高宗下密旨给岳飞,严令将虔州的被俘者斩尽杀绝,作为报复,以儆效尤,由此也可见高宗之恶毒。岳飞赶忙上疏请求只诛首恶之人,赦免胁从。高宗不允许,岳飞又急忙接连上奏,重复此请求,且陈说屠城的危害,高宗才勉强答应。最终岳飞按照法律,诛杀了几个叛军头领,其余的全部赦免。岳飞遇害后,当地百姓家家挂岳飞的画像纪念他;遇到岳飞的忌日,则于寺庙供奉祭奠,可见当地人对岳飞仁慈壮举的感恩图报。

绍兴二年(公元 1132 年)闰四月,岳家军大败盗匪曹成的军队于桂岭县(今广西桂岭县)的蓬岭,曹成率剩下的残兵逃往连州。岳飞对张宪等说道:"曹成败走,余党尽散,如果追而杀之,那些良民和被胁迫参加的人,实在可怜。如果听任他们随意散去,那么,大军一走,他们又会聚集起来成为盗匪。我现在让你们分三路前去招降,如果他们继续抵抗,就杀死几个领头的人,但要安抚、教育随从之人,一定不要妄杀。"最终两万人被招降且大部分加入了岳家军。

绍兴四年(1134 年)五月,岳家军平定了杨幺叛军后,如何恰当处理包括家眷在内的二十万被俘者,成为颇为棘手的问题。部将牛皋从宣示军威和示众的目的出发,主张杀一小部分人;岳飞认为被俘之人大多为普通的受钟相妖言迷惑的民众,况且此前程昌寓在镇压杨幺叛军的过程中,为雪被屡屡打败之耻,一味滥杀,反而招致杨幺叛军队伍越来越壮大,适得其反。岳飞认为这些徒党都是国家赤子,杀了他们不但伤恩,对国家也没有什么好处,过后想起来还会懊悔。经过一番仔细的考虑后,岳飞决定让强壮者当兵,老弱者耕田。从此,湖湘地区再未出现大规模的叛乱,生产逐渐恢复。岳家军的主要驻扎区南边,也成为安定的后方。

　　裨将寇成曾经违抗军令,杀死战俘。岳飞知道后,马上按照军律处罚他。高宗为此颁布给岳飞的制词有"得仁人无敌之勇""宣予不杀之武""广好生于朕志"等语。

　　岳家军之所以能成为一支忠君爱国、军纪严明、战无不胜、攻无不克的军队,与这支军队的灵魂——岳飞的楷模作用及治军思想有非常大的关系。岳飞治军,仁严兼济,以仁为本,他经常与最基层的士兵一起吃饭、闲聊,及时了解他们的喜怒哀乐;美酒好肉,一定让每个人都可以尝到,酒不够喝,就兑上水,每人喝一口;出师野次①,士卒露宿,即使有好的房屋,岳飞也坚决不住,与士卒住的一样;士卒有疾,岳飞亲自抚视,甚至亲自调药;大将们率兵远戍,则让妻子李娃到他们家里,问寒问暖,过年过节,则送去礼品;将士战死,哭之尽哀,几天吃不下饭;抚育遗孤,或让儿子娶他们的女儿。岳飞的大儿媳和二儿媳,均为牺牲将士的女儿。

　　岳飞的治军风格,也得到了朝廷的表彰。高宗颁布给岳飞的诏词中多次出现"绝少分甘,与人同欲""甘苦同于士卒""虽万众而犹一心"的语句。

　　岳飞的部将黄纵在岳飞遇害后,辞职归家。他评价岳飞,"仁心爱物,即使古代的名将,有的也做不到"。

　　有这样与将士们苦乐同享、生死与共、关心有加的领头人,将士们自然也会舍生赴死、尽忠报国。

三、大孝报恩

　　自靖康元年(公元 1126 年)冬天,岳飞追随康王赵构南下后,与家乡的联系一

---

　　①　野营。

下子中断。但是,岳飞无时不牵挂在老家的母亲和年幼的孩子。岳飞独立成军后,多次派人去汤阴一带寻找家人,但是一直没有结果。因为金太宗天会四年(公元1126年),完颜宗弼率军攻占汤阴县,俘获宋军士卒三千多人,汤阴一带受战争的破坏比较严重,母亲和家人肯定要找相对安全的地方去避难,不可能留在老家的村庄。后有人从汤阴来投奔岳飞,他才知道了母亲和孩子们的下落。但是毕竟是战争时期,岳飞派人前后往返十八次,才得以将他们接到江南。见到母亲后,岳飞非常高兴,赶忙向母亲跪拜,以谢自己的不孝之罪。

但是,由于在沦陷区饱受战争带来的忧患、恐惧的折磨,到了南方后,又不服水土,年过七旬的母亲,只能长期卧病在床。岳飞尽管已经是高级将领及一方大员,军务、政务都非常繁忙,但是,只要不出兵,他总是晨昏伺候,亲自尝药、喂饭,察看衣着是否合适。为让母亲好好休养,要求全家人说话、咳嗽、走路都尽可能把声音降到最低的程度,唯恐影响母亲休息;每次出师之前,必郑重交代家人小心侍养。

岳家军驻扎江州(今江西省九江市)期间,岳母一下子就爱上了庐山的山水。所以,绍兴六年(公元1136年)母亲病重后,岳飞就请精通风水的先生在庐山株岭山的东北部,为母亲选择了坟地。坟地三面环山,北面敞阔,整个地形称作"卧虎舔尾"。经过高宗批准,岳母去世后,安葬此地。

估计岳飞在庐山为母亲选择安葬之地的时候,除了遵从母亲的遗愿外,岳飞未必就将此作为以后家族的永久墓地。当时他正在主张大力北伐、收复故土,心中肯定希望北伐成功后将母亲的坟墓迁回老家汤阴,与祖父母、父亲的坟墓葬在一起,告慰他们国耻已雪。

岳飞冤案平反后,曾经非常孝顺婆婆的李娃去世后,安葬在婆婆的坟墓旁边,让她代替岳飞陪伴深明大义的岳母吧。

母亲去世后,岳飞三天内滴水未喝,哀毁骨立。安葬时候,岳飞与岳雲,扶着灵柩,跣足徒步。江南的四月,已经比较炎热,再加上走的是山路,有的将佐请求替岳飞扶灵柩,岳飞坚决不让,沿路之人看到后无不为之涕泣。安葬之后,筑草庐于墓侧,朝夕痛哭,又请人刻木为遗像,按时履行祭祀之礼,并接连向高宗上奏疏,要求解除自己的官职,守三年丧礼。高宗自然不会答应,在三诏不起的情况下,高宗只好严敕相关官员做岳飞的工作,甚至拿出撒手锏,如果岳飞再不赶快履职,就要拿岳飞手下的所有属官问罪。事情到此,岳飞只好赶快赴任。但守丧期间,岳飞始终穿着丧服。

岳飞的大孝报恩思想,不只对待自己的母亲,对于自己成长道路上的恩人,也滴水之恩、涌泉相报。岳飞早年曾经跟从周同学习射箭,周同去世后,年幼的岳飞就能够每月初一和十五都去他坟头祭祀。对自己有知遇之恩的张所,也以此情相报。张所遇害后,岳飞找到其还未成年的儿子张宗本,视如己子,延请名师为塾师,使其接受良好的教育,饮食起居的待遇,超过自己的孩子。绍兴七年(公元1137年),高宗因明堂大礼施恩群臣,岳飞舍弃给自己儿子恩赏的机会,把这个机会给了张宗本;又向高宗上奏疏,陈述张所死难的经过和原因,请求追复其旧职并优加褒赏,以表扬他的忠义行为。高宗答应了岳飞的请求,又特别赐给张所家属银百两、绢百匹。

四、勇冠三军

建炎四年(公元1130年)七月,宋廷任命岳飞为通、泰州镇抚使兼泰州(治今江苏省泰州市)知州,岳飞率部队刚赶到泰州,朝廷又命岳飞救援楚州(治今江苏省淮安市)。岳飞命部将张宪留守泰州,自己率师出征,岳家军虽在楚州取得三战三捷的胜利,但终未能改变楚州被攻破的战局。岳飞接到朝廷命令他率军退守通州(治今江苏省南通市)和泰州的指令后,率军撤退,撤退途中,金军围追堵截。柴墟镇之战,河流变为赤色,可见战斗之激烈。岳飞身先士卒,身中两枪,犹乘胜追击敌军,金军败退回营寨,岳家军得以护送数十万百姓退入安全地带。

绍兴十年(公元1140年)七月,郾城大战之前,岳飞率领少数部队将士前去勘察地形。突然黄尘遮天蔽日而来，疯狂的叫喊声更是震耳欲聋，马蹄的嗒嗒声震得地面都在颤抖，原来是金军部分骑兵突然到来。随从人员考虑到敌众我寡，又有主将在场，于是想后退避敌，岂料岳飞却说道：

"不可，你等封侯取赏的机会，正在此时，岂可后退？"

岳飞激励随从将士杀敌立功，并亲率四十名骑士率先突出阵前，准备冲锋。负责全军训练的霍坚急忙上前挽住岳飞的战马，急切地劝谏道：

"相公为国之重臣，全军安危所系，不可轻敌！"

岳飞在霍坚的手上抽打一马鞭，紧跟着厉声说道：

"闪开，你知道什么。"

岳飞跃马突驰于敌人阵前，箭无虚发，中箭者应声倒地。将士们看到主将亲自出马，士气倍增，无不以一当百，一鼓作气击溃了敌人。岳家军之所以敢打硬仗、能打硬仗，和主将岳飞的表率作用绝对分不开。

绍兴三十二年（公元 1162 年）七月，宋孝宗开始为岳飞平反，以礼安葬；淳熙五年（公元 1178 年）九月，又诏令礼部为岳飞议定谥号，议谥官员议定的谥号为"武穆"：

"临战亲冒矢石，为士卒先，摧精击锐，不胜不止。则不知有其身。"

此为《武穆谥议》文末对岳飞一生勇武行为的概括，是谥号议定"武穆"之"武"的依据。岳飞的行为，绝对对得起这个谥号。

岳雲真可谓将门虎子，得岳飞之真传，十二岁就跟随张宪部作战。岳雲使用的主要兵器是重八十斤的两个铁锥枪，可见其臂力之大；随州之战，十六岁的岳雲率先登上城墙，随后的邓州、襄汉之战，功均在第一。绍兴十年（公元 1140 年）七月的颍昌之战，岳雲率领八百背嵬军与金军骑兵激战数十回合，"出入行阵，受伤百余处，盔甲和衣服都变成了红色"，人为血人，马为血马。空前的血腥战斗，连久经战阵的王贵都产生了怯战情绪，一度要求退出战场，岳雲及时制止了王贵。颍昌之战，岳家军大获全胜。岳雲在关键时刻的勇猛行为，成为取得胜利的重要因素。

五、清廉一身

岳飞清廉的家风表现在不贪财、不贪名、不贪色三个方面。

岳飞乐善好施，不置资产，所得的赏赐，都用来犒赏将士，兵食不够，就用自家的粮食。岳飞遇害后，秦桧派党羽"极力搜刮，却家无余财"。秦桧仍表示怀疑，认为岳飞的家产肯定不止于此，于是，又"兴大狱"数年，将岳飞家中的管家全部逮到监狱，甚至有被刑讯逼供致死者，还是没有找到他们需要的罪证。在张俊等大将大肆克扣军饷的风气蔓延之时，岳飞的做法，更显得可贵。

岳云十二岁从军，屡立战功，收复襄汉，岳云战功第一，一年多过去，岳飞没有上报朝廷；平定杨么，岳云战功还是第一，岳飞又不上报朝廷；张浚听说后，才替岳云上奏战功，可岳飞还是极力阻止。军队战后论功行赏，赏罚不公，则会酿下祸端。岳飞一贯强调正人必先正己，所以宁愿委屈岳云，也不让将士们觉得自己对他们赏罚不公，也给手下的将士们一级一级树立了表率。

岳飞严以待子的范例，即使在千古之后，仍足以警醒后人。

部下刘康年知道岳飞不会为自己邀功，所以利用向朝廷上奏襄汉战役战功请赏的机会，擅自做主，在盖了印的空白公文纸上，私自填写奏请，请求封赏岳飞次子岳雷文职之官。岳飞知道后，不能容忍自己清白的声名受到玷污，更不能容忍部下擅自乱为，所以接连向高宗上了两道奏札，一是要求废止刘康年伪乞的恩泽，二是要求对刘康年严惩不贷，而且要求惩罚自己识人不明、用人不当的责任。

吴家军大将吴玠得悉岳飞身边的女人只有夫人李娃一人后，出于和岳家军搞好关系的目的，觅得一个德、才、貌兼具的名姝，配以嫁妆巨万，派人送给岳飞。岳飞毫不犹豫地拒绝了，在向手下的将士解释这样做的原因时说道："国耻未雪，哪是大将宴安取乐的时刻！"在张俊、韩世忠等大将对女色贪婪无节的背景下，唯独岳飞出淤泥而不染,坚持一夫一妻,与李娃恩爱始终,连吴玠也深为敬服,自叹不如。

六、俭朴持家

岳飞父母作为底层民众,自然非常俭朴。这种朴实的家风,传到岳飞,依然没有改变。即使岳飞封侯拜将,也一直保持着这种优秀的家风。

岳飞家里的服食器用,能用、够用就可以了,不求华丽,在高级官员和豪门富户特别追求生活的精致化的时代,岳飞的做法,尤其有警示作用。

作为武将,为了保持健壮的体魄和旺盛的精力,自然在饮食上需要吃肉。但是,岳飞规定,每餐只吃常见的猪肉。岳飞的这种俭朴的生活习惯,即使到外边也一样。一次岳飞到部将郝晸军中做客,郝晸用"酸馅"(一种包子)招待岳飞,岳飞吃后说他平生未曾吃过此种食品,非常可口,于是命令将剩余者打包带回家,晚上再吃,免得浪费。在场的人看到后,无不感到惊愕和惭愧。

岳飞自己生活简朴,对家人也这样严格要求。看见妻子穿丝绸类的衣服,马上就批评,要求换上麻布做的衣服。对儿子们的要求也非常严,不能饮酒,下学之后,到农田里干各种能干的活儿,让他们从小就知道生活的艰辛。

他出身于平民家庭,知道生活的艰难。他知道抗金将士的需要才是最重要的,最应该吃饱、穿暖的,应该是在血雨腥风中战斗的将士。

第三节　好家风代代传

就岳飞家风的影响而言,最重要的应该是忠君爱国的思想,"尽忠报国"抑或"精忠报国",虽有一字之差,出处也有不同,但均已经成为爱国主义的代名词,成为爱国主义的一面大旗。一代代仁人志士、凡夫俗子,不管是在历史的关键时刻,还是在寻常的生活中,践行着尽忠报国的诺言。

当何铸看到深入岳飞肌肤的"尽忠报国"四个大字,又仔细地分析了案情后,应该是被岳飞真诚的忠君报国之情及行为深深打动,于是不但没有附和高宗和秦桧杀害岳飞等的恶行,反而将其冤情汇报给秦桧。当秦桧告诉他这是高宗的旨意后,何铸并没有马上投机取巧,而是缓缓说道,强敌未灭,无故杀一大将,失士卒心,非社稷之长计。说得秦桧无言以对。

齐安郡王赵士㒟是宋朝宗室中德高望重的一位,对岳飞尽忠报国之言行,非常了解也非常佩服,他以家族百口人的性命作担保,认为岳飞没有受指控的罪名。冤案审理过程中及遇害之后,尽管高宗和秦桧的高压恐怖之屠刀高悬,仍然有不少心怀正义的臣僚和民众,为岳飞"尽忠报国"的精神所感染,为岳飞等鸣不平。

如果说岳飞遇害之后,其"尽忠报国"的家风对士大夫和官僚的影响,主要得之于元末所修《宋史》及其他官私史书,以及历代文人所写的有关岳飞的诗词、散曲的话;对普通民众而言,得之于戏曲、演义类小说的影响更多。在南宋时期,岳飞冤案平反后,有关岳飞抗金事迹的"说话"即流传颇广。到了元代,有关岳飞的杂剧有三部,其中一部无名氏的剧名为《宋大将岳飞精忠》。到了明代,戏曲有无名氏的《精忠记》、汤子垂的《续精忠》,小说有于华玉的《通俗演义精忠传》。清代钱彩、金丰的《说岳全传》,其全名为《精忠演义说本岳王全传》,影响最大。可以看出,在这些戏曲、演义类小说流传的过程中,"精忠报国"四字越来越流行,一直延续到今天,其原因自然由于"精忠"二字出自高宗赵构笔下,尽管赵构绝对不是一个称职的帝王。

这类传播途径,尽管大大扩大了岳飞的社会影响力,也有利于宣传"尽忠报国"的思想,却常常将岳飞家风中一些真实的内容弄得面目全非。这肯定不是岳飞三代人尤其是岳飞的初衷。今天宣传岳飞的家风,自然应该宣传其原貌,尤其要澄清把岳飞的"尽忠报国"思想搞成愚忠的错误认识,弘扬科学的爱国主义思想。

岳飞形象传播的思考

　　对岳飞的严肃研究，以及中小学教科书中的岳飞事迹介绍及评价，自然要尽可能忠实于历史的原貌；而对岳飞事迹的宣传，不管采用小说、戏剧、电视剧、电影等何种媒介或庙宇、塑像、广场等形式，即使添加一些文学化、艺术化的东西，也不可完全偏离历史的原貌，更不可一味戏说。

第一节　神化与愚忠

古代对岳飞的宣传,主要通过史书、诗词、文章、戏剧、评书、塑像、庙宇等形式,就其对普通社会大众的影响而言,庙宇、评书、戏剧,应该列在前三位。

一、南宋时期

南宋的官史和私史中都有关于岳飞活动的记载。但是,中国古代官史的最大毛病是修史者必须服从当政者的旨意,篡改或者歪曲事实的真相,传了较长时间之后,会使一些历史人物的真实活动面目全非。高宗朝的官史,自秦桧二度担任宰相后,不仅秦桧自己亲自监修国史,他的养子奉熺及其同伙也承担此方面的重要工作;以致后来给岳飞平反时,几乎人人都知道岳飞和岳家军在抗金等活动中的重大贡献,但是,官史中却很少记载,反而在官史中有不少岳飞"飞扬跋扈""蓄意谋反"的史料。万般无奈之下,只好采取今日所说的口述史学的方法,寻访当时尚活在人世的岳家军的将士,根据他们的记忆来编写有关岳飞及岳家军的史书,并据以给岳飞平反并定谥号。

南宋的私史中关于岳飞及岳家军活动的记载,相对较多。其中徐梦莘的《三朝北盟会编》和李心传的《建炎以来系年要录》有较为详细的记载,二位史家都对岳飞予以正面的评价。但是,对于岳飞最重要的军事活动记载却较少,且错误之处也不少。

岳珂的《鄂国金佗稡编续编》一书,当然是研究岳飞最重要的史籍。但是,由于作者身份的限制,导致该书存在两个明显的缺陷:一是回避岳飞与高宗之间的矛盾,客观上为高宗在岳飞冤案中扮演的角色开脱罪责——当然,岳珂的苦衷可以理解,也可以谅解;二是夸大岳飞的一些功劳,神化岳飞的形象,开了后世把岳飞塑造成"愚忠"楷模形象的先河。

2.诗词

诗词方面,据史料记载,岳飞遇害之时,岳飞主要活动的两湖地区,士大夫李安期就作了二十首宣传岳飞忠义活动的诗。据安阳师范学院文学院傅炳熙教授辑校的《宋元明清咏岳飞广辑》①一书记载,南宋时期留下来的咏怀岳飞的诗共有七十一首。

最有代表性的是刘过的《六州歌头·题岳鄂王庙》一词:

中兴诸将,谁是万人英?身草莽,人虽死,气填膺,尚如生。年少起河朔,弓两石,剑三尺,定襄汉,开虢洛,洗洞庭。北望帝京,狡兔依然在,良犬先烹。过旧时营垒,荆鄂有遗民。忆故将军,泪如倾。

说当年事,知恨苦,不奉诏,伪耶真?臣有罪,陛下圣,可鉴临,一片心。万古分茅土,终不到,旧奸臣。人世夜,白日照,忽开明。衮佩冕圭百拜,九泉下、万感君恩。看年年三月,满地野花春,卤簿迎神。

---

① 中州古籍出版社,2015年版。

大诗人陆游的一首诗,也很有代表性:

> 公卿有党派宗泽,
>
> 帷幄无人用岳飞。
>
> 遗志不应知此恨,
>
> 亦逢汉节解沾衣。

岳飞被害时,陆游十六岁,对于岳飞的抗金事迹及遇害,他有切身的感受。更何况,生活于宋金对峙时期的陆游,作为南宋的臣民,宋金和议带来的那种屈辱,使他常常有喘不过气来的感觉。所以他的诗中,表达爱国主义的诗篇尤其多。

另一首是不知名的武昌军士所写,由于武昌是岳家军的大本营,所以这首诗当时影响很大:

> 自古忠臣帝主疑,
>
> 全忠全义不全尸。
>
> 武昌门外千株柳,
>
> 不见杨花扑面飞。

二、元代

尽管元朝是蒙古族主导建立的王朝,但是元代对岳飞墓、岳飞庙多次修缮。在元人所修的《宋史》中给岳飞高度评价:

"西汉而下,像韩信、彭越、周勃、灌婴等名将,代不乏人,但是像岳飞这样文武全才、道德和智慧都堪称楷模的人,实在少见。史称关云长精通《左传》,却未尝见其传世文章。岳飞北伐,大军到达朱仙镇,朝廷有诏班师,岳飞亲自撰写回诏,忠义之言,出自肺腑,真有诸葛孔明之风。然而最后死于秦桧之手。岳飞与秦桧势不两立,岳飞得志,则金仇可复,宋耻可雪;秦桧得志,岳飞有死而已。高宗自坏万里长城,自弃中原,因此杀死岳飞,呜呼冤哉!呜呼冤哉!"

元代统一的时间虽然不到九十年(公元 1279 年—公元 1368 年),但是,传至今日的咏怀岳飞的诗则有八十七首,最有代表性的则是宋代皇室后代赵孟頫的诗:

> 鄂王墓上草离离,
> 秋日荒凉石兽危。
> 南渡君臣轻社稷,
> 中原父老望旌旗。
> 英雄已死嗟何及,
> 天下中分遂不支。
> 莫向西湖歌此曲,
> 水光山色不胜悲。

深秋时节,作为赵宋皇室后裔的赵孟頫,拜谒岳飞墓,不由得发出悲凉的感慨,特别是谴责了连江山社稷都看轻的南宋君臣。君自然指高宗。他没有为尊者讳、为亲者讳,对历史悲剧的反思,超越了前代和同时代的许多诗人。

元代是中国古代杂剧的黄金时代,现今保存最早的关于岳飞事迹的杂剧是孔文卿所作的《地藏王证东窗事犯》,全剧剧情梗概如下:

岳飞自朱仙镇奉诏回朝,当即被押送到大理寺审问,不久遇害。他的冤魂向高宗托梦,控诉秦桧的罪行。在秦桧去西湖灵隐寺进香时,地藏王化身为呆行者,疯言疯语揭露秦桧夫妻密谋杀害岳飞的经过。秦桧派虞侯何宗立前去捉拿呆行者;

何宗立到了阴司,看到秦桧由于"东窗事犯",受到惩处。等他回到阳世,已过了二十年,他向新君叙说了他眼见的因果报应。

元代关于岳飞的杂剧还有几本,可惜目前只有剧名传下。

专制政治时代,当正义被邪恶掩盖,当英雄被懦夫践踏,善良的民众看不到希望又非常痛苦的时候,只好诉诸因果报应。

三、明代

明代虽然是传统的汉人建立的王朝,但是,有明一代,前期北方有残存的蒙古人的威胁,中期东南方有倭寇日益严重的骚扰,后期东北女真人的势力再度勃兴。外患不息,导致朝廷急需鼓舞民众的尚武精神。老百姓眼见官军萎靡不振,愈加期盼岳飞那样的英雄再现,尤其是土木堡之变①后,于谦力挽狂澜,保全了大明的江山,但也落了个冤死狱中的下场,与岳飞的遭遇惊人地相似,这又为文人墨客提供了以古喻今的良机。

因此,明代对岳飞的大力宣传,满足了朝野的双重需要。

1.诗词

据傅炳熙教授辑校的《宋元明清咏岳飞广辑》一书记载,明代留下来的咏怀岳飞的诗词共有近九百首。

其中明代著名的书画家文徵明的《满江红·拂拭残碑》一词,被后人评价为咏

---

① 正统十四年(公元 1449 年)六月,蒙古族首领也先率军屡次入侵明朝边境,明英宗亲率二十万精锐大军出征,在今河北省怀来县的土木堡被对方包围,明军惨败,明英宗朱祁镇被俘,当时京师二十万精锐部队都在土木堡,剩下的老弱士卒不到十万。 于谦力排众议,调集各地军队速来增援,才得以稳住局势。 明英宗复辟后,因为奸臣的陷害,于谦被杀害。

怀岳飞的诗词中唯一能与赵孟頫的咏怀岳飞诗媲美的作品。

全词如下：

> 拂拭残碑，敕飞字，依稀堪读。慨当初，倚飞何重，后来何酷。果是功成身
> 合死，可怜事去言难赎。最无辜，堪恨更堪怜，风波狱。　　岂不念，中原蹙；
> 岂不念，徽钦辱。但徽钦既返，此身何属。千古休夸南渡错，当时自怕中原复。
> 笑区区、一桧亦何能，逢其欲。

而明代张煌言①，由于其特殊的经历，他所作的《岳武王墓》一诗，非常值得大书
一笔。全诗如下：

> 西湖风月中，须得有王墓。
>
> 才壮山河色，勿为花柳误。
>
> 日落槐阴寒，鸟声松涛怒。
>
> 客来意萧森，常似凉秋暮。
>
> 石马嘶夜半，灵旗卷空路。
>
> 中原深未收，湖泊没沙步。

2.戏剧和小说

在元代"东窗事犯"戏剧的基础上，明代"东窗事犯"题材的文学作品更多：祁麟
佳的杂剧《救精忠》，佚名的杂剧《宋大将岳飞精忠》；周礼的南词《岳飞破虏东窗
记》；青霞仙客的传奇《阴抉记》，汤子垂的传奇《续精忠》（又名《小英雄》）。

展现岳飞全面风貌的小说，由于内容容量大，通俗易懂，成为明代宣传岳飞事

---

① 张煌言（1620年—1664年），字玄著，号苍水，浙江鄞县（今宁波市鄞州区）人。明朝崇祯时
举人，官至南兵部尚书。顺治二年（南明弘光元年1645年）南京失守后，与钱肃乐等起兵抗清，坚持
抗清斗争近二十年。后被俘，于杭州遇害。张煌言与岳飞、于谦并称"西湖三杰"。

迹的首选文学体裁。最早的是弘治年间的《岳武穆王精忠录》,继起的是嘉靖年间熊大木的《大宋中兴通俗演义》(该书影响极广,流传过程中衍化出三个异名:《大宋中兴英烈传》《按鉴演义全像大宋中兴岳王传》和《新镌全像武穆精忠传》)。此外还有两种改编本,即于华玉删节本《岳武穆尽忠报国传》、托名邹元标删节本《岳武穆精忠传》。同为叙述岳飞事迹,但题材有别的是佚名的传奇《精忠记》,李实梅、冯梦龙的传奇《精忠旗》,陈衷脉的传奇《金牌记》。

"精忠"二字,成为最吸引当时人眼球的字眼。

这些作品中的岳飞形象逐步美化,但还没有脱离元人所修《宋史·岳飞传》的记录。以《大宋中兴通俗演义》为例,岳飞醉酒伤人的记录和计除刘豫的功劳俱见于正文。不过虚构化、理想化的趋势已经不可遏制,对岳飞事迹有选择性地进行加工成为默认的创作手法。

3.庙宇

汤阴县是岳飞的故乡。金朝时期,自然不会允许修建纪念岳飞的庙宇。元代也没有此类建筑。一直到明代宗景泰元年(公元1450年),才开始修建岳飞庙,成化、弘治、正德年间,又不断修缮、扩建,逐渐形成今日的规模。

自此之后,由于汤阴县处在由北京通往广州的官道上,皇帝南巡,南来北往的官员、文人墨客等,途经汤阴,大多都要拜谒岳飞庙,并题字或作诗、作文。因此,虽然经历了几次朝代的更替,但汤阴岳飞庙一直是历代名人纪念岳飞的最重要场所。

明代著名的纪念岳飞的地方,除了汤阴岳飞庙外,还有杭州的岳飞墓,赣州、武昌、朱仙镇的岳飞祠。

四、清代

岳飞死后五百年,女真族卷土重来,重新建立政权①且统一了中国。汉人的民族情结,再度唤起了对岳飞的记忆。高度汉化的满洲贵族,基本上没有采取围追堵截的政策,而是因势利导,对岳飞尊崇有加。

乾隆四年(公元1739年),清高宗爱新觉罗·弘历写了《武穆论》一文,文中写道:

> 岳飞用兵驭将,勇敢无敌,韩信、彭越等名将,也能做到。但是文武兼备,仁智并施,精忠无二,他们却绝对做不到。知有国君而不知自身,知有国君之生命而不知爱惜自己的生命,知道班师之后必为秦桧所害,但是君命在身,不敢久握重兵于千里之外,毅然遵命班师。呜呼!岳飞虽然死于秦桧之手,让人扼腕长叹,但其精诚之心,却能与日月争辉。

乾隆十五年(公元1750年),清高宗爱新觉罗·弘历南巡路过汤阴,特派礼部右侍郎彭启丰前往岳庙致祭,乾隆皇帝亲自写了祭文。

1.小说和戏剧

岳飞题材文艺作品的成就在清代达到顶点。属"东窗事犯"类型的作品有张大复的传奇《如是观》(又名《翻精忠》《倒精忠》)、吴金凤的杂剧《快人心》、周乐清的

---

① 公元1616年努尔哈赤建立的政权,国号仍然是"金",历史上称为后金。 1636年,皇太极改国号为清。

杂剧《补天石传奇》之六《碎金牌》（全称《岳元戎凯宴黄龙府》）等。属生前行迹类型的作品有李玉的传奇《牛头山》、朱佐朝的杂剧《夺秋魁》、周颖芳的弹词《精忠传弹词》和钱彩、金丰的小说《说本岳王全传》等。其中小说《说本岳王全传》的影响最大。

《说本岳王全传》全名为《精忠演义说本岳王全传》，钱彩编次，金丰增订，是两人在历代关于岳飞及相关人物的流传故事的基础上，加工创作而成，全书成于康熙二十三年（公元 1684 年）；今日能够见到的最早刻本是康熙年间的金氏余庆堂刻本，另有清大文堂刻本、嘉庆三年（公元 1798 年）刻本、同治九年（公元 1870 年）刻本传世。

该书充满了儒家的忠孝、佛教的因果报应以及道教的神仙方术等思想：岳飞前世为佛顶大鹏，秦桧前世为虬龙，秦桧妻王氏前世为女土蝠，万俟卨前世为团鱼精，因大鹏啄死女土蝠和团鱼精，啄瞎虬龙左眼，遂结下前世冤仇；转世到人间后，为了前世的恩恩怨怨，展开了复杂的争斗。小说完全以岳飞和秦桧的冤冤相报来描写复杂的宋金战争。

由于《说岳全传》语言通俗、情节离奇且充满了戏剧性，再加上岳飞父子的悲剧性结局，所以很吸引一般社会大众的眼球。因此，该书面世后，影响很大。金朝又是满洲人的前身——女真人建立的政权，再加上清朝前期潜伏的汉满民族矛盾，这不能不使满洲贵族害怕和担心，所以该书在乾隆时期一度被列为禁书。

以研究宋史著名的历史学家邓广铭先生在其著作《岳飞传》①的自序中直言不讳地指出：

"清人钱彩编写的通俗小说《说岳全传》，在乾隆时虽曾一度成为禁书，但书的内容并不好：既与历史事实相去太远，还夹杂了大量封建糟粕；文笔既不见长，虚构的情节和场面也太多，且都不见精彩；就其思想性和艺术性来说，全少可取之处，是不能像《三国演义》那样称作历史小说的。"

---

①　邓广铭：《岳飞传》，第一版由人民出版社于 1983 年出版，以后陆续重印。

当代知名文学史大家、北京大学教授王先霈先生将其列入了故事著作的行列，指出其贡献与不足：《说岳全传》吸收前代有关岳飞演义的精华，加入许多有关岳飞的民间传说，故能后来居上，成为岳飞故事著作中最流行、最受民众欢迎的作品。但书中突出宣扬岳飞的忠孝节义，把岳飞与秦桧之间的斗争归结为大鹏与蛟精的冤冤相报，这都是封建糟粕。

2.诗词

仅在诗词方面，清代咏怀岳飞的诗词达到近一千五百首。虽然值得称道的诗词太少，但康熙年间贵州巡抚阎兴邦的《水调歌头》一词，还是值得欣赏：

> 策马周流社，人指鄂王宫。参天树色安在，云淡草连空。回首昔日神武，父子疆场戮力，血染战袍红。一自甘和议，百计害孤忠。
>
> 莫须有，三字狱，曲如弓。汤阴城外苦雨，岁岁泣英雄，谁料年逾二百，故里重为立庙，遥对大梁东。试看双桥下，流水意何穷。

更有一副楹联非常值得后人铭记。相传清代乾隆年间的科考状元秦大士随人一起拜谒杭州岳飞墓，发自内心地写下如下楹联：

> 人从宋后羞名桧，我到坟前愧姓秦。

但是，通过清代大量的咏怀岳飞的诗词，又发现一个有趣却又让人很费解的现象。大约从道光年间开始到咸丰及同治年间，传自岳飞的墨迹、爵、玉印、砚台等像井喷一样，突然大量地冒出来。不用说，都是赝品。

这种现象只能作如下解释，从道光年间开始的严重的边患，使民众又一次渴望岳飞那样的民族英雄出来。

清代大肆修建岳飞庙，从通都大邑到偏僻的村庄，几乎都有岳飞庙。

五、宣传中的教训

1.宣传的表象化

由于庙宇、评书、戏剧等传媒具有直观、形象等特点，所以，明清时期，通过这些传媒的大力传播，岳飞的影响，在古代的民族英雄中，占据了第一的位置。

表象化的宣传，就使岳飞以及与其密切相关的人物，都贴上了标签。岳飞越来越高大上，秦桧出娘胎就是坏坯子，这既不符合历史的原貌，也不符合历史的本质，更不符合人性的复杂性。但在受众文化程度不高及习惯于非黑即白的思维环境中，人们却很喜欢这样的宣传。

明清时期尽管有王夫之等哲学家和史学家从历史的角度研究岳飞、宣传岳飞的事迹，但是，影响太小，而且和今日的岳飞研究比较起来，差距委实太大。

未能把岳飞及其相关历史人物的活动放到当时多民族政权共存的局面中去考察，放到赵宋"崇文抑武"的祖宗家法中去分析，这是古代岳飞宣传出现偏差的最重要原因。

2.高宗的责任问题

将秦桧认定为杀害岳飞的最大凶手，从而让高宗赵构在长期的历史记载中没有成为岳飞冤案的最大凶手，其本质问题则是受中国传统文化中为尊者讳思想的影响，而其危害则使今人对冤案的反思未能归结到制度的层面，妨碍了对专制制度的批判。

其实，秦桧死后，高宗自愿承担了杀害岳飞的责任，并不趁机将责任推给秦桧等人。从南宋遗存下来的冤案文档来看，秦桧和万俟离所强加给岳飞的罪名以及按照此罪名所拟的刑罚，已经达到无以复加的程度。但是，高宗知道后还是不满意，不仅亲自下旨杀害岳飞，而且将岳雲由徒刑越过流刑一环，改判死刑，从严从快从重，足见他对岳飞的痛恨达到何种程度。清代诗人齐学裘在诗中写道："史书矫诏桧杀之，为尊者讳何须疑。"

另外许多人将高宗一意对金屈辱求和的原因归结为一旦徽宗、钦宗归来，高宗则必须让位。这种分析，大大低估了中国古代父子兄弟为了争夺帝位的血腥性，连一代明君李世民为了做皇帝，都可以杀死兄弟；大权在手又极度自私、狭隘的赵构，即使二帝归来，退位的可能性也微乎其微。

3.神化岳飞

从南宋开始到清代，岳飞的形象最终定型为今日普通民众心目中的形象：居家孝母、在朝忠君，文韬武略、秉中持正，世人的一切良好品德俱全，完美得无以复加。关于岳飞的真实的历史在行文构思中退居次要地位，一切情节的虚构都为了烘托岳飞的正面形象而存在。到清代，岳飞形象的神化最终完成，且被塑造成了不折不扣的"愚忠"的楷模。

如果真正对岳飞的历史活动有一个全面了解的话，我们会发现，岳飞绝非"愚忠"，而是从忠君爱国的立场出发，无论是对宋高宗，还是对秦桧等宰执的错误决策，岳飞都敢于提出反对的观点。退一步说，如果岳飞真正"愚忠"的话，叫干啥就干啥，他绝对不会落个"全忠全义不全尸"的悲壮结局。

第二节 爱国与公正

从辛亥革命以来到现在,在宣传岳飞事迹的过程中,最大的成功就是确立了岳飞民族英雄的地位。虽然其后不断有人提出岳飞只能是抗金英雄的观点,都不会撼动岳飞伟大的民族英雄的称号。

一、中华民国时期

鸦片战争以后,国门被强迫打开,中国开始沦为半殖民地半封建社会。一代代仁人志士,开始了挽救民族危亡的艰苦奋斗历程,以孙中山先生为领导的辛亥革命志士,认识到了岳飞精神在近代的伟大价值,开始给岳飞以民族英雄的评价。

1903 年四月号的《湖北学生界》,刊登了一篇留学日本的湖北籍学生的文章,题目是《中国民族主义第一人——岳飞传》,首次给岳飞加上了"民族主义"的头衔。文中极力宣扬岳飞"精忠报国"、英勇抗御金人入侵的伟大事迹,并且认为他的功绩足可以与世界上其他国家的民族英雄相媲美。

在宣传革命的过程中,革命党人也广泛宣传了其他英雄人物可歌可泣的事迹,如屈原、文天祥、史可法、郑成功等;但是,他们最终选择了岳飞作为最重要的宣传人物,故而报刊上经常刊登《吊岳武穆诗》或者几帧岳飞墓的照片,各种各样纪念岳飞的形式也不断涌现。

而清廷的一些高级臣僚也有类似的活动,虽然他们的初衷与革命党人不尽相同。1907 年,在岳家军活动的重要地区,湖北省洪山新修的岳武穆庙建成,湖广总督张之洞亲自撰写祭文并前去祭拜,第二天又让陆军小学堂堂长率全体学生到岳飞庙敬谒。

1914 年 11 月,以袁世凯为总统的中华民国政府发布告令,建立"武庙",将关羽和岳飞合祀,从此至 1928 年南京国民政府下令取消为止,岳飞作为军人"忠义"的楷模,始终与关羽并驾齐驱,成为弘扬英武壮烈之精神的象征。对岳飞的祭祀,终于从帝王配享的地位,上升至国家祀典,也是岳飞身后在祭典中得到的最高规格。

对于袁世凯政府这样做的原因,一些人将其归结为完全是为了宣扬封建的忠义道德,没有积极意义,只是为专制独裁统治服务。其实,这件事必须密切联系当时的中日外交来看。合祀关、岳数月前,日本派兵入侵中国的龙口(今山东省龙口市)和莱州(今山东省莱州市)等地,并占领胶济铁路和青岛。这样做的目的,显见是为了树立军人英勇无畏的精神,提高军队对政府的忠诚度,并借此提高战斗力,从根本上扭转时方多难的落魄局面。

抗日战争时期,迫切需要弘扬岳飞伟大的爱国主义精神。所以,从 1932 年到 1945 年,仅仅以岳飞名字冠以书名的书就达到十七本,其中有几本书多次再版。而梅兰芳、周信芳等戏剧名家或不知名的戏剧工作者则以各种剧目的形式排演关于岳飞的剧目。

在抗战时期的岳飞事迹宣传中,无论是书籍、连环画还是戏剧,对岳飞《满江红》这首词的宣传都达到了高潮。可以说,抗战时期对岳飞事迹的宣传,对于全民族团结抗战,起到了很大的振奋人心的作用。

尤其需要提到的是,1936 年农历二月十五,岳飞诞辰纪念日,中华民国国民政府河南省主席兼三十二军军长商震在河南省汤阴县主持了对岳飞的祭祀活动,当

地民众几千人参加。商震号召大家发扬岳飞"尽忠报国"的精神,随时做好应对全
面抗日战争的准备。

但是,此段时期也有一点点差错,某著名的史学家为了迎合蒋介石在二十年代
发起的统一国家武装力量的行为,在一篇文章中将岳飞称为军阀。虽然后来该史
家就此问题又作了修正,但是,这种影射史学、歪曲历史的做法,任何时候都要不
得。其实,这种观点日本一些不严肃的史家就提出过,借为秦桧辩护,目的是肯定
秦桧的投降主义,进而为日本侵略辩护。

第三节　岳飞精神在当代

一、岳飞民族英雄的称号不应该再有争议

本来中国近代已经确立了岳飞民族英雄的称号,但是,20世纪70年代,由于复杂的原因,一度出现了把岳飞改称"杰出的抗金将领"或"汉民族的民族英雄"的称呼,今日回想起来,委实不妥。

尽管中华民族这一概念辛亥革命时期才出现,但是,中国历史却由中国现今所有民族的历史构成,这是不争的事实;对于每个民族历史的研究,都应该有共同的标准,平等地看待。

历史上,不同民族之间发生过规模或大或小、时间或长或短的战争。这类战争,自然不能用侵略和反侵略的概念来分析。但是,从其爆发的背景、过程和影响来看,还是有正义与非正义之分。而非正义的一方发动战争的责任及其所带来的灾难,也只能由该民族的统治者来承担,不应该由该民族的所有成员来承担。

宋国和金国都是多民族国家。金国所发动的战争,不仅给汉民族,也给战争直

接和间接波及地区的民族,带来了不同程度的灾难。因此,岳飞领导民众抗金,不仅维护了汉民族的利益,也维护了其他民族的利益,也就是维护了整个中华民族的利益。这也是我们界定岳飞是中华民族的民族英雄的根本原因。

因此,历史、政治、语文等教科书,还是应该坚持岳飞民族英雄的评价。因为,中小学生正处在世界观、人生观形成的不同阶段,且教科书对他们的影响太大。按照马克思主义的国家理论,国家最终是要消亡的;但是,国家消亡,不等于人类存在的最基本的价值观念也将消亡,比如公平、正义等,对英雄的宣传和崇拜,也将永远存在。更何况,我们今日特别强调的社会主义核心价值观,在岳飞身上体现的也不少,比如一腔热血的爱国主义思想。

中小学教科书中将岳飞改称为"抗金英雄"的现象不应该再出现。当然,任课教师一定要给学生讲明白不管是北宋还是辽国,也不管是南宋还是金国,它们的历史,都是中华民族历史的重要组成部分。

当然,正如邓广铭先生所言:

"我们之所以对历史上的民族英雄如岳飞其人者进行述写和赞扬,决不是由于担心中华民族内部各兄弟民族之间还会发生对抗性的矛盾,希望届时能再出现一些岳飞式的人物。绝非如此。"我们这样做的目的,是要在当今世界及当今中国的全球背景下,进一步继承、发扬岳飞那种对民族和国家的忠贞热爱,发扬为对伟大祖国和全人类的热爱,"一心一意,同仇敌忾,随时起而对付妄图侵略我国的帝国主义和大小霸权主义者,以保证各兄弟民族的安全,使其能得在安全环境中共同从事于振兴中华的大业。"[①]

今日世界及今日中国之局势,宣传伟大的民族英雄岳飞类人物的光荣事迹,也是培养民族振兴必需的"民族血性"的重要途径;不但不会有碍民族之间的团结,反而对于把五十六个民族团结得像石榴籽一样,起到黏结剂和保护膜的作用。

---

① 邓广铭:《岳飞传》,第 3 页。 人民出版社 1983 年版。

二、岳飞身上体现出来的爱国主义精神

在岳飞身上,最值得我们宣传、继承、发扬光大的就是他的伟大的爱国主义思想和行动。

目前,长期的和平生活使绝大多数人对"爱国"二字,基本上没有沉重、痛苦的感觉。但是,岳飞生活的年代,邓广铭先生在《陈龙川传》中写道:

"翻开南宋的历史,呈现在我们眼前的,是一幅屈辱到令人气短的画图。

"当群情失掉了常态,相率而走入放僻邪侈的路径之后,善恶是非的标准便也都随之而颠倒错乱。这时候,最狡狯和最少廉耻的,将最有用武之地,占取社会上一切的荣华富贵,受到全社会的奉承与喝彩;一个特立独行,操心危、虑患深的人,也便成了注定要遭殃的人。所以在这本传记中,将只看到对于天才人的迫害,对于正义感的摧残,使一个最清醒热烈的人,却因其清醒和热烈而受到最残忍最冷酷的侮弄和惩罚,困顿蹉跌以至于死。

"一个战时首都竟有'销金锅儿'之号。然而与这些金银一同被销掉的,却还有一种最需要培植、最值得珍爱的同仇敌忾的民气。"①

在一个喘不过气来的时代,在一个谁最清醒谁最痛苦的时代,在一个谁最敢担当谁遭大难的时代,爱国,首先意味着要有超人的胆魄。

一个从七品的武翼郎居然敢上书规劝皇帝、指斥宰执、批评朝政;在"崇文抑武"的祖宗家法无处不在的王朝,作为高级武将竟然敢犯颜直谏,劝高宗早立皇储;明知高宗嘴上喊得山响的"收复失地"早已是作秀的时候,却还要坚决北伐,直捣黄龙府,雪靖康国耻;明知高宗和秦桧等投降派不管金国提出的条件多么屈辱也要和

---

① 《邓广铭全集》第 2 卷第 555 页,557-558 页,587 页,河北教育出版社,2005 年。

金国议和的局势,也要坚决反对议和;作为一支大军的最高统帅,打恶仗、险仗的时候,仍然像一支大军的先遣队一样,冲锋在前。

"公正"是社会主义核心价值观在社会层面的要求,尤其是对各级掌权者而言,要时刻牢记,"心为民所想,权为民所赋,利为民所谋"。

岳家军之所以能够从一支杂牌军成为南宋抗金的主力,成为一支让敌人闻风丧胆的军队,成为一支让南宋民众拥戴的军队,与岳飞公正的治军作风有很大的关系。

行军打仗,普通的士兵吃什么、住什么,他也一样,从不搞特殊化;犒赏的酒不够,宁愿添点水,也要保证每个士兵都能够喝一口;而对于自己的儿子岳云,一再不报岳云的军功,他宁愿用对儿子的不公正,让将士们看到作为岳家军的统帅,他在追求最大程度的公正。秦桧和张俊图谋肢解韩家军,他在了解情况后,认为这是对韩世忠极大的不公正,赶忙写信告诉韩世忠,保护了战友的安全。

公生明,明生廉,廉生威;一个朝廷的官员一次到岳家军检查工作,瑟瑟寒风中,他看到一个战士穿着单薄的衣服在站岗,于是便询问原因,战士说岳相公对我们都很公正,绝对不会克扣军饷,我之所以穿得单薄,是因为我家人口多,发放的军饷多用于养家糊口。

岳飞所做的一切,岳家军的将士们看在眼里,记在心里,化成了军队的凝聚力、战斗力。

三、对岳飞真实事迹的辨证和宣传

由于受历代小说、戏曲虚构岳飞故事等的影响,还有人们出于对岳飞崇敬之情而伪造的岳飞的诗词、墨迹、遗物之类,使人们对岳飞事迹的认知失实。在人们相当普遍印象中,以假乱真的情况很多。

一个最起码的，是岳飞后背刺字是"尽忠报国"，还是"精忠报国"。知道是"尽"字的，当然是内行。但不少宣传文字中，却标以"精"字，就是典型的外行话。内行和外行，一字就见分晓。所谓岳母刺字的故事，家喻户晓，但王曾瑜先生已作考证，证明此虚构故事还是出现在明末清初。又如流传不少岳飞诗词之类，王曾瑜先生编《鄂国金佗稡编、续编校注》，只认可了五首，其他或是明显的伪作，或是根本不可信。至于岳飞的墨迹，可以认定的，是上海图书馆藏《凤墅帖》续帖卷四中的两份书简。至于岳飞题写诸葛亮《前出师表》《后出师表》，"还我河山"之类的墨迹等，经前辈张政烺、邓广铭、徐森玉等先生考订，全系伪作。这是人们需要注意的，是普及岳飞的知识中特别需要加以澄清的。关于岳飞死难地点，宋人记载只说是大理寺狱，而后世又衍生出所谓"风波亭"，也只能认为是传说，而非信史。

岳飞年表

宋徽宗崇宁二年,一岁

二月十五日,生于河北西路相州汤阴县永和乡孝悌里。

重和元年,十六岁

与刘氏结婚。

宣和元年,十七岁

六月,长子岳雲出生。

宣和四年,二十岁

应募充敢战士。平盗匪陶俊、贾进。

父岳和病故,回家守孝。

宣和六年,二十二岁

再次应募,往平定军当兵,不久升偏校。

宋钦宗靖康元年,二十四岁

三月,次子岳雷出生。

参加河东路抗金战争,六月,往寿阳县和榆次县进行武装侦察。

九月、十月间,平定军陷落,返回汤阴县。

冬,背刺"尽忠报国",去相州从军,在侍御林、滑州等处立功。随大元帅康王往北京大名府。初隶宗泽。

宋高宗建炎元年,二十五岁

正月,与金军战于开德府。

二月,战于曹州,进驻柏林镇。

四月,随大元帅康王往南京应天府。

六月、七月,上书要求抗金,被革职。

八月,往北京大名府,投奔张所,充中军统领,升任统制。

九月,从王彦转战新乡县等地。后孤军苦斗于太行山。

冬,投归宗泽。十二月,战汜水关,后升统领。

建炎二年,二十六岁

春,参加滑州之战。后与宗泽讨论阵法,升统制。

七月,从间勍进驻西京河南府。

八月,战于汜水关、竹芦渡。

建炎三年,二十七岁

自春至夏,在开封府南薰门外、淮宁府、崔桥镇等地击破王善、张用等。

七月,随杜充南撤建康府。

十月,击破李成于九里冈。

十一月,从陈淬迎击金军,在马家渡战败。

十二月,南下广德军,克复溧阳县。

是年或上年与李娃结婚。

建炎四年,二十八岁

二月,进驻宜兴县张渚镇。

三月,战于常州。

四月、五月,收复建康府。

七月,迁通、泰州镇抚使,兼知泰州。

九月,战于承州。

十一月,弃泰州,战南霸塘。三子岳霖出生。

绍兴元年,二十九岁

三月至六月,破李成,降张用。

七月,任神武右副军统制,屯兵洪州。

十二月,升神武副军都统制。

绍兴二年,三十岁

四月至五月,破曹成。

七月,屯兵江州。

绍兴三年,三十一岁

夏,平定吉、虔州之叛乱。

九月,赴"行在"临安府朝见,任江南西路、舒、蕲州制置使、神武后军统制。

绍兴四年,三十二岁

五月至七月,复襄汉六郡,后移屯鄂州。

八月,授从二品清远军节度使,任荆湖北路、荆、襄、潭州制置使。

十二月,初援淮西,战庐州。

绍兴五年,三十三岁

二月,授镇宁、崇信军节度使,升神武后军都统制,改荆湖南、北路及襄阳府路制置使。

四月,四子岳震出生。

四月至六月,平定杨么叛乱。

九月,加检校少保。

十二月,升荆湖北路、襄阳府路招讨使。太行山抗金义军首领梁兴等到鄂州。

绍兴六年,三十四岁

二月,赴镇江府商讨军事,往"行在"临安府朝见。

三月,升荆湖北路、京西南路宣抚副使,移镇武胜、定国军节度使。母姚氏死。

七月、八月,破镇汝军,复商、虢州和伊阳、长水、福昌、永宁县。

十月,奉命援淮西,至江州而还。

十一月、十二月,击败金、伪齐军,战何家寨、蔡州、白塔、牛蹄等处。

绍兴七年,三十五岁

二月,赴"行在"平江府朝见,加正二品太尉,升宣抚使。

三月,随宋高宗往建康府,受命节制行营左护军等军。

四月至六月,愤而辞职,受命返鄂州复职,后奏请以本军进讨刘豫。

八月至九月、十月,因淮西兵变,驻兵江州。赴"行在"建康府朝见,奏请立皇储。

绍兴八年,三十六岁

屡次上奏和写信,恳请举兵北伐。

九月,赴"行在"临安府朝见,反对降金乞和。

绍兴九年,三十七岁

正月,加从一品开府仪同三司,屡上表奏,反对屈膝苟安。

三月,五子岳霭出生。

四月,派军护送赵士㒟等祭扫西京河南府八陵。

九月、十月,赴"行在"临安府朝见,收留抗金义士李宝。

绍兴十年,三十八岁

六月、闰六月、七月,加正一品少保,再次奏请立皇储;连复蔡州、颍昌府、淮宁府、郑州、汝州、虢州、河南府等地,派奇兵深入京东、河北、河东;大败金军于郾城县和颍昌府,进军朱仙镇,奉诏班师。

八月,赴"行在"临安府朝见,请求辞职不准。

绍兴十一年,三十九岁

二月、三月,援淮西。

四月,受枢密副使,罢兵权。

五月、六月,出使楚州,营救韩世忠。

八月,罢枢密副使。

十月,入大理寺狱。

十二月二十九日,遇害于狱中。

后　记

在我读初中的时候,总能听到收音机里播讲的刘兰芳老师的评书《岳飞传》,常常听得入迷。虽然我住的县城林州距汤阴县城距只有一百多里路程,但我并不知道汤阴有岳飞庙,只是通过评书知道岳飞是抗金英雄,岳家小将则个个威风凛凛。而岳家军的众将领,留下深刻印象的只有牛皋。

2002 年,我有幸考入河北大学宋史研究中心,攻读博士学位,得以结识了许多研究辽宋金元史的知名学者和朋友,也因此成了研究此段历史的学人,成为积极传播岳飞精神队伍中的一员。

2019 年上半年,刘宏先生邀请王曾瑜先生写一部普及性和靠谱性兼具的关于岳飞的书。由于王先生年事已高等因素,最后商定由他和我合写;我先写出初稿,他再进行修改完善。

现代以来有关岳飞的普及性著作层出不穷,如邓广铭先生的《岳飞传》,王曾瑜先生的《尽忠报国　岳飞新传》等,都堪称同类书中的精品。市场上还涌现出一些非专业人员创作的关于岳飞的历史读物,固然是抱着对岳飞的高度景仰之情而创作的,但实事求是地说,这些作品缺乏对史料甄别真伪的能力。长期以来,由清人钱彩的《说岳全传》改编而成的评书《岳飞传》,以艺术加工的手法,富于传奇色彩的情节,加上刘兰芳高超的表演艺术,使岳飞故事广为流传的同时,也使普通民众对岳飞的了解，大大偏离了岳飞的真实历史轨迹。

有鉴于此，本书的写作，采取普及性和靠谱性的双重标准，基本的历史事实必有确切的史料记载。在坚持史料严谨准确的基础上，力求通俗。笔者很长时间以来对心态史学保持浓厚的兴趣，在此前的研究中不断尝试用此方法，故在本书的写作中，对岳飞、高宗、秦桧不同时期、不同场合的心态，着墨较多。

今日中国，是一个多民族的国家。纷繁复杂的国际环境，使维护民族团结的任务和重要性，到了再怎么强调也不为过的程度。不管是北宋还是辽国，也不管是南宋还是金国，它们都是中华民族历史的重要组成部分。宋金之间，曾经发生过比较长时间的激烈的战争。但战争的责任，只能算到女真统治者头上，而不能推到所有的女真人头上。而岳飞抗金，既符合当时汉族人民的利益，也符合女真族人和其他民族同胞的长远利益和根本利益。这正是我们界定岳飞是中华民族的民族英雄的根本原因，也是我们弘扬岳飞精神的目的所在——愿岳飞的正气和英风，永远激励亿万华夏子孙，为祖国和民族尽忠效力。

由于平素关于岳飞的各类书籍看得较多，最初创作进行得还比较顺利。后因家事耽搁，一度中断，在王先生和出版社领导的敦促下，终于完稿。王先生拿到初稿，不顾身体劳累，逐字逐句修改，修正谬误，补充了重要史料，删掉一些存疑的史料，并且字斟句酌，力求简明扼要，表述准确，使我深切感受到王先生作为一代史学名家的严谨认真。书稿付印前，王先生再次细致审阅了校样，在整体把握的基础上，又做了精心的增、删、校等工作。这种一丝不苟的治史精神，使我受益匪浅。书成之后，王先生坚决不肯署第一作者，体现了他的高风亮节，以及对晚辈的提携，令人感动、感佩。

浙江大学的龚延明教授、北京大学的张帆教授、华中师范大学的赵国华教授、河北大学的姜锡东教授审阅了初稿并提出了不少宝贵的修改意见。导师姜锡东教授深恐书中有什么大的疏漏，所以定稿之前，与我反复交换意见。

谢向辉、杨博士、牛晓旭等同学帮我审阅了初稿，在此一并表示感谢。

由于我也是第一次写此类靠谱性和普及性兼具的读物，书中肯定存在各方面的问题，真诚希望读者朋友看到后，给予批评、指正。

为了便于联系，现附上我永久使用的电子邮件地址：Fuhaichao196618@ 126. com。欢迎指导！